环球网校

严格按照全新考试大纲编写

克|题|制|胜 1

中级经济师
同步章节必刷题

工商管理专业知识与实务

环球网校经济师考试研究院 组编

- 微信扫码领取"通关宝典"
  备考路上助力通关
- 还可领取"闪电速记"
  带你快速记忆高频考点

立信会计出版社
LIXIN ACCOUNTING PUBLISHING HOUSE

图书在版编目(CIP)数据

中级经济师同步章节必刷题.工商管理专业知识与实务 / 环球网校经济师考试研究院组编.—上海：立信会计出版社，2023.8(2025.7重印)

ISBN 978-7-5429-7403-7

Ⅰ.①中…Ⅱ.①环…Ⅲ.①工商行政管理—资格考试—习题集Ⅳ.①F0-44

中国国家版本馆CIP数据核字(2023)第134402号

责任编辑　蔡伟莉
助理编辑　胡蒙娜

中级经济师同步章节必刷题.工商管理专业知识与实务

Zhongji Jingjishi Tongbu Zhangjie Bishuati. Gongshang Guanli Zhuanye Zhishi yu Shiwu

出版发行	立信会计出版社		
地　　址	上海市中山西路2230号	邮政编码	200235
电　　话	(021)64411389	传　　真	(021)64411325
网　　址	www.lixinaph.com	电子邮箱	lixinaph2019@126.com
网上书店	http://lixin.jd.com		http://lxkjcbs.tmall.com
经　　销	各地新华书店		
印　　刷	三河市中晟雅豪印务有限公司		
开　　本	787毫米×1092毫米　　1/16		
印　　张	13.5		
字　　数	346千字		
版　　次	2023年8月第1版		
印　　次	2025年7月第3次		
书　　号	ISBN 978-7-5429-7403-7/F		
定　　价	48.00元		

如有印订差错，请与本社联系调换

环球君带你学『经济师』

中级经济师是国家认可的中级职称，是经济专业技术资格的一种，是国家对多个行业内从事经济相关职业人员从业能力的认可。

中级经济师考试实行机考，总共考核2个科目，即"经济基础知识"和"专业知识与实务"。每个科目的考试时间为1.5小时，两门考试中间有40分钟休息时间。

如果备考经济师是一场战役，那么考前60天一定是决定战役能否胜利的关键节点。考生该如何更好地利用考前60天呢？除了要学习重要的知识点，还要进行刷题训练，通过做题提升学习效率，保持做题的题感。

环球网校经济师考试研究院的老师们对中级经济师考试进行了系统研究分析，结合历年辅导大批考生的经验，编写了本书，期望能够帮助大家顺利通过考试。本书分为三大版块：

第一版块：刷题练习。本部分按照章节顺序呈现习题，旨在让考生能够对每个常考知识点都能以习题形式进行练习。本部分的每道题都是环球网校经济师考试研究院的老师根据考试频率和知识点的考查方向精挑细选出来的，便于考生复习，打好扎实的知识基础。

第二版块：思维导图。本部分以思维导图的形式展现了各章的重点内容，便于考生直观明了、高效快捷地掌握知识体系。

第三版块：全真机考模拟。考生在精做章节习题、掌握知识脉络后，一定要做成套试卷进行模拟考试。本部分旨在让考生在仿真机考环境中进行模拟练习，进而胸有成竹地参加考试。

在做题过程中，考生应当注意对错题进行整理和分析，从而完善自身的知识体系。建议考生针对每一道错题都问自己以下几个问题：

（1）这道题考查的知识点是什么？

（2）与本题考查的知识点相关的内容有哪些？

（3）我是怎么运用相关知识点解决这道题的问题的？

（4）这道题的解题过程是什么？

（5）为什么我做错了这道题？

（6）这道题还有其他做法吗？

思考上述问题可以帮助考生从知识掌握、能力提升、解题习惯等方面分析错误，有针对性地进行复习，高效备考。

如果考生在做题中遇到了自己研究不明白的题目，可以扫描相关二维码听老师讲解该知识点。本书在每一天最后设置了"学习笔记"栏目，在每一章最后设置了"备忘录"栏目，考生可以记录在学习过程中遇到的难点、雷点，从而准确地找到自己的薄弱点，然后想办法去攻克它。

学习是日积月累、循序渐进的过程，要系统、全面地掌握知识，就要采用有效的方法坚持不懈、持之以恒地学习。希望通过这60天的学习，大家能够养成良好的学习习惯，顺利通过中级经济师考试，为以后的职业发展奠定良好的基础。

环球网校经济师考试研究院

目录

第一章 企业战略与经营决策 …………… 1

Day 1 …………………………………… 1
考点：企业战略的特征与战略管理的内涵
……………………………………………… 1
考点：企业战略的制定 ………………… 2
考点：企业战略的实施 ………………… 3

Day 2 …………………………………… 4
考点：企业战略的控制 ………………… 4
考点：企业外部环境分析 ……………… 4

Day 3 …………………………………… 5
考点：企业内部环境分析 ……………… 5
考点：企业综合分析 …………………… 5

Day 4 …………………………………… 6
考点：基本竞争战略 …………………… 6
考点：企业成长战略 …………………… 6

Day 5 …………………………………… 8
考点：企业稳定战略 …………………… 8
考点：企业紧缩战略 …………………… 8
考点：企业经营决策的概念和类型 …… 8

Day 6 …………………………………… 9
考点：企业经营决策的要素 …………… 9
考点：企业经营决策的流程 …………… 9

Day 7 …………………………………… 10
考点：企业经营决策的方法 …………… 10
考点：商业模式分析 …………………… 10
模块：案例集锦 ………………………… 11

参考答案及解析 ………………………… 13

第二章 公司法人治理结构 …………… 22

Day 8 …………………………………… 22
考点：公司所有者 ……………………… 22
考点：公司经营者 ……………………… 23
考点：所有者与经营者的关系 ………… 23

Day 9 …………………………………… 24
考点：股东概述 ………………………… 24
考点：有限责任公司的股东会会议 …… 24
考点：股份有限公司的股东会会议 …… 25

Day 10 ………………………………… 26
考点：董事会的作用和性质 …………… 26
考点：董事会的职权 …………………… 26
考点：董事会的组成及董事会会议 …… 26

Day 11 ………………………………… 28
考点：董事的任期、任职资格和义务
……………………………………………… 28
考点：独立董事 ………………………… 28
考点：经理层 …………………………… 29

Day 12 ………………………………… 31
考点：监事会 …………………………… 31

Day 13 ………………………………… 33
考点：国家出资公司治理的基本原则
……………………………………………… 33
考点：国家出资公司党组织 …………… 33
考点：国家出资公司董事会 …………… 34

考点：国家出资公司经理层 ………… 34
考点：国家出资公司监督机制 ……… 34
参考答案及解析 …………………… 36

第三章 市场营销与品牌管理 ………… 44

Day 14 ………………………………… 44
考点：市场营销宏观环境 …………… 44
考点：市场营销微观环境 …………… 45
考点：市场营销环境分析 …………… 45

Day 15 ………………………………… 46
考点：市场营销战略规划 …………… 46
考点：目标市场战略 ………………… 46

Day 16 ………………………………… 48
考点：产品策略 ……………………… 48
考点：产品定价策略 ………………… 48

Day 17 ………………………………… 50
考点：促销策略 ……………………… 50
考点：品牌 …………………………… 50
考点：品牌资产 ……………………… 50

Day 18 ………………………………… 51
考点：品牌战略 ……………………… 51
模块：案例集锦 ……………………… 51
参考答案及解析 …………………… 53

第四章 分销渠道管理 ………………… 60

Day 19 ………………………………… 60
考点：渠道管理概述 ………………… 60
考点：不同类型商品分销渠道的构建
……………………………………… 60
考点：渠道成员的激励 ……………… 61
考点：渠道权力管理 ………………… 61
考点：渠道冲突管理 ………………… 62
考点：渠道差距评估 ………………… 62
考点：分销渠道运行绩效评估 ……… 62
考点：分销渠道发展趋势 …………… 62
模块：案例集锦 ……………………… 63
参考答案及解析 …………………… 64

第五章 生产管理 ……………………… 68

Day 20 ………………………………… 68
考点：生产能力 ……………………… 68
考点：生产计划的含义与指标 ……… 70

Day 21 ………………………………… 71
考点：生产计划的编制 ……………… 71
考点：产品出产进度的安排 ………… 71
考点：生产作业计划概述 …………… 71
考点：期量标准 ……………………… 71

Day 22 ………………………………… 73
考点：生产作业计划的编制 ………… 73
考点：生产控制的概念 ……………… 74

Day 23 ………………………………… 75
考点：生产控制的基本程序 ………… 75
考点：生产控制的方式 ……………… 75
考点：生产进度控制 ………………… 75
考点：在制品控制 …………………… 76

Day 24 ………………………………… 77
考点：库存控制 ……………………… 77
考点：生产调度 ……………………… 77
考点：物料需求计划、制造资源计划和企业资源计划 ……………………… 78

Day 25 ………………………………… 79
考点：精益生产管理和丰田精益生产方式
……………………………………… 79
模块：案例集锦 ……………………… 79
参考答案及解析 …………………… 81

第六章 物流管理 ……………………… 89

Day 26 ………………………………… 89
考点：物流的概念与功能 …………… 89
考点：绿色物流、第三方物流与供应链管理 ……………………………………… 90

Day 27 ………………………………… 91
考点：包装 …………………………… 91
考点：包装技术和方法 ……………… 91

Day 28 ……………………………………… 92	*Day 38* ……………………………………… 125
考点：装卸搬运 …………………………… 92	考点：人力资源规划概述 ………………… 125
考点：流通加工 …………………………… 92	考点：人力资源规划的制定程序 ………… 126
考点：仓储与仓储合理化 ………………… 93	考点：人力资源需求与供给预测 ………… 126
Day 29 ……………………………………… 94	*Day 39* ……………………………………… 128
考点：仓储设施与设备 …………………… 94	考点：绩效与绩效考核的含义 …………… 128
考点：仓储作业流程管理 ………………… 94	考点：绩效考核的内容和标准 …………… 128
Day 30 ……………………………………… 96	考点：绩效考核的步骤与方法 …………… 128
考点：库存管理 …………………………… 96	*Day 40* ……………………………………… 130
考点：运输管理 …………………………… 96	考点：薪酬的概念、构成与功能 ………… 130
Day 31 ……………………………………… 97	考点：薪酬管理的含义及其影响因素
考点：配送管理 …………………………… 97	……………………………………………… 130
参考答案及解析 …………………………… 99	*Day 41* ……………………………………… 131
第七章 技术创新管理 ………………… 107	考点：企业薪酬制度设计的原则和流程
Day 32 ……………………………………… 107	……………………………………………… 131
考点：技术创新的特点 …………………… 107	考点：基本薪酬设计 ……………………… 131
考点：技术创新的分类 …………………… 108	*Day 42* ……………………………………… 133
Day 33 ……………………………………… 109	考点：激励薪酬设计与福利 ……………… 133
考点：技术创新模式 ……………………… 109	*Day 43* ……………………………………… 135
考点：技术创新战略的类型 ……………… 109	模块：案例集锦 …………………………… 135
Day 34 ……………………………………… 111	参考答案及解析 …………………………… 137
考点：技术创新战略的管理 ……………… 111	**第九章 企业投融资决策及并购重组** …… 145
Day 35 ……………………………………… 112	*Day 44* ……………………………………… 145
考点：技术创新决策的评估方法 ………… 112	考点：货币的时间价值观念 ……………… 145
Day 36 ……………………………………… 114	*Day 45* ……………………………………… 147
考点：企业技术创新的内部组织模式	考点：风险价值观念 ……………………… 147
……………………………………………… 114	考点：资本成本 …………………………… 147
考点：企业技术创新的外部组织模式	*Day 46* ……………………………………… 148
……………………………………………… 114	考点：杠杆理论 …………………………… 148
考点：企业研发管理 ……………………… 115	考点：资本结构理论 ……………………… 148
Day 37 ……………………………………… 116	*Day 47* ……………………………………… 149
考点：企业管理创新 ……………………… 116	考点：资本结构决策 ……………………… 149
模块：案例集锦 …………………………… 116	*Day 48* ……………………………………… 150
参考答案及解析 …………………………… 118	考点：固定资产投资决策 ………………… 150
第八章 人力资源规划与薪酬管理 ……… 125	*Day 49* ……………………………………… 152

考点：长期股权投资决策 …………… 152	考点：…………………………………… 166
考点：并购重组动因 ………………… 152	考点：电子支付的概念和特点 ……… 166
考点：并购重组方式及效应 ………… 152	考点：电子支付的分类 ……………… 166
Day 50 …………………………………… 154	**Day 53** …………………………………… 167
考点：企业价值评估 ………………… 154	考点：第三方支付 …………………… 167
模块：案例集锦 ……………………… 154	考点：网络营销的概念和特点 ……… 167
参考答案及解析 ……………………… 156	考点：网络市场调研的概念、方法 … 167
第十章 电子商务 ……………………… 162	考点：网络营销策略 ………………… 168
Day 51 …………………………………… 162	考点：网络营销方式 ………………… 168
考点：电子商务产生背景及概念 …… 162	参考答案及解析 ……………………… 169
考点：电子商务的功能和特点 ……… 163	**第十一章 国际商务运营** ……………… 175
考点：电子商务的分类 ……………… 163	**Day 54** …………………………………… 175
考点：电子商务中的商流、资金流、物流、信息流 …………………………… 164	考点：国际商务与跨国公司 ………… 175
	考点：国际直接投资业务 …………… 176
考点：电子商务对企业经营管理的影响 …………………………………… 164	考点：交易磋商及国际贸易术语 …… 177
	考点：国际商品进出口实务 ………… 178
Day 52 …………………………………… 165	参考答案及解析 ……………………… 179
考点：电子商务的一般框架 ………… 165	**思维导图** ……………………………… 183
考点：电子商务运作系统的组成要素 …………………………………… 165	**Day 55** …………………………………… 183
	Day 56 …………………………………… 192
考点：电子商务的交易模式及一般流程 …………………………………… 165	**Day 57** …………………………………… 200
	全真机考模拟 ………………………… 207
考点：企业实施电子商务的运作步骤	**Day 58** 至 **Day 60** …………………… 207

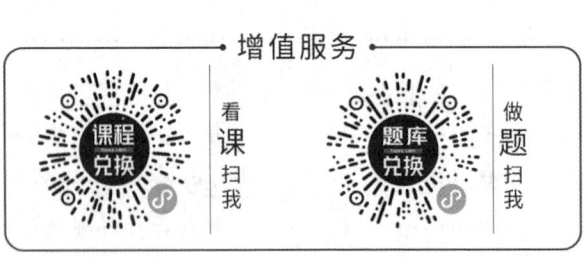

第一章 企业战略与经营决策

学习指导

本部分是重点章节，也是案例分析题必考章节，知识点主要出自企业战略概述、企业战略分析、企业战略类型和企业经营决策与商业模式分析四个部分内容，难度较大，历年考查分值在 19 分左右。

案例分析题多以文字题（主要针对第三节）和计算题（主要针对第四节）组合形式出题，这要求大家熟练掌握第三节各种企业战略类型的特点及运用条件和第四节的计算公式。此外，第一、第二节知识点容易引起混淆，考生难以区分的，建议多做练习题巩固。

时间	考点或模块
Day 1	➢企业战略的特征与战略管理的内涵 ➢企业战略的制定 ➢企业战略的实施
Day 2	➢企业战略的控制 ➢企业外部环境分析
Day 3	➢企业内部环境分析 ➢企业综合分析
Day 4	➢基本竞争战略 ➢企业成长战略
Day 5	➢企业稳定战略 ➢企业紧缩战略 ➢企业经营决策的概念和类型
Day 6	➢企业经营决策的要素 ➢企业经营决策的流程
Day 7	➢企业经营决策的方法 ➢商业模式分析 ➢案例集锦

▶▶ Day 1

➢ **考点**：企业战略的特征与战略管理的内涵

1. ［单项选择题］某化妆品企业为了扩大产品的销量，拟定了新的市场营销战略，积极开展市场营销活动，从企业战略层次分析，该企业的此项战略属于（　　）。
   A. 企业总体战略　　　　　　　　　　B. 企业紧缩战略
   C. 企业稳定战略　　　　　　　　　　D. 企业职能战略

2. [单项选择题] H公司为国内知名的电子商务公司，该公司在原有经营范围基础上，创办社交型电子商务平台，帮助消费者以低廉的价格购买产品。按照企业战略的层次划分，该企业实施的是（　　）。
   A. 企业业务战略　　　　　　　　　　B. 多元化战略
   C. 差异化战略　　　　　　　　　　　D. 企业总体战略

3. [单项选择题] 下列不属于企业战略特征的是（　　）。
   A. 全局性与复杂性
   B. 稳定性与动态性
   C. 长期性与短期性
   D. 收益性与风险性

4. [单项选择题] 企业战略管理的最高任务是（　　）。
   A. 提高企业的市场占有率
   B. 追求企业利润最大化
   C. 实现特定阶段的战略目标
   D. 实现企业的使命

5. [单项选择题] 下列关于企业战略的说法，错误的是（　　）。
   A. 企业战略实施过程具有较强的稳定性
   B. 企业战略的制定和实施具有一定的风险性
   C. 企业战略包括总体战略、业务战略和产品战略三个层次
   D. 企业战略具有全局性和复杂性

▶ 考点：企业战略的制定

6. [单项选择题] 下列关于企业愿景的说法，正确的是（　　）。
   A. 企业愿景管理包括开发愿景、修正愿景、瞄准愿景三个主要步骤
   B. 企业愿景回答了"企业的业务是什么"这一问题
   C. 企业愿景由企业高层领导者独断制定，并自上而下推行
   D. 企业愿景包括核心信仰和未来前景两部分

7. [单项选择题] 下列关于企业使命的说法，正确的是（　　）。
   A. 企业使命等同于企业愿景
   B. 企业使命阐明了企业的根本性质与存在的理由
   C. 企业使命的定位由企业经营哲学的定位和企业形象的定位两部分构成
   D. 企业使命包括核心信仰和未来前景两部分

8. [单项选择题] M公司提出"引领商业进步，创造精彩生活"，这体现了该公司的（　　）。
   A. 战略目标　　　　　　　　　　　　B. 企业使命
   C. 企业愿景　　　　　　　　　　　　D. 未来前景

9. [单项选择题] 在分析企业的内外部环境并确定企业战略目标后，企业管理者将与企业战略专家及其他有关人员一起参与企业战略方案的规划，这属于企业战略制定中的（　　）。
   A. 确定企业愿景、使命与战略目标

B. 准备战略方案

C. 评价和选择战略方案

D. 战略的实施

> **考点**：企业战略的实施

10. ［单项选择题］某企业把战略实施的相关责任范围扩大到企业其他层级管理者，调动其他层级管理者的积极性和创造性。协调其他层级管理者从一开始就承担有关的战略责任是其工作重点。该企业采用的战略实施模式是（　　）。

   A. 合作型 B. 指挥型
   C. 文化型 D. 增长型

11. ［单项选择题］下列要素中，属于麦肯锡7S模型中"硬件"要素的是（　　）。

   A. 人员 B. 共同价值观
   C. 技能 D. 战略

12. ［多项选择题］企业战略实施的步骤包括（　　）。

   A. 战略变化分析
   B. 战略方案分解与实施
   C. 战略方案的选择
   D. 战略方案的评估
   E. 战略实施的考核与激励

✎ 学习笔记

Day 2

➤ **考点**：企业战略的控制

1. [多项选择题] 平衡计分卡在传统的财务考核指标的基础上兼顾了其他角度的绩效考核，这些角度包括（　　）。
   A. 内部流程角度　　　　　　　　　B. 资金运用角度
   C. 市场开发角度　　　　　　　　　D. 学习和创新角度
   E. 顾客角度

2. [单项选择题] 某日化生产企业为了达到预期的战略目标，选择适当的契机进行战略控制和战略修正。该企业的做法体现了战略控制的（　　）原则。
   A. 适度控制　　　B. 适应性　　　C. 弹性控制　　　D. 适时控制

3. [多项选择题] 下列方法中，企业可选择的战略控制方法有（　　）。
   A. 平衡计分卡　　　　　　　　　　B. PESTEL 分析法
   C. 杜邦分析法　　　　　　　　　　D. 杠杆分析法
   E. 利润计划轮盘

4. [单项选择题] 在战略控制方法中，基于财务指标的战略控制方法是（　　）。
   A. 杜邦分析法　　　　　　　　　　B. 波士顿矩阵分析
   C. 平衡计分卡　　　　　　　　　　D. 利润计划轮盘

5. [多项选择题] 企业实施战略控制的原则有（　　）。
   A. 折中原则　　　　　　　　　　　B. 确保目标原则
   C. 适时控制原则　　　　　　　　　D. 严格控制原则
   E. 适应性原则

➤ **考点**：企业外部环境分析

6. [单项选择题] 下列关于行业生命周期中成熟期的特征的说法，错误的是（　　）。
   A. 产品成本控制和市场营销的有效性成为影响企业成败的关键因素
   B. 市场迅速扩大
   C. 行业竞争激烈
   D. 行业由分散走向集中

7. [单项选择题] 行业的产品已经比较完善，顾客对产品已有一定的认知，市场迅速扩大，企业销售额和利润快速增长的是（　　）。
   A. 形成期　　　B. 成长期　　　C. 成熟期　　　D. 衰退期

8. [单项选择题] 根据"五力模型"，下列说法正确的是（　　）。
   A. 行业的进入壁垒越低，潜在进入者的威胁水平越低
   B. 行业中供应者的数量越少，购买者的谈判能力越低
   C. 替代品的价格越低，替代品的威胁水平越低
   D. 购买者购买供应者产品的数量越多，购买者的谈判能力越低

✎ 学习笔记

Day 3

> **考点**：企业内部环境分析

1. [单项选择题] 下列活动中，属于价值链辅助活动的是（　　）。
　　A. 成品储运　　　　　　　　　　　　B. 技术开发
　　C. 生产加工　　　　　　　　　　　　D. 原料供应

2. [多项选择题] 下列方法中，可用于企业内部环境分析的方法有（　　）。
　　A. 杜邦分析法　　　　　　　　　　　B. 波士顿矩阵分析法
　　C. 价值链分析法　　　　　　　　　　D. IFE 矩阵分析法
　　E. 核心竞争力分析法

3. [单项选择题] 下列关于企业的核心竞争力的说法，错误的是（　　）。
　　A. 企业所独有的商业模式属于资源竞争力
　　B. 企业所拥有的区位优势属于资源竞争力
　　C. 企业核心竞争力具有持久性
　　D. 企业核心竞争力对企业一系列产品或服务的竞争都有促进作用

4. [单项选择题] 某型号智能手表的业务增长率和市场占有率都低，表明该型号智能手表处于波士顿矩阵图的（　　）。
　　A. 幼童区　　　　B. 明星区　　　　C. 瘦狗区　　　　D. 金牛区

5. [单项选择题] 内部因素评价矩阵又称（　　）。
　　A. SWOT 矩阵　　B. EFE 矩阵　　　C. 7S 模型　　　　D. IFE 矩阵

6. [单项选择题] VRIO 框架分析法的四个角度中，（　　）是企业拥有长久竞争优势的保证。
　　A. 价值性　　　　B. 稀缺性　　　　C. 不可模仿性　　D. 组织性

> **考点**：企业综合分析

7. [单项选择题] 采用 SWOT 分析法进行战略选择时，重在发挥企业优势，利用市场机会的战略是（　　）。
　　A. SO 战略　　　B. WO 战略　　　C. ST 战略　　　　D. WT 战略

8. [单项选择题] 根据 SWOT 分析法，企业要利用机会、克服劣势，可以采取的战略是（　　）。
　　A. SO 战略　　　B. ST 战略　　　C. WO 战略　　　　D. WT 战略

9. [单项选择题] （　　）是分析企业综合环境的分析方法。
　　A. 价值链分析法　　　　　　　　　　B. PESTEL 分析法
　　C. SWOT 分析法　　　　　　　　　　D. 波士顿矩阵分析法

✎ 学习笔记

Day 4

> **考点**：基本竞争战略

1. [多项选择题] 迈克尔·波特提出的企业基本竞争战略有（　　）。
　A. 一体化战略
　B. 集中战略
　C. 差异化战略
　D. 成本领先战略
　E. 多元化战略

2. [多项选择题] 某自行车生产企业拟采取差异化战略，该企业可行的做法有（　　）。
　A. 提供竞争对手不可比拟的高质量产品
　B. 增添自行车的新功能
　C. 增加研发投资，进行产品创新
　D. 整合企业资源，实施资源共享
　E. 提供个性化自行车定制服务

3. [单项选择题] 某食品企业选择儿童为目标顾客，专一生产儿童食品，该企业采取的是（　　）。
　A. 成本领先战略
　B. 多元化战略
　C. 一体化战略
　D. 集中战略

4. [多项选择题] 实施成本领先战略的企业应当符合的条件包括（　　）。
　A. 企业能够严格控制一切费用开支
　B. 企业有很强的研究开发能力
　C. 企业有较高的市场占有率
　D. 企业有很强的市场营销能力
　E. 大批量生产的企业，产量达到经济规模

> **考点**：企业成长战略

5. [单项选择题] 某自行车生产企业为提高主打产品在现有市场的市场占有率，加大营销宣传，采用多种促销手段，发现潜在顾客，提高产品销售额。该企业采取的成长战略是（　　）。
　A. 市场开发战略
　B. 新产品开发战略
　C. 市场渗透战略
　D. 成本领先战略

6. [单项选择题] 为了避免恶性竞争，甲互联网公司与多家互联网公司组成战略联盟，建立全面协调和分工的联盟体系，则该战略联盟的形式是（　　）。
　A. 技术研究与开发联盟
　B. 产品联盟
　C. 营销联盟
　D. 产业协调联盟

7. [单项选择题] 某家电生产企业围绕家电市场，生产电视机、洗衣机、电冰箱、空调等系列家电产品。该企业采取的是（　　）战略。
　A. 水平多元化
　B. 垂直多元化
　C. 同心型多元化
　D. 非相关多元化

8. [单项选择题] 为降低生产成本，某火力发电企业进军煤炭行业，自主供应原材料。该企业采取的企业战略是（　　）。
　A. 前向一体化战略
　B. 后向一体化战略

C. 转向战略 D. 差异化战略

9. [单项选择题] 某空调配件生产企业（甲公司），因经营不善，被另一家空调配件生产企业（乙公司）并购，则乙公司采用的战略属于（　　）战略。
   A. 前向一体化 B. 后向一体化
   C. 相关多元化 D. 横向一体化

10. [多项选择题] 下列战略联盟形式中，属于契约式战略联盟的有（　　）。
    A. 合资企业 B. 产品联盟
    C. 相互持股 D. 产业协调联盟
    E. 营销联盟

11. [单项选择题] 某知名手机企业以战略联盟形式，将手机生产业务外包给其他企业，从而扩大生产，企业采用的战略联盟形式是（　　）。
    A. 产业协调联盟 B. 营销联盟
    C. 技术开发与研究联盟 D. 产品联盟

12. [单项选择题] 某汽水生产企业不严格区分国内市场和国外市场，向国内外市场销售相同品质和口味汽水，由此实现规模效应，形成经验曲线效应，获得高额利润。该企业实施的国际化经营战略是（　　）。
    A. 全球标准化战略 B. 本土化战略
    C. 国际战略 D. 跨国战略

13. [单项选择题] 下列关于各类型国际化经营战略的说法，错误的是（　　）。
    A. 本土化战略的跨国公司面向全球市场推销标准化的产品和服务
    B. 跨国化战略既考虑成本效益和区位效益，同时注意注重产品的差异化和本土化
    C. 国际化战略利用母国的创新来提高海外子公司竞争地位
    D. 全球标准化战略的跨国公司在较有利的国家集中地进行生产经营活动

✎ 学习笔记

Day 5

> **考点**：企业稳定战略

1. [单项选择题] 某汽车生产企业在较长时间的快速发展后，降低企业发展速度，重新调整企业内部各要素，优化配置现有资源，实施管理整合，该企业采取的稳定战略是（　　）。
   A. 无变化战略　　　　　　　　　　　　B. 维持利润战略
   C. 暂停战略　　　　　　　　　　　　　D. 谨慎实施战略

2. [多项选择题] 下列企业战略中，属于稳定战略的有（　　）。
   A. 维持利润战略　　　　　　　　　　　B. 暂停战略
   C. 转向战略　　　　　　　　　　　　　D. 放弃战略
   E. 无变化战略

> **考点**：企业紧缩战略

3. [多项选择题] 下列企业战略中，属于紧缩战略的有（　　）。
   A. 维持利润战略　　B. 暂停战略　　C. 清算战略　　D. 放弃战略
   E. 谨慎实施战略

4. [单项选择题] 某企业由于经营不善，面临资不抵债的情况，该企业决定把整个企业都卖掉来偿还债务，这一做法表明该企业采取的战略是（　　）。
   A. 放弃战略　　　B. 暂停战略　　　C. 转向战略　　　D. 清算战略

5. [单项选择题] 当企业的经营状况、资源条件以及发展前景不能应付外部环境的变化，难以为企业带来满意的收益，已经威胁企业的生存和发展时，适合采用的战略是（　　）。
   A. 暂停战略　　　B. 成长战略　　　C. 成本领先战略　　　D. 紧缩战略

> **考点**：企业经营决策的概念和类型

6. [多项选择题] 经营决策根据决策目标的数量，可划分为（　　）。
   A. 企业总体层经营决策　　　　　　　　B. 单目标决策
   C. 业务层经营决策　　　　　　　　　　D. 多目标决策
   E. 职能层经营决策

7. [单项选择题] 下列关于企业经营决策的表述，错误的是（　　）。
   A. 经营决策要有明确的目标
   B. 所有的经营决策只能在稳定可控的环境因素下进行
   C. 决策能否实施取决于决策所处的环境和条件
   D. 决策目标的确立是科学决策的起点

8. [单项选择题] 从环境因素的可控程度看，经营决策可分为（　　）。
   A. 长期决策和短期决策　　　　　　　　B. 战略决策、战术决策和业务决策
   C. 初始决策和追踪决策　　　　　　　　D. 确定型决策、风险型决策和不确定型决策

✎ 学习笔记

Day 6

> **考点：企业经营决策的要素**

1. ［单项选择题］下列关于企业经营决策要素的说法，错误的是（　　）。
   A. 决策者是企业经营决策的主体
   B. 确定决策目标是科学决策的起点
   C. 决策条件是指决策过程中面临的时空状态
   D. 决策结果是指决策者最终选定的备选方案

2. ［单项选择题］下列关于企业经营决策的说法，错误的是（　　）。
   A. 选定决策者是科学决策的起点
   B. 确定目标是企业经营决策的前提
   C. 企业经营决策应充分考虑决策条件的制约
   D. 企业经营决策应建立在调查研究、综合分析、评价和选择的基础上

3. ［多项选择题］下列关于企业经营决策的说法，正确的有（　　）。
   A. 经营决策要有明确的目标
   B. 经营决策要有多个可行方案供选择
   C. 经营决策均是有关企业未来发展的全局性、整体性的重大决策
   D. 决策者是企业经营决策的主体
   E. 经营决策必须在有关活动尚未进行、环境条件并未受到影响的情况下进行

4. ［多项选择题］经营决策的要素包括（　　）。
   A. 决策备选方案　　B. 决策价值　　C. 决策者　　D. 决策结果
   E. 决策目标

5. ［单项选择题］企业经营决策的最基本要素是（　　）。
   A. 决策者　　　　　　　　　　　B. 决策目标
   C. 决策方案　　　　　　　　　　D. 决策条件

> **考点：企业经营决策的流程**

6. ［单项选择题］企业进行科学经营决策的前提是（　　）。
   A. 确定决策目标　　　　　　　　B. 调查分析决策条件
   C. 确定决策标准　　　　　　　　D. 评估决策备选方案

7. ［多项选择题］下列关于企业经营决策的表述，正确的有（　　）。
   A. 确定目标是企业经营决策的前提
   B. 决策最基本的要素是决策目标
   C. 拟定方案是决策中最关键的一步
   D. 选定方案是决策中最关键的一步
   E. 决策环境即决策条件

✎ 学习笔记

Day 7

> **考点**：企业经营决策的方法

1. [单项选择题] 某烤箱生产企业邀请15名专家进行集体讨论，首先要求专家以抽象画的"烘焙"为主题，提出各种烘焙方法的奇思妙想；其次将问题具体化为"烤箱功能"，进行深入讨论；最后该企业根据讨论结果作出了决策，该企业采取的经营决策方法是（　　）。

  A. 名义小组技术　　　　　　　　　　B. 德尔菲法

  C. 哥顿法　　　　　　　　　　　　　D. 头脑风暴法

2. [单项选择题] 下列关于企业经营决策的说法，错误的是（　　）。

  A. 企业经营决策要有明确的目标

  B. 企业经营决策可分为单目标决策和多目标决策

  C. 决策者是企业经营决策的主体

  D. 决策树分析法适用于确定型企业经营决策

3. [多项选择题] 下列经营决策方法中，适用于企业定性决策的有（　　）。

  A. 哥顿法　　　　　　　　　　　　　B. 线性规划法

  C. 德尔菲法　　　　　　　　　　　　D. 名义小组技术

  E. 头脑风暴法

4. [单项选择题] 某自行车生产企业要进行风险型经营决策，下列属于风险型定量决策方法的是（　　）。

  A. 盈亏平衡点法　　　　　　　　　　B. 决策树分析法

  C. 线性规划法　　　　　　　　　　　D. 后悔值原则

5. [单项选择题] 某企业拟生产某种产品，根据预测估计，该产品的市场状态及概率是：畅销为0.3、一般为0.5、滞销为0.2，这三种市场状态下的损益值分别为40万元、30万元和25万元。该产品的期望损益值为（　　）万元。

  A. 28　　　　　B. 32　　　　　C. 36　　　　　D. 38

> **考点**：商业模式分析

6. [多项选择题] 下列属于商业模式要素的有（　　）。

  A. 企业定位　　　　　　　　　　　　B. 资源与能力

  C. 业务系统　　　　　　　　　　　　D. 现金流结构

  E. 资产负债率

7. [多项选择题] 在商业模式画布分析中，属于价值分析的模块有（　　）。

  A. 价值主张　　　　　　　　　　　　B. 核心资源

  C. 客户细分　　　　　　　　　　　　D. 渠道通路

  E. 收入来源

8. [单项选择题] 商业模式画布模块中，描述企业如何沟通、接触目标客户并向其传递价值主张的模块是（　　）。

  A. 客户关系　　　　　　　　　　　　B. 渠道通路

  C. 重要伙伴　　　　　　　　　　　　D. 客户细分

▶ 模块：案例集锦

9. [案例分析题] 某服装生产企业实施差异化战略，向消费者提供与众不同的产品，获得竞争优势。该企业为了降低原材料采购成本进入纺织行业，自主生产和供应服装加工所需面料。该企业以许可经营的形式积极拓展海外市场，允许国外企业使用该企业的专利、商标、设计款式，扩大企业的国际声誉。同时，该企业积极进行新产品开发，不断推出新款服装。该服装生产企业拟推出新款服装，共有甲产品、乙产品、丙产品、丁产品四种开发方案可供选择；每种产品方案均存在着市场需求高、市场需求一般、市场需求低三种可能的市场状态，但各种状态发生的概率难以测算。在市场调查的基础上，该服装生产企业对四种备选方案的损益值进行了预测，在不同市场状态下损益值如下表所示（单位：百万元）。

产品方案的决策损益表

产品方案	市场需求高	市场需求一般	市场需求低
甲产品	270	110	10
乙产品	265	100	30
丙产品	280	140	-10
丁产品	250	150	20

根据以上材料，回答下列问题：

(1) 该企业实施差异化战略，可以选择的途径是（　　）。
A. 设计并更换为更具个性化的服装品牌名称
B. 扩大生产规模，形成规模效应
C. 创新服装款式
D. 提供独特的服装售后服务

(2) 该企业自主生产和供应面料的战略是（　　）。
A. 前向一体化战略
B. 后向一体化战略
C. 市场开发战略
D. 联盟战略

(3) 若采用后悔值原则进行新款服装的决策，该企业应选择的方案为开发（　　）。
A. 丁产品　　　　　　　　　　　B. 乙产品
C. 甲产品　　　　　　　　　　　D. 丙产品

10. [案例分析题] 某奶粉生产企业将目标顾客定位于老年购买群体，专门生产适合老年人体质的奶粉，取得了良好的市场效果。为了降低成本，该企业建立奶牛养殖基地，自主供应奶源。为了提升产品竞争力，该企业与国际知名奶粉生产企业建立战略联盟，共同研发新型奶粉产品。该企业研发新型奶粉，共有 A 产品、B 产品、C 产品、D 产品四种开发方案可供选择，每种产品方案均存在着市场需求高、市场需求一般、市场需求低三种可能的市场状态，但各种状态发生的概率难以测算。在市场调查的基础上，该奶粉生产企业对四种备选方案的损益值进行了预测，在不同市场状态下损益值如下表所示（单位：百万元）。

产品方案的决策损益表

产品方案	市场需求高	市场需求一般	市场需求低
A产品	110	80	50
B产品	125	90	30
C产品	140	100	−40
D产品	150	110	−60

根据以上材料，回答下列问题：

(1) 该企业目前实施的战略是（　　）。

　　A. 多元化战略　　　　　　　　B. 差异化战略

　　C. 前向一体化战略　　　　　　D. 后向一体化战略

(2) 该企业目前与国际知名奶粉生产企业建立的战略联盟属于（　　）。

　　A. 技术开发与研究联盟　　　　B. 营销联盟

　　C. 产品联盟　　　　　　　　　D. 产业协调联盟

(3) 若采用折中原则进行新型奶粉产品的决策（最大值系数为0.75），该企业应选择的方案为开发（　　）。

　　A. A产品　　　　　　　　　　B. B产品

　　C. C产品　　　　　　　　　　D. D产品

参考答案及解析

Day 1

1. D [解析] 根据题目关键信息"拟定了新的市场营销战略",市场营销战略即属于企业职能战略的类型之一,D项正确;A项总体战略决定和揭示企业的使命和目标,与题目不符,故错误;B项与C项属于企业战略的具体类型,而不是战略层次的内容,故错误。

2. D [解析] 企业总体战略或是保持原有的业务组合与资源分配方式,进行稳定经营;或是进入新的经营领域,提升发展速度,经营范围不断扩张;或是抑制某些业务的发展,防范企业风险;或是对业务组合进行较大规模的变革,退出某些关键业务,为发展新的业务领域重新配置资源等。企业总体战略影响企业未来的发展,决定和揭示企业的使命和目标。H公司在原有经营范围基础上,创办社交型电子商务平台,即意味着进入新的经营领域,扩大经营范围,故属于企业总体战略。

● 考点再现

$Q_{1\text{-}2}$ 企业战略层次分为:企业总体战略、企业业务战略和企业职能战略。

战略	内容
企业总体战略	以企业整体为研究对象,研究整个企业生存和发展中的基本问题
企业业务战略	重点在于改进一个业务单位在它所从事的行业中,或某一特定的细分市场中所提供的产品和服务的竞争地位
企业职能战略	包括生产制造战略、市场营销战略、研究与开发战略、财务管理战略、人力资源管理战略和研究与开发战略

3. C [解析] 企业战略的特征包括:①全局性与复杂性;②稳定性与动态性;③收益性与风险性。

4. D [解析] 企业战略管理的最高任务是实现企业使命,D项正确;企业战略管理的基本任务是实现特定阶段的战略目标,C项错误;A、B两项不属于企业战略的任务。

5. C [解析] 企业战略包括总体战略、业务战略和职能战略三个层次,故C项错误。

6. D [解析] 企业愿景管理包括开发愿景、瞄准愿景、落实愿景三个主要步骤,A项错误。企业愿景回答了"我是谁"这一问题,B项错误。企业愿景由内部成员制定,经由团队讨论,获得企业一致的共识、形成的大家愿意全力以赴的未来方向,C项错误。

7. B [解析] A项,企业使命不等于企业愿景,故错误;C项,企业使命的定位包括三个方面内容:企业生存目的的定位、企业经营哲学的定位、企业形象的定位,故错误;D项,企业愿景包括核心信仰和未来前景两部分,故错误。

8. B [解析] 企业愿景回答的是"我是谁"的问题,企业使命回答的是"企业的业务是什么"这一关键问题。M公司提出"引领商业进步,创造精彩生活"是企业存在的根本理由。本题根据华润集团的使命编写,华润的使命是"引领商业进步,共创美好生活",愿景是"成为大众信赖和喜爱的世界一流企业"。

● 考点再现

$Q_{7\text{-}8}$ 制定企业战略首先必须确定企业愿景、企业使命和企业战略目标。

项目	内容
企业愿景	包括核心信仰和未来前景;每一位员工都参与构思

续表

项目	内容
企业使命	阐明了企业的根本性质与存在的理由；包括企业生存目的定位、企业经营哲学的定位、企业形象的定位
企业战略目标	企业在一定时期内生产经营所预期达到的理想成果

9. B [解析] 准备战略方案是企业管理者将与企业战略专家及其他有关人员一起参与企业战略方案的规划，即实现战略目标的详细行动计划。

10. A [解析] 根据题目信息"调动其他层级管理者的积极性和创造性。协调其他层级管理者从一开始就承担有关的战略责任是其工作重点"，可知属于合作型的要点，故 A 项正确。

● 考点再现

Q_{10} 企业战略实施的模式：

模式	内容
合作型	合作型模式的特点是将决策范围扩大到了企业其他层级管理者中，调动企业其他层级管理者的积极性和创造性
指挥型	企业高层管理者提出企业战略的初步方案，经研究后做出决策，确定战略后，向战略执行者宣布企业战略，安排其推动执行
文化型	文化型是把合作型的参与成分扩大到企业的较大范围，力图使企业所有员工都参与到企业战略的实施中
变革型	企业高层领导重点考虑的是如何实施战略
增长型	企业战略自下而上地形成

11. D [解析] 7S 模型中，硬件要素包括战略、结构、制度，软件要素包括共同价值观、人员、技能、风格。

[注意] 记忆 7S 模型，只需记住软件要素皆和"人"有关。

12. ABE [解析] 战略实施的步骤包括：①战略变化分析；②战略方案分解与实施；③战略实施的考核与激励。C、D 两项属于企业经营决策的步骤。

Day 2

1. ADE [解析] 平衡计分卡的四个角度包括财务角度、顾客角度、内部流程角度、学习和创新角度。

2. D [解析] 选择适当的契机进行战略控制和战略修正属于适时控制的原则。

3. ACE [解析] B 项 PESTEL 分析法属于企业宏观环境分析方法；D 项杠杆分析法属于企业筹资决策方法。

4. A [解析] 杜邦分析法是基于财务指标的控制方法。

● 考点再现

Q_{3-4} 企业战略控制的方法有：杜邦分析法、平衡计分卡、利润计划轮盘。

方法	内容
杜邦分析法	基于在财务指标的战略控制方法
平衡计分卡	加强企业战略执行力的最有效的战略控制工具
利润计划轮盘	基于企业战略的业绩评价模式

5. BCE [解析] 战略控制的原则包括确保目标原则、适度控制原则、适时控制原则、适应性原则。
6. B [解析] 成熟期的市场"已趋于饱和",而不是迅速扩大,迅速扩大属于成长期的特点,故 B 项错误。
7. B [解析] 进入成长期,行业的产品已较完善,顾客对产品已有认识,市场迅速扩大,企业的销售额和利润迅速增长。同时,不少后续企业参加进来,行业的规模扩大,竞争日趋激烈,那些不成功的企业已经开始退出。

> ●考点再现
> Q_{6-7} 成长期的特点有:①销售量迅速增加;②大批量生产,效率提高,成本降低;③促销费用降低,销售成本下降;④扭亏为盈,利润迅速达到最高峰;⑤同行竞争者增加,同类产品出现,竞争激烈。

8. B [解析] 行业的进入壁垒越低,潜在进入者的威胁水平越高,A 项错误。替代品的价格越低,替代品的威胁水平越高,C 项错误;购买者购买供应者产品的数量越多,购买者的谈判能力越高,D 项错误。

Day 3

1. B [解析] 价值链基本活动包括原料供应、生产加工、成品储运、市场营销、售后服务,A、C、D 三项均属于基本活动,B 项属于辅助活动。
2. BCDE [解析] 企业内部环境分析法包括内部因素评价矩阵法(即 IFE 矩阵分析法)、核心竞争力法、价值链分析法和波士顿矩阵法。A 项属于战略控制的方法。
3. A [解析] 企业核心竞争力包括关系竞争力、资源竞争力和能力竞争力。企业独有的商业模式属于能力竞争力,A 项错误。能力竞争力,这里指的是能够保证企业生存和发展以及实施战略的能力。对企业能力的研究更强调企业自身的素质,即企业的战略、体制、机制、经营管理、商业模式、团队默契、对环境的适应性、对资源开发控制的能动性以及创新性等。
4. C [解析] 波士顿矩阵分析根据业务增长率和市场占有率将企业的业务或产品分为四类,包括:①幼童区——高业务增长率和低市场占有率;②明星区——高业务增长率和高市场占有率;③瘦狗区——低业务增长率和低市场占有率;④金牛区——高市场占有率和低业务增长率。
5. D [解析] A 项属于企业综合分析常用的 SWOT 分析法;B 项为外部因素评价矩阵;C 项是企业战略实施过程中运用的 7S 模型,用来规避战略实施过程中的失误。
6. C [解析] VRIO 框架分析法从价值性、稀缺性、不可模仿性和组织性四个角度,审视和分析企业的资源和能力与企业竞争优势(或竞争力)的关系,从中寻找企业发展和成功的关键战略资源和能力。其中,价值性是对企业拥有的资源和能力对竞争优势贡献的判断,稀缺性是企业获得竞争优势的基础,不可模仿性是企业拥有长久竞争优势的保证,组织性发挥着协同作用。
7. A [解析] SO 战略:发挥优势,利用机会。
8. C [解析] WO 战略:克服劣势,利用机会。
9. C [解析] A 项价值链法和 D 项波士顿矩阵分析法是企业内部环境分析的方法;B 项 PESTEL 分析法是企业外部环境分析的方法。

• 考点再现

Q_{7-9} 进行企业综合分析常用SWOT分析法。其中，S即优势、W即劣势、O即机会、T即威胁。

战略	内容
SO战略	发挥优势，利用机会
ST战略	使用优势，避免威胁
WO战略	克服劣势，利用机会
WT战略	克服劣势，避免威胁

Day 4

1. BCD [解析] 基本竞争战略包括三种类型，即成本领先战略、差异化战略、集中战略。一体化战略和多元化战略属于企业成长战略。

2. ABCE [解析] 差异化战略的措施包括：①产品质量差异化；②产品可靠性差异化；③产品创新差异化；④产品特性差异化；⑤产品名称或品牌差异化；⑥服务差异化。

3. D [解析] 集中战略是企业把经营活动集中于某一特定的购买者群、产品线某一部分或某一地区市场上的战略。此食品企业选择儿童市场为特定的目标市场，专一生产儿童食品，因此D项正确。

4. ACE [解析] 成本领先战略的适用范围包括：①大批量生产的企业，产量要达到经济规模，这样才会有较低的成本；②企业有较高的市场占有率，严格控制产品定价和初始亏损，从而形成较高的市场份额；③企业有能力使用先进的生产设备；④企业能够严格控制一切费用开支，全力以赴地降低成本。B、D两项属于差异化战略适用的范围。

5. C [解析] 市场开发战略是市场范围上的扩展，是将现有产品或服务打入新市场；新产品开发战略是在新产品上的战略；市场渗透战略企业通过更大的市场营销努力，提高现有产品或服务在现有市场上的份额。A项着重于新市场，故错误；B项新产品开发战略是对于新产品的战略，不符合题意；D项成本领先战略不属于企业的成长战略，故错误。

6. D [解析] 产业协调联盟，联盟成员建立全面协调和分工的产业联盟体系，避免恶性竞争和资源浪费，一般多见于高新技术企业，D项正确。

7. C [解析] 此种题目多出书中举例的内容，记住书中案例即可。

• 考点再现

Q_7 多元化战略：

项目	内容
垂直多元化	企业沿着产业价值链或企业价值链延伸经营领域，如钢铁生产企业和采矿企业是处于同一价值链上的生产企业和供应商企业的关系
同心多元化	以市场或技术为核心的多元化
水平多元化	在同一专业范围内进行多种经营，如汽车制造厂生产轿车、卡车和摩托车等不同类型的车辆
非相关多元化	企业进入现有产品或服务在技术、市场等方面没有任何关联的新行业或新领域的战略

8. B [解析] 发电企业向煤炭行业进军，属于生产商向供应商整合，属于后向一体化战略，故排除A、D两项，B项正确；转向战略是指企业在原有领域上面不能维持原有的规模，

不得将其缩小,或者企业有了其他新的发展机会可以运用该项战略,不符合题意,故C项错误。

9. D [解析] 根据题目信息可知两家公司均为空调配件生产企业,属于同产业同类产品的并购,故可知属于横向一体化战略,故D项正确。A、B两项,题目中均没有体现;甲、乙公司均为空调配件生产企业,并没有开展其他业务,所以C项不正确。

● 考点再现

Q_{8-9} 一体化战略:

项目	内容
前向一体化	由供应原材料走向销售的过程
后向一体化	由销售走向供应原材料的过程
横向一体化	通过资产纽带或契约方式与同行业企业进行联合的一种战略

10. BDE [解析] 契约式联盟战略包括技术开发与研究联盟、产品联盟、营销联盟、产业协调联盟。A、C两项说法不正确。

11. D [解析] 产品联盟的形式包括联合生产、贴牌生产、供求联盟、生产业务外包。该企业将手机生产业务外包给其他企业,属于产品联盟。

12. A [解析] 全球标准化战略是向全球的市场推广标准化的产品或服务。该企业向国内外市场销售相同品质和口味的汽水,按常理可知,其销售的是标准化、同质化的产品,故A项正确。

13. A [解析] 采用全球标准化战略的跨国公司面向全球市场推销标准化的产品和服务;采用本土化战略的跨国公司在不同国家的市场上提供与消费者兴趣与偏好相适应的产品,提供差异化产品或服务,所以A项错误。

Day 5

1. C [解析] 根据题目信息"某汽车生产企业在较长时间的快速发展后,降低企业发展速度",可知属于暂停战略的特点。

2. ABE [解析] 转向战略和放弃战略属于企业紧缩战略,故C、D两项错误。

● 考点再现

Q_{1-2} 企业稳定战略包括无变化战略、维持利润战略、暂停战略、谨慎实施战略。

战略	内容
无变化战略	企业外部环境和内部环境都比较好的时候,企业不用发生变化,继续发展的方法
维持利润战略	注重短期效果,而忽视长期利益,是为了渡过暂时性的难关
暂停战略	企业在长时间快速发展之后,可能会遇到一些问题使效率下降,此时可采用暂停战略
谨慎实施战略	在外部环境不确定的情况下,放缓相应的方案推进

3. CD [解析] 紧缩战略包括转向战略、放弃战略、清算战略。A、B、E三项属于稳定战略。

4. D [解析] 该企业决定把整个企业都卖掉,属于清算战略,故D项正确。

5. D [解析] 采取紧缩战略的原因是企业现有的经营状况、资源条件以及发展前景不能应付外部环境的变化,难以为企业带来满意的收益,威胁企业的生存和发展。

• 考点再现

Q 3-5 企业紧缩战略：

战略	内容
清算战略	卖掉其资产或停止整个企业的运行而终止一个企业的存在
转向战略	压缩企业规模或者向其他业务领域发展
放弃战略	企业的一个或几个主要部门转让、出卖或停止经营

放弃战略与清算战略不同的是：放弃战略是为了找到肯出高于企业固定资产的买主，而清算战略是尽可能收回企业资产，减少损失。成本领先战略是指压低企业的成本，使其低于对手成本的方法。

6. BD [解析] 企业经营决策的分类：①根据决策目标的数量，分为单目标决策和多目标决策；②根据决策的重要性，分为企业总体层经营决策、业务层经营决策和职能层经营决策。

7. B [解析] 根据决策类型之一，按照环境因素的可控程度分类，可分为确定型决策、风险型决策和不确定型决策，可知并不是所有的决策都是在稳定可控的环境因素下进行的，故B项错误。

8. D [解析] 企业经营决策的分类：①按照环境因素的可控程度划分，分为确定型决策、风险型决策、不确定型决策；②根据决策影响的时间分类划分，分为长期决策和短期决策。

Day 6

1. D [解析] 决策结果指决策实施后所产生的效果和影响，而不是指决策者最终选定的备选方案，故D项错误。

2. A [解析] 确立决策目标是科学决策的起点，故A项错误。

3. ABD [解析] C项，根据经营决策的类型中重要性划分的类型可知，不是所有类型的决策都是重大的，故错误；E项，根据决策的类型中环境因素可控程度划分的类型可知，环境因素可能是不可控的，也可能存在风险，受到影响，故错误。

4. ACDE [解析] 企业经营决策的要素包括决策者、决策目标、决策备选方案、决策条件、决策结果。

5. A [解析] 企业经营决策的主体是决策者，是决策最基本的要素。

6. A [解析] 确定目标是企业经营决策的前提，企业经营目标的确定建立在信息收集的基础上。

7. ADE [解析] B项，决策最基本的要素是决策者，而不是决策目标；C项，选定方案是决策中最关键的一步。

Day 7

1. C [解析] 定性决策方法包括：①哥顿法——不让会议成员直接讨论问题本身，而是讨论其问题的某一局部；②名义小组技术——一个小组轮流提出建议，然后对所有的建议进行投票；③德尔菲法——以匿名的方式通过几轮函询征求专家意见；④头脑风暴法——通过有关专家之间的信息交流，形成创造型思维。哥顿法是不让会议成员直接讨论问题本身，而是讨论其问题的某一局部，所以和题目中先提出"烘焙"再引申到"烤箱"是相符的，故选C项。

2. D [解析] D项，决策树分析法属于定量决策分析法中风险型决策方法，而不属于确定型经营决策方法。

3. ACDE [解析] 定性决策方法包括头脑风暴法、德尔菲法、名义小组技术、哥顿法。线性规划法属于定量决策方法中确定型决策方法。

4. B [解析] 确定型决策方法包括线性规划法、盈亏平衡点法。风险型决策方法包括决策树分析法、期望损益决策法。不确定型决策遵循乐观原则、悲观原则、折中原则、后悔值原则、等概率原则。属于风险型定量决策的方法的是决策树分析法，B 项正确。

5. B [解析] 该产品的期望损益值＝0.3×40＋0.5×30＋0.2×25＝32（万元）。
[注意] 考试中一般有多种方案，要求选出多种方案中哪种能够获得最大收益，只需把多种方案的期望损益值都算出来，取最大值即可。

6. ABCD [解析] 商业模式通常包括定位、资源与能力、业务系统、盈利模式、现金流结构、企业价值等要素。

7. ACD [解析] 商业模式画布通过三个步骤对九个模块进行逐一分析：第一，价值分析。企业提出价值主张，细分客户群体，分析商业模式的渠道通路和客户关系。第二，基础设施分析。企业衡量现有的核心资源与能力，设计或完善关键业务，寻找重要伙伴。第三，盈利分析。剖析商业模式下企业的收入来源和成本结构，确定企业的现金流状况，设计、调整和优化盈利模式。

8. B [解析] 渠道通路模块主要描绘企业是如何沟通、接触目标客户而传递其价值主张的，主要表述六个问题：①通过哪些渠道可以接触企业的客户细分群体；②企业通常如何接触他们；③企业的渠道如何整合；④哪些渠道最有效；⑤哪些渠道成本效益最好；⑥如何把企业的渠道与客户的例行程序进行整合。

9. （1）ACD [解析] 实施差异化战略的途径包括：①通过产品质量的不同实现差异化战略的方法；②通过提高产品的可靠性实现产品差异化战略的方法；③通过产品创新实现差异化战略的方法；④通过产品特性差别实现差异化战略的方法；⑤通过产品名称或品牌的不同实现差异化战略的方法；⑥通过提供不同的服务实现差异化战略的方法。B 项属于实施成本领先战略的途径。

（2）B [解析] 沿着产业链往企业上游（原材料）发展的属于后向一体化，故选 B 项。前向一体化与后向一体化刚好相反，A 项错误；市场开发战略是将现有产品推向新市场，与题目自主生产和供应面料不符，C 项错误；联盟战略是指两个或两个以上企业建立合作伙伴关系，D 项错误。

（3）A [解析] 后悔值原则决策步骤如下：
①确定标准值：比较每种市场状态下各方案的损益值，选出最大损益值作为该市场状态下的标准值。根据表格数据选择如下：
市场需求高：四种方案的损益值最大的是"280"；
市场需求一般：四种方案的损益值最大的是"150"；
市场需求低：四种方案的损益值最大的是"30"。
②计算后悔值，用第一步选出的各市场状态下的标准值减去该市场状态下的各方案的损益值，具体如下表所示。

产品方案	市场需求高	市场需求一般	市场需求低
甲产品	280－270＝10	150－110＝40	30－10＝20
乙产品	280－265＝15	150－100＝50	30－30＝0
丙产品	280－280＝0	150－140＝10	30－（－10）＝40
丁产品	280－250＝30	150－150＝0	30－20＝10

③确定各方案的最大后悔值，比较每个方案各市场状态下第二步计算出的后悔值，选出

最大后悔值：
甲产品方案各市场状态下的后悔值为：10、40、20，最大后悔值为"40"；
乙产品方案各市场状态下的后悔值为：15、50、0，最大后悔值为"50"；
丙产品方案各市场状态下的后悔值为：0、10、40，最大后悔值为"40"；
丁产品方案各市场状态下的后悔值为：30、0、10，最大后悔值为"30"。
④选择最大后悔值最小的方案为最优的方案。根据第三步计算结果可知，丁产品方案最大后悔值"30"是四个方案中最小的，因此该企业应选择的方案为开发丁产品。

10. (1) ABD [解析] 首先，根据资料叙述"为了降低成本，该企业建立奶牛养殖基地，自主供应奶源"，即由奶粉（成品）往上游"奶牛养殖"扩展，符合后向一体化战略和垂直多元化战略，因此 A、D 两项正确，C 项错误。其次，根据资料叙述"为了提升产品竞争力，该企业与国际知名奶粉生产企业建立战略联盟，共同研发新型奶粉产品"分析，差异化战略实施的途径之一为产品创新，资料提及了为了提升产品竞争力而进行了新产品创新，可以理解为该企业实施差异化战略，故 B 项正确。

(2) A [解析] 技术开发与研究联盟可以包括大学、研究机构、企业等在内的众多成员，研究成果归所有参与者共同享有。根据资料叙述"该企业与国际知名奶粉生产企业建立战略联盟，共同研发新型奶粉产品"，可知为技术开发与研究联盟，故选 A 项。

(3) B [解析] 根据折中原则的原理，先计算各方案的折中损益值，最后选择折中损益值最大的方案为最优方案。具体过程如下：

①根据公式，折中损益值＝α×最好自然状态损益值＋（1－α）×最差自然状态损益值，计算各产品的折中损益值如下：

A 产品折中损益值＝0.75×110＋（1－0.75）×50＝95（万元）；
B 产品折中损益值＝0.75×125＋（1－0.75）×30＝101.25（万元）；
C 产品折中损益值＝0.75×140＋（1－0.75）×（－40）＝95（万元）；
D 产品折中损益值＝0.75×150＋（1－0.75）×（－60）＝97.5（万元）。

②对比选择折中损益值最大的产品，可知 B 产品折中损益值最大，故选择开发 B 产品。

第一章　企业战略与经营决策

本章学习检查表

知识点或模块名称	初次学习		第一次复习		第二次复习	
	做对题目数/总题目数	学习日期	做对题目数/总题目数	复习日期	做对题目数/总题目数	复习日期
企业战略的特征与战略管理的内涵						
企业战略的制定						
企业战略的实施						
企业战略的控制						
企业外部环境分析						
企业内部环境分析						
企业综合分析						
基本竞争战略						
企业成长战略						
企业稳定战略						
企业紧缩战略						
企业经营决策的概念和类型						
企业经营决策的要素						
企业经营决策的流程						
企业经营决策的方法						
商业模式分析						
案例集锦						

填写建议：

"做对题目数/总题目数"记录针对该知识点自己做题的情况，比如该知识点总题目数为10题，做对了其中7题，记录为7/10。

"学习日期"记录自己学习该知识点时的日期，建议把下一次复习的日期也写上。

本章强化测试

扫码做题

备忘录：

第二章 公司法人治理结构

学习指导

本章知识点出自公司所有者与经营者、股东会、董事会、经理层和监事会等内容；考查基本针对教材原文，本章考查分值近年有上升趋势，平均在 13 分左右。

本章知识点考查多出记忆型题目，题型以单项选择题、多项选择题为主，考点分散，考生要注意勿把股东会的职权和董事会的职权等内容相混淆。建议在学习本章内容时，把知识点列在一起，对比记忆。

时间	考点或模块
Day 8	➢公司所有者 ➢公司经营者 ➢所有者与经营者的关系
Day 9	➢股东概述 ➢有限责任公司的股东会会议 ➢股份有限公司的股东会会议
Day 10	➢董事会的作用和性质 ➢董事会的职权 ➢董事会的组成及董事会会议
Day 11	➢董事的任期、任职资格和义务 ➢独立董事 ➢经理层
Day 12	➢监事会
Day 13	➢国家出资公司治理的基本原则 ➢国家出资公司党组织 ➢国家出资公司董事会 ➢国家出资公司经理层 ➢国家出资公司监督机制

▶▶▶ Day 8

➢ **考点**：公司所有者

1. [多项选择题] 下列关于原始所有权和法人产权的说法，错误的有（　　）。

   A. 原始所有权表现为股权

   B. 法人产权表现为对公司财产的实际控制权

   C. 原始所有权是一种派生所有权

   D. 原始所有权与法人产权反映的是不同的经济法律关系

E. 原始所有权与法人产权的客体不是同一财产

2. [多项选择题] 下列关于公司法人财产的表述，正确的有（   ）。
   A. 法人财产仅包括依法注入的资金及其增值，不包括经营期间的负债
   B. 一旦资金注入公司形成法人财产后，出资者不得从企业中抽回
   C. 股东对全部法人财产依法拥有独立支配的权力
   D. 公司以其法人财产承担民事责任
   E. 法人财产从归属意义上讲，是属于出资者的

3. [单项选择题] 下列关于法人财产和法人产权的表述，错误的是（   ）。
   A. 从归属意义上讲，法人财产是属于出资者的
   B. 一旦资金注入公司形成法人财产后，出资者不得随意支配这一部分财产
   C. 法人产权是出资人对投入资本的终极所有权
   D. 公司拥有法人财产权

4. [单项选择题] 公司产权制度的基础是（   ）。
   A. 注册资金   B. 股东的投资额
   C. 原始所有权   D. 公司法人财产

▶ 考点：公司经营者

5. [多项选择题] 现代企业经营者具有的显著特征包括（   ）。
   A. 岗位职业化趋势   B. 较深厚的企业经营管理素养
   C. 较强的沟通协调能力   D. 体现为无偿雇佣关系
   E. 权利受股东会委托范围的限制

6. [多项选择题] 经营者对现代企业的作用包括（   ）。
   A. 限制企业关键性资源的获得   B. 有利于企业技术创新能力的增强
   C. 有利于企业团队合作能力的培养 D. 有利于完善企业管理制度
   E. 有利于公司章程的制定

▶ 考点：所有者与经营者的关系

7. [多项选择题] 在现代公司治理结构中，股东会、董事会、监事会和经理层之间的相互制衡关系表现在（   ）。
   A. 股东会是公司的权力机构，可以决定董事会的人选
   B. 董事会负责公司经营，但必须对股东负责
   C. 经理层受聘于股东会，统管企业日常经营事务
   D. 董事会拥有支配法人财产的权利
   E. 经理经营业绩的优劣受到股东会的监督和评判

✎ 学习笔记

Day 9

> **考点：股东概述**

1. [单项选择题] 股份有限公司的股东以其（　　）为限，对公司承担有限责任。
   A. 个人资产　　　　B. 认购的股份　　　　C. 家庭资产　　　　D. 实缴的出资额

2. [单项选择题] 根据我国《公司法》，关于股份有限公司发起人的说法，正确的是（　　）。
   A. 应当有1人以上200人以下的发起人，其中应当有半数以上在中国境内有住所
   B. 发起人不按照其认购的股份缴纳股款，其他发起人与该发起人承担有限责任
   C. 发起人不能是法人
   D. 发起人持有的本公司股份自公司股票上市交易之日起3年内不得转让

3. [单项选择题] 某有限责任公司于2018年9月30日成立，王某是该公司的发起人股东，据我国公司法，王某的股份在（　　）后才能转让。
   A. 2018年10月29日　　　　　　　　B. 2019年9月29日
   C. 2018年12月29日　　　　　　　　D. 2019年3月29日

4. [单项选择题] 王某是甲公司的发起人股东，公司成立后，王某因抽逃5 000万元被查处，根据我国公司法，对王某处以（　　）万元的罚款。
   A. 50～250　　　　　　　　　　　　B. 50～500
   C. 250～750　　　　　　　　　　　D. 250～1 000

5. [单项选择题] 根据我国《公司法》，下列权利中，不属于股东权利的是（　　）。
   A. 财务负责人的聘任权　　　　　　B. 股东会的表决权
   C. 监事的选举权　　　　　　　　　D. 参与公司分红的权利

6. [单项选择题] 根据《公司法》，自然人作为股份有限公司的发起人股东，必须具有（　　）。
   A. 完全民事行为能力　　　　　　　B. 特定行为能力
   C. 限制行为能力　　　　　　　　　D. 中国国籍

> **考点：有限责任公司的股东会会议**

7. [单项选择题] 某有限责任公司成立后拟召开第一次股东会会议，根据我国《公司法》，此次会议的召集人应为（　　）。
   A. 出资最多的股东　　　　　　　　B. 董事会
   C. 监事会　　　　　　　　　　　　D. 过半数股东推选的股东

8. [多项选择题] 有限责任公司中股东会临时会议召开的情况有（　　）。
   A. 代表1/5以上表决权的股东提议　　B. 代表1/10以上表决权的股东提议
   C. 1/5以上的董事提议　　　　　　　D. 1/3以上的董事提议
   E. 监事会提议

9. [单项选择题] 股东会会议作出修改章程、增加或者减少注册资本的决议，以及公司合并、分离、解散或者变更公司形式的决议，必须经代表（　　）以上表决权的股东通过。
   A. 1/3　　　　B. 2/3　　　　C. 1/2　　　　D. 3/4

10. [多项选择题] 股东会依法享有的职权包括（　　）。
    A. 召集股东会会议
    B. 对公司发行债券作出决议

C. 修改公司章程

D. 审议批准董事会的报告

E. 制定公司的基本管理制度

▶ **考点**：股份有限公司的股东会会议

11. [单项选择题] 根据我国《公司法》，股份有限公司召开股东会会议修改公司章程，所形成的决议必须经出席会议的股东所持表决权的（   ）通过。

   A. 1/3 以上 B. 1/2 以上 C. 2/3 以上 D. 全体

12. [单项选择题] 某公司为上市公司，根据我国《公司法》，下列情形中，该公司应召开临时股东会会议的是（   ）。

   A. 该公司未弥补的亏损额达实收股本总额的 1/5

   B. 持有该公司 5% 股份的股东请求召开

   C. 1/5 的监事提议召开

   D. 董事人数不足法律规定人数的 2/3

13. [多项选择题] 根据我国《公司法》，下列关于股份有限公司股东会会议的说法，正确的有（   ）。

   A. 股东会会议应当每年召开两次

   B. 股东会会议的表决实行一人一票

   C. 股东会会议由董事会召集

   D. 股东会会议增加注册资本的决议，必须经出席会议的股东所持表决权的过半数通过

   E. 股东会会议享有对公司重要事项的最终决定权

14. [多项选择题] 累积投票制适用于股份有限公司股东会会议选举（   ）时应用。

   A. 董事 B. 股东

   C. 监事 D. 总经理

   E. 财务总监

15. [单项选择题] 股份有限公司召开股东会会议，应当将会议召开的时间、地点和审议的事项于会议召开（   ）日前通知各股东。临时股东会会议应当于会议召开（   ）日前通知各股东。

   A. 15；10 B. 20；15

   C. 20；30 D. 20；10

📝 **学习笔记**

Day 10

▶ **考点**：董事会的作用和性质

1. [多项选择题] 关于董事会的性质，下列说法正确的有（　　）。
   A. 最高权力机构
   B. 监督机构
   C. 代表股东对公司进行管理
   D. 对外代表机构
   E. 经营决策机构

2. [单项选择题] 现代公司治理结构中，处于决策系统和执行系统交叉点的是（　　）。
   A. 经理层
   B. 股东会
   C. 董事会
   D. 监事会

3. [单项选择题] 董事会成员固定、任期固定且任期内不能无故被解除董事职务，这体现了（　　）。
   A. 董事会是代表股东对公司进行管理的机构
   B. 董事会是公司法人的对外代表机构
   C. 董事会是公司的法定常设机构
   D. 董事会是公司的经营决策机构

▶ **考点**：董事会的职权

4. [多项选择题] 根据我国《公司法》，不属于董事会职权的有（　　）。
   A. 召集股东会会议
   B. 决定公司合并、分立和解散
   C. 决定公司内部管理机构的设置
   D. 制定公司的基本管理制度
   E. 决定公司的利润分配方案

5. [多项选择题] 根据我国《公司法》的具体规定，董事会行使的职权有（　　）。
   A. 召集股东会议，并向股东会报告工作
   B. 执行股东会的决议
   C. 决定公司内部管理机构的设置
   D. 参与公司剩余财产的分配权
   E. 制定公司的基本管理制度

6. [多项选择题] 上市公司在董事会中设置审计委员会的，董事会作出决议前应当经审计委员会全体成员过半数通过的事项有（　　）。
   A. 召集股东会会议，并向股东会报告工作
   B. 聘用、解聘承办公司审计业务的会计师事务所
   C. 聘任、解聘财务负责人
   D. 披露财务会计报告
   E. 制定公司的基本管理制度

7. [单项选择题] 有限责任公司制订公司增加或者减少注册资本以及发行公司债券方案的职权属于（　　）。
   A. 董事会
   B. 经理
   C. 股东会
   D. 监事会

▶ **考点**：董事会的组成及董事会会议

8. [多项选择题] 下列关于公司董事会的说法，正确的有（　　）。
   A. 根据我国《公司法》的规定，董事会成员中必须有公司职工代表
   B. 有限责任公司董事长、副董事长的产生由董事会选举产生

C. 股份有限公司董事长和副董事长由董事会以全体董事的过半数选举产生

D. 规模较小股份有限公司可不设董事会

E. 董事会中的职工代表由公司职工通过职工代表大会、职工大会或者其他形式民主选举产生

9. [单项选择题] 根据我国《公司法》，董事会的表决实行（　　）的原则。

A. "一人一票"　　　　　　　　　　B. "一股一票"

C. 累计投票　　　　　　　　　　　D. "资本数额多数决"

10. [单项选择题] 根据我国《公司法》，召集董事会定期会议应当于会议召开（　　）日前通知全体董事。

A. 7　　　　　　　　　　　　　　B. 10

C. 15　　　　　　　　　　　　　 D. 30

11. [单项选择题] 某股份有限公司董事会由11名董事组成，根据我国《公司法》，该公司董事会的决议至少由（　　）名董事通过才能生效。

A. 5　　　　　　　　　　　　　　B. 8

C. 6　　　　　　　　　　　　　　D. 7

12. [多项选择题] 有权提议召开股份有限公司董事会临时会议的人员有（　　）。

A. 代表1/10以上表决权的股东　　　B. 1/3以上职工代表

C. 1/4以上董事　　　　　　　　　D. 1/3以上董事

E. 1/4以上职工代表

✎ 学习笔记

Day 11

> **考点**：董事的任期、任职资格和义务

1. [多项选择题] 下列选项中，不得担任公司董事的情形有（   ）。

A. 无民事行为能力或者限制民事行为能力

B. 因贪污、受贿、侵占财产、挪用财产或者破坏社会主义市场经济秩序，被判处刑罚，执行期未满8年，或者因犯罪剥夺政治权利，执行期未满8年

C. 担任破产清算的公司、企业的董事或厂长、经理，对该公司企业破产负有个人责任的，自该公司破产清算之日起未逾3年

D. 担任因违法被吊销营业执照、责令关闭的公司、企业的法定代表人，并负有个人责任的，自该公司被吊销营业执照之日起未满3年

E. 个人所负数额较大的债务到期未偿还

2. [多项选择题] 根据《上市公司章程指引》，董事对公司负有的忠实义务包括（   ）。

A. 不得挪用公司资金

B. 不得将公司资金以其个人名义开立账户存储

C. 不得利用职务之便为自己或他人谋取本应属于公司的商业机会

D. 不得擅自披露公司秘密

E. 谨慎、认真、勤勉地行使公司赋予的权利

3. [多项选择题] 根据我国《公司法》，不得担任公司的董事、监事和高级管理人员的情形有（   ）。

A. 无民事行为能力

B. 个人所负数额较大的债务到期未清偿

C. 担任因违法被吊销营业执照、责令关闭的公司、企业的法定代表人，并负有个人责任，自该公司、企业被吊销营业执照之日起未逾5年

D. 因贪污、贿赂，被判处刑罚，执行期满未逾5年

E. 担任破产清算的公司、企业的董事或者厂长、经理，对该公司、企业破产负有个人责任的，自该公司、企业破产清算完结之日未逾5年

4. [多项选择题] 根据《上市公司章程指引》，董事对公司负有的勤勉义务包括（   ）。

A. 应公平对待所有股东

B. 及时了解公司业务经营管理状况

C. 应当对公司定期报告签署书面确认意见

D. 应当如实向审计委员会提供有关情况和资料

E. 不得擅自披露公司秘密

> **考点**：独立董事

5. [单项选择题] 下列不属于独立董事职责的是（   ）。

A. 参与董事会决策并对所议事项发表明确意见

B. 对上市公司经营发展提供专业、客观的建议，促进提升董事会决策水平

C. 对特定的上市公司与其控股股东、实际控制人、董事、高级管理人员之间的潜在重大

利益冲突事项进行监督

D. 检查公司财务

6. [单项选择题] 根据《上市公司独立董事管理办法》，独立董事的任期届满后，可以连选连任，但是连续任职不得超过（　　）年。
A. 3
B. 6
C. 9
D. 12

7. [多项选择题] 下列选项中，符合上市公司独立董事任职条件的有（　　）。
A. 持有上市公司的股份
B. 5年以上法律或会计工作经验
C. 不存在重大失信等不良记录
D. 具备上市公司运作的基本知识
E. 独立性满足《上市公司独立董事管理办法》的要求

8. [单项选择题] 下列不属于独立董事特别职权的是（　　）。
A. 向董事会提议召开临时股东大会
B. 参与公司高层薪酬设计
C. 提议召开董事会会议
D. 依法公开向股东征集股东权利

9. [单项选择题] 根据《上市公司独立董事管理办法》，在选举和聘任独立董事时，下列说法错误的是（　　）。
A. 股东会选举2名以上独立董事时应当实行累积投票制
B. 上市公司股东代表中小股东行使提名独立董事的权利
C. 依法设立的投资者保护机构可以公开请求股东委托其代为行使提名独立董事的权利
D. 中小股东表决情况应当单独计票并披露

▶ 考点：经理层

10. [单项选择题] 股份有限公司经理的选任和解聘均由（　　）决定。
A. 股东会
B. 董事会
C. 监事会
D. 职工大会

11. [单项选择题] 董事会对经理实行监控的主要手段是（　　）。
A. 期权控制
B. 契约控制
C. 外部控制
D. 对经理的任免及报酬决定权

12. [多项选择题] 关于公司经理层地位的说法，正确的有（　　）。
A. 董事会与经理层的关系表现为一种以控制为基础的合作关系
B. 经理层对董事会负责
C. 根据《公司法》的规定，所有公司必须设置经理层
D. 经理层直接对股东大会负责
E. 经理层是董事会的辅助机关

13. ［多项选择题］下列关于经理层的说法，正确的有（   ）。
    A. 经理对董事会负责
    B. 设置经理是法律的强制性规定
    C. 经理的职权范围通常是来自董事会的授权
    D. 董事会与经理之间是以合作为基础的控制关系
    E. 董事会与经理的关系中，合作是第一性的，控制是第二性的

✎ 学习笔记

Day 12

> **考点：** 监事会

1. [单项选择题] 监事会制度是根据（　　）由股东选举监事组成公司专门监督机关对公司经营进行监督的制度。
   A. 一人一票原则
   B. 一股一权原则
   C. 资本多数决原则
   D. 权力制衡原则

2. [单项选择题] 监事会是公司的监督机构，由（　　）产生。
   A. 董事会任命
   B. 股东会选举
   C. 经理层选举
   D. 外部招聘

3. [单项选择题] 下列关于公司监事会的描述，错误的是（　　）。
   A. 监视会是公司的监督机关，是由股东会（和职工）选举产生
   B. 监事会不仅要进行会计监督，而且要进行业务监督
   C. 监事个人行使监督职权具有平等性
   D. 经理人员可以兼任监事

4. [单项选择题] 某有限责任公司设立监事会，根据我国公司法，该公司监事会成员不得少于（　　）人。
   A. 9
   B. 5
   C. 7
   D. 3

5. [多项选择题] 下列关于有限责任公司监事会职权的说法，正确的有（　　）。
   A. 监督股东会
   B. 对违法的董事和高级管理者提出解任的建议
   C. 对董事和高级管理者进行监督
   D. 提议召开临时股东会
   E. 检查公司财务

6. [单项选择题] 根据我国公司法，在有限责任公司和股份有限公司监事会组成中，职工代表的比例不得低于（　　）。
   A. 1/5
   B. 1/4
   C. 1/3
   D. 1/2

7. [单项选择题] 我国公司法规定，有限责任公司监事会会议每（　　）至少召开一次。
   A. 六个月
   B. 一年
   C. 两年
   D. 三年

8. [单项选择题] 根据我国公司法，关于股份有限公司监事会的说法，错误的是（　　）。
   A. 监事会成员不得少于3人
   B. 监事会中职工代表比例不得少于1/3
   C. 监事会主席由全体监事过半数选举产生
   D. 监事会的监事任期届满不得连任

9. [单项选择题] 股份有限公司的监事会定期会议（　　）至少召开一次会议。
   A. 每6个月
   B. 每1年
   C. 每2年
   D. 每3年

10. [多项选择题] 根据我国公司法，股份有限公司监事会的职权有（　　）。
    A. 对董事执行公司职务的行为进行监督
    B. 提议召开临时股东会会议
    C. 检查公司财务
    D. 向股东会会议提出提案
    E. 任免高级管理人员

学习笔记

Day 13

> **考点**：国家出资公司治理的基本原则

1. [单项选择题] 根据《国务院办公厅关于进一步完善国有企业法人治理结构的指导意见》，下列不属于国家出资公司在改进治理结构时需遵循的原则的是（　　）。
   A. 坚持深化改革
   B. 独立运行，政府无需监管
   C. 坚持党的领导
   D. 坚持依法治企

2. [多项选择题] 根据《国务院办公厅关于进一步完善国有企业法人治理结构的指导意见》，下列与推动国家出资公司现代化企业制度的建立相关的有（　　）。
   A. 全面从严治党，明确国有企业党组织的法定地位
   B. 积极探索符合市场经济规律的激励机制
   C. 放任企业自主经营，不实施任何形式的监督与管理
   D. 完善履职评价和责任追究机制
   E. 通过公司章程明确企业内部各管理层之间的权责划分

> **考点**：国家出资公司党组织

3. [单项选择题] 根据《公司法》，关于国家出资公司党组织的规定，下列选项中错误的是（　　）。
   A. 国家出资公司党组织应在公司重大经营管理事项上发挥领导作用
   B. 国家出资公司党组织负责把方向、管大局、保落实
   C. 国家出资公司党组织可以代替董事会直接作出经营决策
   D. 国家出资公司党组织中的成员可以依法进入董事会、监事会或经理层

4. [单项选择题] 国家出资公司实行"双向进入、交叉任职"的领导体制，该体制的含义是（　　）。
   A. 党委（党组）书记与董事长必须由不同人担任
   B. 党委（党组）领导班子成员与董事会、监事会以及经理层成员间可互相进入对方体系
   C. 经理层成员必须加入党委（党组）
   D. 党委（党组）的决策必须被董事会、监事会与经理层全面接受

5. [单项选择题] 根据《中国共产党国有企业基层组织工作条例（试行）》，下列选项中不属于国家出资公司党委（党组）的主要职责的是（　　）。
   A. 深入学习和贯彻习近平新时代中国特色社会主义思想
   B. 研究讨论公司重大经营管理事项
   C. 直接管理公司所有财务活动
   D. 加强基层党组织建设和党员队伍建设

6. [多项选择题] 根据《中国共产党国有企业基层组织工作条例（试行）》，下列属于国家出资公司党委（党组）的主要职责的有（　　）。
   A. 把方向、管大局、保落实并讨论决定企业重大事项
   B. 负责公司日常销售活动及市场推广
   C. 坚持和落实中国特色社会主义根本制度、基本制度、重要制度

D. 担负公司领导人员选拔任用、培养教育和管理监督中的责任

E. 推动公司生产效率的直接提升和产品创新

7. [多项选择题] 下列属于国家出资公司党支部的主要职责的有（　　）。

A. 学习宣传和贯彻落实党的理论和路线方针政策

B. 做好党员教育、管理、监督、服务和发展党员工作

C. 监督党员、干部严格遵守国家法律法规

D. 加强公司党的政治建设

E. 抓好公司领导班子建设和干部队伍、人才队伍建设

> **考点**：国家出资公司董事会

8. [单项选择题] 根据《公司法》，下列关于国有独资公司董事会成员设置的说法，不正确的是（　　）。

A. 董事会成员中应当过半数为外部董事

B. 董事会成员由履行出资人职责的机构委派

C. 董事长和副董事长由董事会成员中经履行出资人职责的机构直接任命

D. 董事会设董事长一人，可以设副董事长

9. [多项选择题] 关于国有独资公司董事的规定，下列说法正确的有（　　）。

A. 国有独资公司的董事长对企业改革发展负首要责任

B. 董事会成员可以兼任经理

C. 国有独资公司的董事、高级管理人员可以自由在其他公司或经济组织兼职

D. 国有独资公司外部董事人选由履行出资人职责的机构商有关部门提名

E. 国有独资公司的董事对股东大会负责并接受其指导

> **考点**：国家出资公司经理层

10. [多项选择题] 关于国有独资公司经理层的管理制度，下列说法正确的有（　　）。

A. 经理层授权管理制度旨在调动经理工作积极性，提高公司的运作效率

B. 经理层由董事会聘任或解聘

C. 经理层授权管理制度交由经理完全自主决定公司的所有事务

D. 经理实行与选任方式相匹配、与公司功能性质相适应、与经营业绩相挂钩的分配方法

E. 在考核评价制度中，对无所作为或问题反应较多的经理坚决调整退出

11. [单项选择题] 根据《公司法》，关于国有独资公司经理层的说法，正确的是（　　）。

A. 国有独资公司的经理由经理层自主聘任或解聘

B. 国有独资公司的经理不可列席董事会会议

C. 总经理在董事会闭会期间仅向副董事长报告工作

D. 董事会成员经出资人机构同意可以兼任经理

> **考点**：国家出资公司监督机制

12. [单项选择题] 根据《公司法》和实践中的监督体系创新，下列关于国有独资公司监事会设置的说法，错误的是（　　）。

A. 国有独资公司必须设置监事会或监事

B. 审计委员会可以行使监事会的职权

C. 国家出资公司可不设监事会

D. 国有企业改革后,各地积极探索实施国家出资公司"六位一体"的监督体系

13. [多项选择题] 关于国家出资公司监督体系中的监督方式,下列说法中正确的有( )。

A. 国有独资、全资公司的监事会中须有职工监事

B. 公司职工代表大会无权行使公司民主管理监督

C. 审计委员会不能替代监事会行使职权

D. 国家出资公司应进一步突出合规审查的刚性约束,确保"应审必审"

E. 国家出资公司应当依法建立健全内部监督管理和风险控制制度

✎ 学习笔记

参考答案及解析

Day 8

1. CE [解析] 法人产权是一种派生所有权，C 项错误；原始所有权与法人产权的客体是同一财产，E 项错误。

2. BDE [解析] A 项，法人财产包括依法注入的资金及其增值，也包括经营期间的负债；C 项，公司对全部法人财产依法拥有独立支配的权利，而不是股东。

3. C [解析] 原始所有权是出资人（股东）对投入资本的终极所有权，表现为股权，而不是法人产权，故 C 项错误。

● 考点再现

Q_{2-3} 法人财产与法人财产权：

法人财产	法人财产权
(1) 归属意义上属于出资者 (2) 公司的法人财产和出资者的其他财产之间有明确的界限 (3) 一旦资金注入公司形成法人财产后，出资者不得从企业中抽回 (4) 包括依法注入的资金及其增值，也包括经营期间的负债	(1) 公司对其全部法人财产和法人财产权拥有独立支配的权利 (2) 公司法人以其全部法人财产承担民事责任

4. D [解析] 公司法人财产是公司产权制度的基础。

5. ABC [解析] 现代企业经营者的特征包括：①岗位职业化趋势；②较深厚的企业经营管理素养；③较强的协调沟通能力；④经营者的产生基于有偿雇佣；⑤经营者的权利受董事会委托范围的限制。

6. BCD [解析] 经营者对现代企业的作用包括：①经营者良好的人力资本有利于企业获得关键性资源；②经营者良好的人力资本有利于企业技术创新能力的增强；③经营者良好的人力资本有利于企业团队合作能力的培养；④经营者良好的人力资本有利于完善企业管理制度。

7. ABD [解析] C 项，经理层受聘于"董事会"，而不是股东会；E 项，经理业绩的优劣受到"董事会"的监督和评判，而不是股东会。

Day 9

1. B [解析] 有限责任公司的股东以其认缴的出资额为限对公司承担责任；股份有限公司的股东以认购的股份为限对公司承担责任。

2. A [解析] 发起人不按照其认购的股份缴纳股款，或者作为出资的非货币财产的实际价额显著低于所认购的股份的，其他发起人与该发起人在出资不足的范围内承担连带责任，故 B 项错误；可以是自然人作为发起人，也可以是法人作为发起人，故 C 项错误；发起人持有的本公司股份自公司股票上市交易之日起 1 年内不得转让，而不是 3 年内不得转让，故 D 项错误。

3. B [解析] 发起人股东的股份转让受到限制，一年之内不得转让，所以王某的股份应该是

2019年9月29日后才能转让。

4. C [解析] 我国《公司法》规定，公司的发起人、股东在公司成立后，抽逃其出资的，由公司登记机关责令改正，处以所抽逃出资金额5%以上、15%以下的罚款。因此，对王某的罚款范围为：5 000×5%至5 000×15%，即250~750万元，故选C项。

5. A [解析] 财务负责人的聘任权属于董事会的职权，不属于股东权利。

6. A [解析] 自然人作为股份有限公司的发起人股东，作为参加有限责任公司组建的设立人股东，应当具有完全民事行为能力。

7. A [解析] 按照《公司法》的规定，首次股东会会议由出资最多的股东召集和主持，依照法律规定行使职权。

8. ABDE [解析] 有限责任公司股东会会议的种类分为三种，即首次会议、定期会议、临时会议。其中，临时会议的召开情形是代表1/10以上表决权的股东、1/3以上的董事或者监事会提议召开临时会议的，应当召开临时会议。

9. B [解析] 一般情况下，普通决议的形成，只需经代表1/2以上表决权的股东通过；但是作出修改章程、增加或者减少注册资本的决议，以及公司合并、分立、解散或者变更公司形式的决议，必须经代表2/3以上表决权的股东通过。故本题选B项。

10. BCD [解析] 股东会依法享有以下职权：①选举和更换非由职工代表担任的董事、监事，决定有关董事、监事的报酬事项；②审议批准董事会的报告；③审议批准监事会或者监事的报告；④审议批准公司的利润分配方案和弥补亏损方案；⑤对公司增加或者减少注册资本作出决议；⑥对公司发行债券作出决议；⑦对公司合并、分立、解散、清算或者变更公司形式作出决议；⑧修改公司章程；⑨公司章程规定的其他职权。A、E两项属于董事会的职权。

11. C [解析] 股东会会议的决议分为普通决议和特别决议。其中，特别决议即股东会会议作出修改公司章程、增加或减少注册资本的决议，以及公司合并、分立、解散或者变更公司形式的决议，必须经出席会议的股东所持表决权的2/3以上通过。

[注意] 此知识点可能会改变提问方式，如问公司合并、分立、解散等事项需要什么条件，考生在学习中需要掌握特别决议包括的具体内容。

12. D [解析] 公司未弥补的亏损达实收股本总额1/3时，而不是1/5，故A项错误；单独或者合计持有公司10%以上股份的股东请求时，而不是5%，故B项错误；监事会提议召开时，而不是1/5的监事提议召开，故C项错误。

13. CE [解析] 我国《公司法》规定，股东会会议每年召开一次年会，而不是两次，故A项错误；一股一权是股份有限公司股东行使股权的重要原则，而不是一人一票，故B项错误；股东大会增加注册资本的决议，必须经出席会议的股东所持表决权的2/3以上绝对多数通过，而不是过半数通过，故D项错误。

14. AC [解析] 累积投票制是指股份有限公司股东会会议选举董事或者监事时，每一股份拥有与应选董事或监事人数相同的表决权，股东拥有的表决权可以集中使用。

15. B [解析] 股份有限公司召开股东会会议，应当将会议召开的时间、地点和审议的事项于会议召开20日前通知各股东。临时股东会会议应当于会议召开15日前通知各股东。

Day 10

1. CDE [解析] 董事会的性质包括：①代表股东对公司进行管理；②公司的执行机构；③公司的经营决策机构；④公司法人的对外代表机构；⑤公司的法定常设机构。公司的最高权力机构是股东会，监督机构是监事会，A、B两项错误。

2. C [解析] 董事会处于公司决策系统和执行系统的交叉点，是公司运转的核心，董事会工作效率的高低对公司的发展有着决定性的影响。

3. C [解析] 董事会是公司的法定常设机构，体现在三个方面：①董事会成员固定、任期固定且任期内不得无故被解除董事职务；②董事会决议内容多为公司经常性重大事项，董事会会议召开次数较多；③董事会通常设置专门工作机构（如办公室、秘书室）处理日常事务。

4. BE [解析] B、E两项属于股东会的职权。

5. ABCE [解析] 董事会的职权：①召集股东会会议，并向股东会报告工作；②执行股东会的决议；③决定公司的经营计划和投资方案；④制订公司的利润分配方案和弥补亏损方案；⑤制订公司增加或者减少注册资本以及发行公司债券的方案；⑥制订公司合并、分立、解散或者变更公司形式的方案；⑦决定公司内部管理机构的设置；⑧决定聘任或者解聘公司经理及其报酬事项，并根据经理的提名决定聘任或者解聘公司副经理、财务负责人及其报酬事项；⑨制定公司的基本管理制度；⑩公司章程规定或者股东会授予的其他职权。D项属于股东的权利。

6. BCD [解析]《公司法》中"上市公司组织机构的特别规定"指出，上市公司在董事会中设置审计委员会的，董事会对下列事项作出决议前应当经审计委员会全体成员过半数通过：①聘用、解聘承办公司审计业务的会计师事务所；②聘任、解聘财务负责人；③披露财务会计报告；④国务院证券监督管理机构规定的其他事项。

7. A [解析] 董事会的职权：①召集股东会会议，并向股东会报告工作；②执行股东会的决议；③决定公司的经营计划和投资方案；④制订公司的利润分配方案和弥补亏损方案；⑤制订公司增加或者减少注册资本以及发行公司债券的方案；⑥制订公司合并、分立、解散或者变更公司形式的方案；⑦决定公司内部管理机构的设置；⑧决定聘任或者解聘公司经理及其报酬事项，并根据经理的提名决定聘任或者解聘公司副经理、财务负责人及其报酬事项；⑨制定公司的基本管理制度；⑩公司章程规定或者东会授予的其他职权。

8. CDE [解析]《公司法》规定，有限责任公司和股份有限公司董事会的成员为3人以上，其成员中可以有公司职工代表。A项错误。有限责任公司董事长、副董事长的产生办法由公司章程规定；股份有限公司董事长和副董事长由董事会以全体董事的过半数选举产生。B项错误。

9. A [解析] 董事会决议的表决实行两个原则：①"一人一票"的原则；②多数通过原则。《公司法》规定，股份有限公司董事会会议应有过半数的董事出席方可举行。董事会作出决议，必须经全体董事的过半数通过。这两个原则结合起来，即董事会会议的表决实行"董事数额多数决"，故A项正确。

10. B [解析] 召集董事会会议应当于会议召开前10日通知全体董事。

11. C [解析] 董事会作出决议，应当经全体董事的过半数通过，C项正确。

12. AD [解析] 有权提议召开董事会临时会议的人员有：代表1/10以上表决权的股东；1/3以上董事或者监事会。

Day 11

1. ACDE [解析] B项错误，应为"因贪污、受贿、侵占财产、挪用财产或者破坏社会主义市场经济秩序，被判处刑罚，执行期未满5年，或者因犯罪被剥夺政治权利，执行期未满5年"。

2. ABCD [解析]《上市公司章程指引》第一百零一条规定，董事对公司负有下列忠实义务：①不得侵占公司财产、挪用公司资金。②不得将公司资金以其个人名义或者其他个人名义开立账户存储。③不得利用职权贿赂或者收受其他非法收入。④未向董事会或者股东会报告，并按照本章程的规定经董事会或者股东会决议通过，不得直接或者间接与本公司订立合同或者进行交易。⑤不得利用职务便利，为自己或者他人谋取属于公司的商业机会，但向董事会或者股东会报告并经股东会决议通过，或者公司根据法律、行政法规或者本章程的规定，不能利用该商业机会的除外。⑥未向董事会或者股东会报告，并经股东会决议通过，不得自营或者为他人经营与本公司同类的业务。⑦不得接受他人与公司交易的佣金归为己有。⑧不得擅自披露公司秘密。⑨不得利用其关联关系损害公司利益。⑩法律、行政法规、部门规章及本章程规定的其他忠实义务。E项属于董事对公司的勤勉义务。

3. ABD [解析] C、E两项表述错误，不得担任公司的董事、监事和高级管理人员的情形规定：担任破产清算的公司、企业的董事或厂长、经理，对该公司、企业破产负有个人责任的，自该公司、企业破产清算完结之日起未逾"3年"；担任因违法被吊销执照、责令关闭的公司、企业的法定代表人，并负有个人责任的，自该公司、企业被吊销营业执照之日起未逾"3年"。

4. ABCD [解析]《上市公司章程指引》第一百零二条规定，董事对公司负有下列勤勉义务：①应谨慎、认真、勤勉地行使公司赋予的权利，以保证公司的商业行为符合国家法律、行政法规以及国家各项经济政策的要求，商业活动不超过营业执照规定的业务范围。②应公平对待所有股东。③及时了解公司业务经营管理状况。④应当对公司定期报告签署书面确认意见。保证公司所披露的信息真实、准确、完整。⑤应当如实向审计委员会提供有关情况和资料，不得妨碍审计委员会行使职权。⑥法律、行政法规、部门规章及本章程规定的其他勤勉义务。公司可以根据具体情况，在章程中增加对本公司董事勤勉义务的要求。E项为董事对公司负有的忠实义务。

5. D [解析]《上市公司独立董事管理办法》规定的独立董事职责有：①参与董事会决策并对所议事项发表明确意见；②对特定的上市公司与其控股股东、实际控制人、董事、高级管理人员之间的潜在重大利益冲突事项进行监督，促使董事会决策符合上市公司整体利益，保护中小股东合法权益；③对上市公司经营发展提供专业、客观的建议，促进提升董事会决策水平；④法律、行政法规、中国证监会规定和公司章程规定的其他职责。D项是监事会的职权。

6. B [解析] 根据《上市公司独立董事管理办法》的规定，独立董事每届任期与上市公司其他董事任期相同，任期届满，可以连选连任，但是连续任职不得超过6年。

7. BCDE [解析] 根据《上市公司独立董事管理办法》的规定，担任独立董事应当符合下列条件：①根据法律、行政法规及其他有关规定，具备担任上市公司董事的资格；②符合《上市公司独立董事管理办法》中关于独立性的要求；③具备上市公司运作的基本知识，熟悉相关法律法规和规则；④具有5年以上履行独立董事职责所必需的法律、会计或者经济等工作经验；⑤具有良好的个人品德，不存在重大失信等不良记录；⑥法律、行政法规、中国证监会规定、证券交易所业务规则和公司章程规定的其他条件。

8. B [解析]《上市公司独立董事管理办法》规定独立董事特别职权包括：①独立聘请中介机构，对上市公司具体事项进行审计、咨询或者核查；②向董事会提议召开临时股东大会；③提议召开董事会会议；④依法公开向股东征集股东权利；⑤对可能损害上市公司或者中小股东权益的事项发表独立意见；⑥法律、行政法规、中国证监会规定和公司章程规定的其他职权。

9. B [解析] B项错误，"股东代表中小股东行使提名独立董事的权利"与《上市公司独立董事管理办法》规定的"上市公司董事会、监事会、单独或者合计持有上市公司已发行股份1%以上的股东可以提出独立董事候选人"相违背。

10. B [解析] 经理的选任和解聘均由董事会决定。

11. D [解析] 对经理的任免及报酬决定权是董事会对经理实行监控的主要手段。

12. ABE [解析] 经理和董事会的关系是以董事会对经理实施控制为基础的合作关系。其中，控制是第一性的，合作是第二性的。公司设置经理的目的就是辅助业务执行机构（董事会）执行业务。作为董事会的辅助机关，经理从属于董事会，听从董事会的指挥和监督。

13. AC [解析] 公司设置经理的目的是为了辅助业务执行机构（董事会）执行业务。因此，有无必要设置经理完全由公司视自身情况而由章程决定，法律并不作强制性规定，B项错误。董事会与经理的关系是以董事会对经理实施控制为基础的合作关系，其中控制是第一性的，合作是第二性的，D、E两项错误。

Day 12

1. D [解析] 监事会制度是根据权力制衡原则由股东选举监事组成公司监督机关对公司经营进行监督的制度。

2. B [解析] 监事会是由股东会（和职工）选举产生并向股东会负责，对董事和经理进行监督。

3. D [解析] 监事会具有完全独立性。监事会一经股东大会授权，就完全独立地行使监督权，不受其他机构的干预。董事、经理不得兼任监事，故D项错误。

4. D [解析] 有限责任公司监事会成员不得少于3人，股份有限公司监事会的成员也不得少于3人。

5. BCDE [解析] A项，监事会不能监督股东会，主要监督董事会和总经理。

> ●考点再现
>
> Q_5 有限责任公司与股份有限公司监事会的职权：①检查公司财务；②对董事、高级管理人员执行公司职务的行为进行监督，对违反法律、行政法规、公司章程或者股东会决议的董事、高级管理人员提出解任的建议；③当董事、高级管理人员的行为损害公司的利益时，要求董事、高级管理人员予以纠正；④提议召开临时股东会会议，在董事会不履行法律规定召集和主持股东会会议职责时召集和主持股东会会议；⑤向股东会会议提出提案；⑥依照公司法规定，对董事、高级管理人员提起诉讼；⑦公司章程规定的其他职权。

6. C [解析] 在有限责任公司和股份有限公司监事会包括股东代表和适当比例的公司职工代表，其中，职工代表的比例不得低于1/3。

7. B [解析] 有限责任公司的监事会每1年至少召开一次，监事可以提议召开临时监事会会议。

8. D [解析] D项，监事任期届满，连选可以连任，D项错误。

9. A [解析] 股份有限公司的监事会定期会议每6个月至少召开一次，临时监事会会议可由监事提议召开。

10. ABCD [解析] 有限责任公司与股份有限公司监事会的职权相同，包括：①检查公司财务；②对董事和高级管理者进行监督，对违法的董事和高级管理者提出解任的建议；③当董事和高级管理者损害公司利益时，要求他们予以纠正；④提议召开临时股东会会议；⑤向股东会会议提出提案；⑥可以对董事和高级管理人员提起诉讼；⑦公司规定的其他职权。E项属于董事会的职权。

Day 13

1. B [解析] 国家出资公司治理相应遵循以下原则：坚持深化改革、坚持党的领导、坚持依法治企、坚持权责对等。

2. ABDE [解析] C项错误，"放任企业自主经营，不实施任何形式的监督与管理"与《国务院办公厅关于进一步完善国有企业法人治理结构的指导意见》提倡的"权责对等、强化监督机制的原则"相违背。

3. C [解析] C项错误，国家出资公司党组织不能代替董事会直接作出经营决策，而是在董事会、经理层决策重大问题的前置程序中发挥领导作用，党组织决策事项需要后续由董事会或经理层作出。

4. B [解析] 国家出资公司实行"双向进入、交叉任职"的领导体制。《国务院办公厅关于进一步完善国有企业法人治理结构的指导意见》指出，符合条件的国有独资公司党委（党组）领导班子成员可以通过法定程序进入董事会、监事会、经理层，董事会、监事会、经理层成员中符合条件的党员可以依照有关规定和程序进入党委（党组）；党委（党组）书记、董事长一般由一人担任，推进中央企业党委（党组）专职副书记进入董事会。

5. C [解析] C项不属于国家出资公司党委（党组）的职责范围。

6. ACD [解析] B、E两项不属于国家出资公司党委（党组）的职责范围。

考点再现

Q₅₋₆ 国家出资公司党委（党组）的职责范围：

根据《中国共产党国有企业基层组织工作条例（试行）》，国家出资公司党委（党组）发挥领导作用，把方向、管大局、保落实，依照规定讨论和决定企业重大事项。国家出资公司党委（党组）的主要职责包括：①加强公司党的政治建设，坚持和落实中国特色社会主义根本制度、基本制度、重要制度，教育引导全体党员始终在政治立场、政治方向、政治原则、政治道路上同以习近平同志为核心的党中央保持高度一致；②深入学习和贯彻习近平新时代中国特色社会主义思想，学习宣传党的理论，贯彻执行党的路线方针政策，监督、保证党中央重大决策部署和上级党组织决议在本公司贯彻落实；③研究讨论公司重大经营管理事项，支持股东会、董事会、监事会和经理层依法行使职权；④加强对公司选人用人的领导和把关，抓好公司领导班子建设和干部队伍、人才队伍建设；⑤履行公司党风廉政建设主体责任，领导、支持内设纪检组织履行监督执纪问责职责，严明政治纪律和政治规矩，推动全面从严治党向基层延伸；⑥加强基层党组织建设和党员队伍建设，团结带领职工群众积极投身公司改革发展；⑦领导公司思想政治工作、精神文明建设、统一战线工作，领导公司工会、共青团、妇女组织等群团组织。

7．ABC [解析] 国家出资公司党支部（党总支）的主要职责：①学习宣传和贯彻落实党的理论和路线方针政策，宣传和执行党中央、上级党组织和本公司的决议，团结带领职工群众完成本公司各项任务。②按照规定参与本公司重大问题的决策，支持本公司负责人开展工作。③做好党员教育、管理、监督、服务和发展党员工作，严格党的组织生活，组织党员创先争优，充分发挥党员先锋模范作用。④密切联系职工群众，推动解决职工群众合理诉求，认真做好思想政治工作。领导本公司工会、共青团、妇女组织等群团组织，支持它们依照各自章程独立负责地开展工作。⑤监督党员、干部和公司其他工作人员严格遵守国家法律法规、公司财经人事制度，维护国家、集体和群众的利益。D、E两项属于国家出资公司党委（党组）的职责范围。

8．C [解析] 根据《公司法》，国有独资公司设董事会，并依照《公司法》的规定行使职权。国有独资公司的董事会成员中，应当过半数为外部董事，并应当有公司职工代表。董事会成员由履行出资人职责的机构委派；但是，董事会成员中的职工代表由公司职工代表大会选举产生。董事会设董事长一人，可以设副董事长。董事长、副董事长由履行出资人职责的机构从董事会成员中指定。经履行出资人职责的机构同意，董事会成员可以兼任经理。国有独资公司的董事、高级管理人员，未经履行出资人职责的机构同意，不得在其他有限责任公司、股份有限公司或者其他经济组织兼职。C项错误，董事长、副董事长由履行出资人职责的机构从董事会成员中指定，而不是直接任命。

9．ABD [解析] 未经履行出资人职责的机构同意，董事、高级管理人员不得在其他有限责任公司、股份有限公司或者其他经济组织兼职，C项错误。国有独资公司的董事对履行出资人职责的机构负责，并接受其指导，没有提及股东大会，E项错误。

10．ABDE [解析] 授权管理制度并不意味着董事会将所有事务全权委托给经理层，而是将部分经营管理权限授予经理层，经理层仍受董事会的监督，C项错误。

11．D [解析] 国有独资公司的经理由董事会聘任或解聘，并需要经履行出资人职责的机构同意，A项错误。经理可列席董事会会议，B项错误。总经理在董事会闭会期间向董事长报告工作，C项错误。

12．A [解析] 根据《公司法》的规定，国有独资公司在董事会中设立审计委员会行使监事会职权的情况下，可以选择不设置监事会或监事，A项错误。

13．ADE [解析] 公司职工代表大会应依法行使职权，加强职工民主管理与监督，这是公司民主管理的一个重要方面，B项错误。根据《公司法》，在董事会中设立的审计委员会可以行使监事会职权，不一定需要监事会或监事，C项错误。

本章学习检查表

知识点或模块名称	初次学习		第一次复习		第二次复习	
	做对题目数/总题目数	学习日期	做对题目数/总题目数	复习日期	做对题目数/总题目数	复习日期
公司所有者						
公司经营者						
所有者与经营者的关系						
股东概述						
有限责任公司的股东会会议						
股份有限公司的股东会会议						
董事会的作用和性质						
董事会的职权						
董事会的组成及董事会会议						
董事的任期、任职资格和义务						
独立董事						
经理层						
监事会						
国家出资公司治理的基本原则						
国家出资公司党组织						
国家出资公司董事会						
国家出资公司经理层						
国家出资公司监督机制						

填写建议：

"做对题目数/总题目数"记录针对该知识点自己做题的情况，比如该知识点总题目数为10题，做对了其中7题，记录为7/10。

"学习日期"记录自己学习该知识点时的日期，建议把下一次复习的日期也写上。

本章强化测试

扫码做题

备忘录：

第三章 市场营销与品牌管理

学习指导

本部分是案例分析题次重点章节，主要知识点出自市场营销策略，考试难度不大，主要包括市场营销环境、市场营销战略、市场营销组合策略、品牌与品牌资产、品牌战略五大内容，历年考查分值在17分左右。

本章考题灵活性不大，基本上是教材原文的变形，而且贴近生活，可以结合生活去理解掌握。其中第四节的内容较为重要，案例分析题也基本来源于第四节，多以定价方法计算题结合其他文字题进行考查。

时间	考点或模块
Day 14	➢ 市场营销宏观环境 ➢ 市场营销微观环境 ➢ 市场营销环境分析
Day 15	➢ 市场营销战略规划 ➢ 目标市场战略
Day 16	➢ 产品策略 ➢ 产品定价策略
Day 17	➢ 促销策略 ➢ 品牌 ➢ 品牌资产
Day 18	➢ 品牌战略 ➢ 案例集锦

▶▶▶ Day 14

➢ **考点**：市场营销宏观环境

1. [多项选择题]影响市场营销的宏观环境包括（　　）。
   A. 人口环境　　　　　　　　　　B. 经济环境
   C. 技术环境　　　　　　　　　　D. 政治法律环境
   E. 渠道商

2. [单项选择题]目前，越来越多的消费者通过互联网购买产品，这促使企业在制定市场营销战略时应注重（　　）的变化。
   A. 技术环境　　　　　　　　　　B. 经济环境
   C. 政治环境　　　　　　　　　　D. 人口环境

3. [单项选择题]某企业对所在地区的居民总量、位置分布、年龄结构等进行分析，该企业分析的市场营销环境属于（　　）。
   A. 自然环境　　　　B. 人口环境　　　　C. 顾客　　　　D. 经济环境

4. [多项选择题] 可任意支配收入是指个人可支配收入减去维持生命所必需的支出和其他固定支出的余额，其中维持生命所必需的支出包括（　　）。
   A. 所得税　　　　　　　　　　　　B. 交付房租
   C. 燃气费　　　　　　　　　　　　D. 分期付款
   E. 住房公积金

5. [单项选择题] 个人收入减去直接负担的各种税款（所得税、消费税等）和非税性负担（工会会费、住房公积金等）之后的余额叫作（　　）。
   A. 可支配收入　　　　　　　　　　B. 可任意支配收入
   C. 货币收入　　　　　　　　　　　D. 实际收入

▶ 考点：市场营销微观环境

6. [多项选择题] 影响企业市场营销的微观环境包括（　　）。
   A. 人口规模　　　　　　　　　　　B. 政治制度
   C. 竞争者　　　　　　　　　　　　D. 顾客
   E. 营销渠道企业

7. [多项选择题] 市场营销微观环境是指对企业服务能力构成直接影响的各种力量，其中属于公众的内容有（　　）。
   A. 供应商　　　　　　　　　　　　B. 中间商
   C. 企业股东　　　　　　　　　　　D. 媒介
   E. 政府

▶ 考点：市场营销环境分析

8. [单项选择题] 某企业通过市场环境分析发现该企业的油漆业务市场机会低，面临的威胁低，该企业的油漆业务属于威胁—机会矩阵图中的（　　）。
   A. 成熟业务　　　　　　　　　　　B. 冒险业务
   C. 理想业务　　　　　　　　　　　D. 困难业务

9. [单项选择题] 某企业通过市场环境分析发现，该企业的手机业务市场机会小、面临的威胁高，该企业的手机业务处于威胁—机会矩阵图中的（　　）。
   A. 理想业务　　　　　　　　　　　B. 困难业务
   C. 冒险业务　　　　　　　　　　　D. 成熟业务

10. [单项选择题] 环境威胁矩阵图中，在（　　）内，环境威胁程度低，出现的概率也低，企业不必担心。
    A. 第Ⅰ象限　　　　　　　　　　　B. 第Ⅱ象限
    C. 第Ⅲ象限　　　　　　　　　　　D. 第Ⅳ象限

✏ 学习笔记

Day 15

> 考点：市场营销战略规划

1. [多项选择题] 以下关于企业任务书的说法，正确的有（　　）。
A. 企业任务书反映的目标是有限的、具体的、明确的
B. 企业任务书应是市场导向
C. 要富有激励性
D. 政策具体、分工明确
E. 企业任务书应是产品导向

2. [多项选择题] 企业常用的营销财务目标有（　　）。
A. 资本成本率
B. 投资收益率
C. 市场占有率
D. 销售增长率
E. 资产负债率

3. [多项选择题] 下列关于通用电气公司法的说法，正确的有（　　）。
A. 业务力量强，行业吸引力大的，增加投资
B. 业务力量弱，行业吸引力大的，保持原有
C. 业务力量强，行业吸引力小的，放弃投资
D. 业务能力中，行业吸引力小的，增加投资
E. 业务能力弱，行业吸引力小的，放弃投资

> 考点：目标市场战略

4. [单项选择题] 某保险公司针对家庭生命周期的不同阶段设计了不同的保险产品，则这种市场细分的变量为（　　）。
A. 地理变量
B. 人口变量
C. 心理变量
D. 行为变量

5. [单项选择题] 某公司将客户细分为老年客户、中年客户和青年客户，这种细分属于（　　）。
A. 地理细分
B. 心理细分
C. 行为细分
D. 人口细分

6. [多项选择题] 下列市场细分变量中，属于心理变量的有（　　）。
A. 个性
B. 购买动机
C. 使用频率
D. 购买时机
E. 价值取向

7. [单项选择题] 自行车厂家根据丘陵和沙漠地形生产不同类型的自行车，进行市场细分的标准是（　　）。
A. 地理变量
B. 心理变量
C. 行为变量
D. 人口变量

8. [多项选择题] 下列关于市场细分的说法，正确的有（　　）。
A. 市场细分是把某一产品的整体市场分割成需求不同的若干个市场的过程
B. 市场细分是通过产品本身的分类来细分市场

C. 市场细分是根据不同的顾客群来进行细分市场

D. 市场细分的基础是消费需求的差异性

E. 市场细分的目的是为企业选择目标市场提供科学的依据

9. [单项选择题] 某企业把整个市场看成一个目标市场，只向市场投放一种产品，通过大规模分销和大众化广告推销产品。这种目标市场策略属于（　　）。

A. 无差异营销策略　　　　　　　　B. 集中性营销策略

C. 差异性营销策略　　　　　　　　D. 市场组合营销策略

10. [单项选择题] 某企业选择一个细分市场作为目标市场，实行专业化经营，把所有的资源都投入到这个目标市场上。该企业采用的目标市场策略是（　　）。

A. 避强定位策略　　　　　　　　B. 无差异营销策略

C. 集中性营销策略　　　　　　　　D. 市场营销组合策略

11. [单项选择题] 某服装厂按年龄把消费者分为老年人、中年人和儿童，针对每类消费者设计和生产不同的服装满足其需求，则该企业采用的目标市场策略是（　　）。

A. 无差异营销策略　　　　　　　　B. 差异性营销策略

C. 集中性营销策略　　　　　　　　D. 进攻型营销策略

12. [单项选择题] 企业有选择地进入几个不同的细分市场，为不同顾客群提供不同性能产品的目标市场选择模式为（　　）。

A. 产品专业化　　　　　　　　B. 选择性专业化

C. 全面进入　　　　　　　　D. 市场专业化

13. [单项选择题] 企业"向同一顾客群，提供各种性能不同产品"，这种目标市场选择模式属于（　　）。

A. 产品专业化　　　　　　　　B. 市场专业化

C. 选择性专业化　　　　　　　　D. 全面进入

14. [单项选择题] 下列关于市场定位的说法，错误的是（　　）。

A. 市场定位是企业根据竞争者产品所在的区域，确定本企业产品的位置

B. 市场定位就是要为产品塑造与众不同的形象

C. 当消费者偏好发生变化时，企业可以重新进行市场定位

D. 企业可以从产品的性能、质量水平等方面进行市场定位

学习笔记

Day 16

> **考点**：产品策略

1. [单项选择题] 某企业共生产 2 种洗衣机、4 种电冰箱和 5 种空调，则该企业产品组合的长度为（　　）。
   A. 2
   B. 3
   C. 4
   D. 11

2. [多项选择题] 某手机制造企业多年来致力于中低端市场，为应对竞争，该企业调整产品组合，推出面向高端客户的手机产品，并进入打印机行业。该企业采用的产品经营策略有（　　）。
   A. 缩减产品组合策略
   B. 产品线现代化策略
   C. 扩大产品组合策略
   D. 产品线延伸策略
   E. 产品线集中化策略

3. [单项选择题] 原包装的产品使用完后，包装物本身还可作其他用途，能够使消费者"一物二用"的包装策略是（　　）。
   A. 分等级包装策略
   B. 复用包装策略
   C. 附赠品包装策略
   D. 相关包装策略

4. [单项选择题] 某化妆品企业推出情人节套装，内含 1 瓶香水、1 支口红、1 瓶精华液，这种包装策略是（　　）。
   A. 个别包装策略
   B. 复用包装策略
   C. 相似包装策略
   D. 相关包装策略

> **考点**：产品定价策略

5. [单项选择题] 某企业在其新产品上市时，将价格定得很高，以求尽可能在短期内获得高额利润，这种新产品定价策略属于（　　）。
   A. 分档定价策略
   B. 撇脂定价策略
   C. 温和定价策略
   D. 渗透定价策略

6. [单项选择题] 某小型游乐场共有 5 个游乐项目，每个项目票价分别为 30 元、40 元、30 元、50 元、50 元，通票定价为 120 元。这种产品组合定价策略为（　　）。
   A. 产品线定价
   B. 备选产品定价
   C. 产品束定价
   D. 副产品定价

7. [单项选择题] 某剃须刀生产企业，在定价时，剃须刀的价格定得较低，而同时将剃须刀附属的刀片价格定得较高的产品组合定价策略属于（　　）。
   A. 产品线定价
   B. 备选产品定价
   C. 附属产品定价
   D. 副产品定价

8. [单项选择题] 某汽车经销商考虑到客户在购买汽车时对电子开窗控制器等价格不太在意，因此将这些产品价格定得较高，既不影响汽车的销售，也可以赚取利润，该汽车经销商采用的产品组合定价策略属于（　　）。
   A. 产品线定价
   B. 备选产品定价

C. 附属产品定价 D. 副产品定价

9. [单项选择题] 某企业将其生产的高、中、低档服装分别定价为 2 200 元、560 元和 180 元，该企业服装产品的产品组合定位策略为（　　）。
    A. 产品线定价策略 B. 备选产品定价策略
    C. 产品束定价策略 D. 副产品定价策略

10. [单项选择题] 某企业投资某产品生产线，投资额为 200 万元，投资收益率为 20%，如该产品的单位可变成本为 15 元，固定成本为 16 万元，预期销售量为 40 000 件，则采用目标利润定价法确定该产品的价格为（　　）元。
    A. 15 B. 16
    C. 29 D. 31

11. [单项选择题] 经核算得知某产品的单位产品成本为 2 000 元，企业希望该产品获得 25% 的收益率，根据成本加成定价法，该产品的单位产品价格是（　　）元。
    A. 2 500 B. 2 000 C. 1 500 D. 500

12. [多项选择题] 对企业定价影响较大的因素包括（　　）。
    A. 市场供给 B. 市场需求 C. 市场竞争 D. 成本
    E. 销售渠道

13. [多项选择题] 关于渗透定价策略的说法，正确的有（　　）。
    A. 容易诱发竞争，企业压力大 B. 投资回收期长，价格变动余地小
    C. 可在短期内获取高额利润 D. 能迅速打开产品销路
    E. 难以应付短期内的突发竞争

14. [多项选择题] 下列产品定价方法中，属于竞争导向定价法的有（　　）。
    A. 竞争价格定价法 B. 随行就市定价法
    C. 认知价值定价法 D. 盈亏平衡定价法
    E. 密封投标定价法

15. [单项选择题] 某企业推出新产品时，制定了一个较低的价格，以求迅速占领市场。这种新产品定价策略属于（　　）。
    A. 渗透定价策略 B. 备选产品定价策略
    C. 撇脂定价策略 D. 心理定价策略

学习笔记

Day 17

> **考点**：促销策略

1. [单项选择题] 某企业密集大量的投放电视广告，以吸引消费者购买其产品，该企业的促销策略属于（　　）。
   A. 无差异营销策略   B. 差异性营销策略
   C. 拉引策略   D. 推动策略

2. [多项选择题] 下列属于直复营销的方式的有（　　）。
   A. 电话直复营销   B. 电视直复营销   C. 直邮营销   D. 抽奖
   E. 免费试用

3. [单项选择题] 下列关于促销的说法，错误的是（　　）。
   A. 促销组合策略包括拉引策略、推动策略、销售促进策略
   B. 广告是广告主以付费的方式进行促销的方式
   C. 地区型结构与产品型结构组合属于复合型结构
   D. 社会公众包括企业外部公众和企业内部公众

4. [多项选择题] 下列销售促进工具中，属于针对消费者的是（　　）。
   A. 价格促销   B. 价格折扣   C. 奖金   D. 抽奖
   E. 赠品促销

5. [单项选择题] 企业为取得社会、公众的了解与信赖，树立企业及产品的良好形象而进行的各种活动被称为（　　）。
   A. 广告   B. 人员推广   C. 营业推广   D. 公共关系

6. [单项选择题] 美团外卖点单完成之后给用户返还红包，这种行为属于（　　）。
   A. 促销组合   B. 广告   C. 人员推销   D. 销售促进

> **考点**：品牌

7. [多项选择题] 下列属于品牌内容的是（　　）。
   A. 属性   B. 利益   C. 价格   D. 个性
   E. 群体

> **考点**：品牌资产

8. [单项选择题] 根据大卫·艾克的品牌资产"五星"概念模型，品牌资产的核心是（　　）。
   A. 品牌知名度   B. 品牌联想度   C. 品牌忠诚度   D. 品牌认知度

9. [单项选择题] 小王购买手机时，对品牌没有特别的偏好，只是根据自己的预算进行选择。从品牌忠诚的角度看，小王属于（　　）。
   A. 持续忠诚购买者   B. 承诺忠诚购买者
   C. 无忠诚购买者   D. 习惯购买者

✏️ 学习笔记

Day 18

> **考点**：品牌战略

1. [单项选择题] 企业所有的产品使用同一个品牌，这个策略属于（　　）。

A. 个别品牌策略

B. 统一品牌策略

C. 分类家族品牌策略

D. 企业名称与个别品牌并用策略

2. [多项选择题] 在做出品牌重新定位决策时，企业要考虑的因素有（　　）。

A. 转移成本　　　　　　　　　　B. 可能获得的收益

C. 包装更新　　　　　　　　　　D. 品牌知名度

E. 其他品牌

> **模块**：案例集锦

3. [案例分析题] 甲企业生产经营牙膏、香皂、纸巾三类产品。目前，该企业决定推出一种高档牙膏、一种除菌香皂、一种去屑洗发水。该企业生产除菌香皂的固定成本为200万元，单位可变成本为3元，预期销量为40万块，加成率为20%。新产品上市后，该企业通过电视、网络投放大量商品广告，并且派出营销人员向经销商和消费者推介新产品。

根据以上材料，回答下列问题：

(1) 新产品上市后，甲企业产品组合的宽度为（　　）。

A. 3　　　　　　　　　　　　　B. 4

C. 6　　　　　　　　　　　　　D. 5

(2) 甲企业采用的产品组合策略为（　　）。

A. 缩减产品组合策略

B. 产品线现代化策略

C. 产品线延伸策略

D. 扩大产品组合策略

(3) 根据成本加成定价法，甲企业除菌香皂的单价为（　　）元。

A. 5.8　　　　　　　　　　　　B. 3.6

C. 8.2　　　　　　　　　　　　D. 9.6

(4) 甲企业采用的促销策略为（　　）。

A. 广告　　　　　　　　　　　　B. 公共关系

C. 人员推销　　　　　　　　　　D. 销售促进

4. [案例分析题] 某企业生产经营5种冰箱、3种空调、5种电视机、4种微波炉四类产品，每一类冠以不同的品牌。目前该企业开发一种空气净化器，经测算生产年固定成本为26 000万元，年变动成本为4 000万元，成本加成率为15%，预计年销售量为50万台。空气净化器上市，该企业对其冠以全新品牌名称，在该空气净化器上市之初，将价格定得较低，利用物美价廉的优势迅速占领市场。该企业积极开展促销活动，在大型商场和超市进行抽奖活动，并冠名赞助某收视率较高的综艺节目等向公众推广产品。

根据以上材料,回答下列问题:
(1) 空气净化器上市前的该企业产品组合长度为（　　）。
    A. 5
    B. 4
    C. 17
    D. 18
(2) 空气净化器上市后,该企业采用的定价策略为（　　）。
    A. 温和定价策略
    B. 撇脂定价策略
    C. 中价策略
    D. 市场渗透定价策略
(3) 该企业对空气净化器采用的促销策略有（　　）。
    A. 人员促销
    B. 直复营销
    C. 公共关系
    D. 销售促进
(4) 该企业采用的家族品牌决策属于（　　）。
    A. 个别品牌策略
    B. 统一品牌战略
    C. 分类家族品牌策略
    D. 主副品牌战略
(5) 根据成本加成定价法,该企业空气净化器的价格为（　　）元/台。
    A. 480
    B. 690
    C. 720
    D. 890

✎ 学习笔记

参考答案及解析

Day 14

1. ABCD [解析] 市场营销宏观环境包括人口环境、经济环境、自然环境、技术环境、政治法律环境、社会文化环境。E项属于微观环境。

2. A [解析] 技术是一种"创造性的毁灭力量",互联网技术改变了消费者的购物习惯,而互联网是属于技术的创新,所以是技术环境的内容。

3. B [解析] 市场营销宏观环境中的人口环境包括人口总量、地理分布、年龄结构、人口性别、民族构成等。

4. BC [解析] 维持生命所必需的支出,如购买食品、交付房租、燃气费、暖气费、水电费等,故选B、C两项。A项属于个人收入中负担的各项税费;D项属于其他固定支出;E项属于个人收入中的非税性负担。

5. A [解析] 可支配收入是指个人收入减去直接负担的各种税款(所得税、消费税等)和非税性负担(工会会费、住房公积金等)之后的余额。

6. CDE [解析] 市场营销微观环境包括企业自身的各种因素、供应商、竞争者、营销渠道企业、顾客、公众。A、B两项内容均属于市场营销宏观环境。

7. CDE [解析] 公众是企业营销目标的实现有现实或潜在影响的群体和个人,包括外部公众和内部公众。外部公众包括媒介公众、政府公众、社团公众、金融公众等;内部公众包括企业内部的职工、股东及管理者等。C项属于内部公众,D、E两项属于外部公众。

8. A [解析] 威胁—机会综合分析矩阵四种业务的特点:①成熟业务——低机会和低威胁;②冒险业务——高机会和高威胁;③理想业务——高机会和低威胁;④困难业务——低机会和高威胁。
   [注意] 本知识点会考查威胁—机会矩阵图中各个业务的特点,需要考生会画图记忆各个业务的不同条件,做到通过不同条件选择对应的业务。

9. B [解析] 在威胁—机会矩阵图中,困难业务的特点是低机会和高威胁。

10. C [解析] 四个象限的特点:①第Ⅰ象限——环境威胁的影响程度高,出现的概率大;②第Ⅱ象限——环境威胁的影响程度高,出现的概率小;③第Ⅲ象限——环境威胁的影响程度低,出现的概率小;④第Ⅳ象限——影响程度低,出现的概率大。在第Ⅲ象限内,环境威胁的影响程度低,出现的概率小,在这种情况下,企业不必担心,但应该注意观察其发展变化,看它是否有向其他象限发展变化的可能。做这类题的时候,建议考生画图作答。

Day 15

1. ABCD [解析] 一份行之有效、对企业经营有指导作用的任务书应满足以下几个条件:①企业任务书反映的目标是有限的、具体的、明确的;②企业任务书应是市场导向而非产品导向;③企业任务书要富有激励性;④政策具体、分工明确。

2. BCD [解析] 企业常用的营销财务目标有:投资收益率、市场占有率、销售增长率。

3. ABE [解析] 业务力量强,行业吸引力大,这属于"大强"地带,要"开绿灯",采取增加投资和重点发展的战略，A项正确。业务力量弱，行业吸引力大，这属于"大弱"地带，要"开黄灯"，采取维持原来投资水平的市场占有率的战略，B项正确。业务力量强，行业吸引力小，放弃投资，这属于"小强"地带，要"开黄灯"，采取维持原来投资水平的市场占有率的战略，C项错误。业务能力中，行业吸引力小，这属于"小中"地带，要"开红灯"，采取收割或放弃的战略，D项错误。业务能力弱，行业吸引力小，放弃投资，这属于"小弱"地带，要"开红灯"，采取收割或放弃的战略，E项正确。

4. B ［解析］人口细分变量包括人口总数、人口密度、家庭户数、年龄、性别、职业、民族、文化、宗教、国籍、收入、家庭生命周期等。

5. D ［解析］根据题目信息"细分为老年客户、中年客户和青年客户"可知，是按"人口的年龄"划分的，属于人口变量。

6. ABE ［解析］心理变量包括个性、购买动机、价值取向、对商品和服务方式的感受或偏爱、对商品价格反应的灵敏度等。购买时机和使用频率是行为变量，故C、D两项错误。

7. A ［解析］自行车厂家根据丘陵和沙漠地形生产不同类型的自行车，属于根据地形进行的分类，属于地理变量。

● 考点再现

Q_{4-7} 市场细分的变量包括地理变量、人口变量、心理变量和行为变量。

细分	内容
地理细分	企业按照消费者所在地理位置以及其他地理变量对消费者市场进行细分，包括地区、国家、环境、地形等变量
心理细分	企业按照消费者的生活方式、个性等心理变量来细分消费者市场
行为细分	企业按照消费者购买或使用某种产品的时机、使用者状况、忠诚程度、使用频率、待购阶段和态度等来细分消费者市场
人口细分	企业按照人口总数、人口密度、家庭户数、年龄等来细分消费者市场

8. ACDE ［解析］市场细分不是依据产品本身的分类来细分市场，是根据不同的顾客群来进行细分市场，B项错误。

9. A ［解析］无差异营销策略是将整体市场看作是一个大的目标市场，忽略消费者需求存在的不明显的微小差异，只向市场投放单一的商品，设计一种营销组合策略。

10. C ［解析］集中性营销策略是指企业选择一个或几个细分市场作为目标市场，制定营销组合方案，实行专业化经营，把企业有限的资源集中使用，在较小的目标市场上拥有较大的市场占有率。

11. B ［解析］差异性营销策略针对不同的子市场的需求特点，设计和生产不同产品，并采用不同的营销组合。根据题干叙述，把目标市场进行分类，分为老年人、中年人和儿童，并且设计和生产不同的服装满足其需求，所以属于差异性营销策略。

考点再现

Q9-11 目标市场的策略：

营销策略	内容
无差异营销策略	把整体市场看作是一个大的目标市场，忽略消费者需求存在的不明显的微小差异，只向市场投放单一的商品，设计一种营销组合策略
差异性营销策略	对消费者需求差异进行调查，将总体市场分为若干子市场，从中选择两个乃至全部细分市场作为目标市场，针对不同的子市场的需求，设计不同产品，满足消费者不同的需求
集中性营销策略	在市场细分的基础上，选择一个或几个细分市场作为目标市场，制定营销组合方案，实行专业化经营，把企业有限的资源集中使用，在较小的市场上拥有较大的市场占有率

12. B [解析] 选择性专业化是指企业有选择地进入几个不同的细分市场，为不同的客户提供不同性能的产品。

13. B [解析] 根据题目信息"提供各种性能不同产品""同一顾客群体"可知，属于市场专业化。

考点再现

Q12-13 企业在选择目标市场时可采用的模式：

模式	内容
产品专业化	企业向各类顾客同时供应某种产品，在质量、款式、档次等方面都会有所不同
全面进入	企业全方位进入各个细分市场，为所有顾客全心全意提供所需要的性能不同的系列产品
市场专业化	企业向同一顾客群提供性能有所区别的产品，这种模式既可分散风险，又可在一类顾客中树立良好形象
产品/市场集中化	企业只生产或经营某一类产品，只供应某一顾客群
选择性专业化	企业有选择地进入几个不同的细分市场，为不同顾客群提供不同性能的产品。当然，所选市场要具有相当的吸引力，这一模式也可以较好的分散企业的风险

注：本知识点理解记忆即可。

14. A [解析] 市场定位是指企业根据竞争者现有产品在市场上所处的位置，针对该产品某种特征或属性的重要程度，塑造出与众不同的形象，并把这种形象传递给消费者，从而使该产品在目标市场上确定适当的位置，故 A 项错误。

Day 16

1. D [解析] 产品组合的长度是指产品项目的总数。该企业一共生产了 11 种（2+4+5）产品，即长度为 11。

2. CD [解析] 该手机制造企业推出面向高端客户的手机产品，并进入打印机行业，属于产品线延伸策略和扩大产品线组合策略。

3. B [解析] 复用包装策略或双重用途包装策略，即原包装的产品使用完后，包装物本身还可作其他用途。如香水瓶可以当作工艺品摆放。这种策略一方面可以使消费者"一物二用";另一方面可以在消费者对包装物再使用时,发挥其广告效应,不断提示消费者重复购买。

4. D [解析] 相关包装策略,即将多种相关的产品配套放在同一包装物内出售(如化妆品套装)。这样可以方便消费者购买和使用,扩大销售,增加企业利润,特别有利于推广和销售新产品,同时还可以节约包装费用。

5. B [解析] 新产品定价策略包括:①撇脂定价策略,将价格定得很高;②市场渗透定价策略,将价格定得较低;③温和定价策略,将价格定在高价和低价之间。

6. C [解析] 根据题目可知,通票的定价为120元,比原有5个项目分别购买的总票价要便宜,符合产品束定价的概念。

7. C [解析] 根据题目信息可知剃须刀的刀片属于剃须刀的附属产品,所以为附属产品定价。

8. B [解析] 电子开窗控制器为顾客购买汽车时的备选产品,因此属于备选产品定价。

9. A [解析] 企业生产高、中、低档服装,并分别定价为2 200元、560元、180元,体现的是产品线定价策略。

> **● 考点再现**
>
> $Q_{6\text{-}9}$ 产品组合定价策略:
>
> | 定价 | 内容 |
> |---|---|
> | 产品线定价 | 对某种同类型的产品根据质量进行定价,使消费者在购买时由价格联想到质量水平,满足顾客对各种质量产品的需求 |
> | 备选产品定价 | 购买必要产品时,可能还会选取的其他备选产品(比如汽车) |
> | 附属产品定价 | 有些产品在使用中需要伴随其他产品的消费(比如计算机硬件和软件) |
> | 副产品定价 | 生产肉类、石油、化工等产品时常常伴有副产品 |
> | 产品束定价 | 企业将几种产品组合在一起,进行低价销售 |
>
> 注:备选产品定价、附属产品定价、副产品定价在出题时,题中基本上会出现主产品和备选产品/附属产品/副产品,或者就是书中的例子,所以比较容易选择。

10. C [解析] 根据公式,目标价格=(总成本+目标利润)÷销售量,目标利润=投资额×投资收益率,则目标价格=(15×4+16+200×20%)÷4=29(元)。

11. A [解析] 根据公式,产品价格=单位产品成本×(1+加成率)=2 000×(1+25%)=2 500(元)。

12. BCD [解析] 对企业定价影响较大的因素主要有:市场需求、成本、市场竞争。

13. BDE [解析] 渗透定价策略的优点包括:迅速打开新产品的销路,提高市场占有率;阻止竞争者进入,便于长期占领市场。缺点包括:投资回收期长,价格变动余地小,难以应对在短期内突发的竞争或需求的较大变化。

14. ABE [解析] 竞争导向定价法包括竞争价格定价法、随行就市定价法、密封投标定价法。

15. A [解析] 新产品定价有三种方式,即渗透定价、撇脂定价和温和定价。该企业新产品定价较低,目的是迅速占领市场,属于渗透定价,故选A项。

第三章 市场营销与品牌管理

Day 17

1. C [解析] 拉引策略是运用广告和公共关系来吸引消费者购买产品,该企业用电视广告吸引消费者,所以属于拉引策略。

2. ABC [解析] 直复营销包括直邮营销、电话直复营销、电视直复营销、网络直复营销。D、E两项属于销售促进方式。

3. A [解析] 促销组合策略包括拉引策略和推动策略。

4. ADE [解析] 针对消费者的销售促进工具,有价格促销、赠品促销、抽奖、会员与积分、免费试用等;针对中间商的销售促进工具,有价格折扣、津贴补助、销售奖励、培训支持等;针对推销人员的销售促进工具,有提供业务培训、奖金、佣金等。

5. D [解析] 公共关系是指企业为取得社会、公众的了解与信赖,树立企业及产品的良好形象而进行的各种活动。广告是指广告主以付费的方式,有计划地通过媒体向所选定的消费对象宣传有关商品或服务的优点和特色,唤起消费者注意,说服消费者购买使用的促销方式。人员推销是指由企业派出推销人员或委派专职推销机构向目标市场的顾客介绍和销售商品的经营活动。

6. D [解析] 促销组合是把广告、人员推销、销售促进、公共关系和直复营销等方式有目的、有计划地组合在一起,A项错误。广告是广告主以付费的方式来进行促销,B项错误。人员推销是指由企业派出推销人员或委派专职推销机构促销的方式,C项错误。销售促进的工具多种多样。针对消费者的销售促进工具有价格促销、赠品促销、抽奖、会员与积分、免费试用等。返还红包是价格促销的一种具体形式。

7. ABDE [解析] 品牌体现六个方面的内容:属性、利益、价值、文化、个性、群体。

8. C [解析] 品牌忠诚度是品牌资产的核心。

9. C [解析] 根据忠诚度的高低,可以把消费者分为以下几种:①无忠诚购买者:这类消费者会不断更换品牌,他们对品牌没有认同,只对价格比较敏感。②习惯购买者:这类消费者根据以往的消费习惯,持续购买同一品牌的产品而不更换品牌。但是,当竞争产品的优势(如价格优势、功能优势)比较明显时,他们也会转而购买竞争对手的品牌。③满意购买者:这类消费者对原来消费的品牌非常满意,已经产生了较高的品牌转换成本,因此,会持续购买某一品牌。④情感购买者:这类消费者对品牌已经产生了情感上的认可。⑤承诺购买者:这是品牌忠诚的最高级别,消费者不仅会无条件地购买这类品牌,而且对该品牌有着强烈的情感认同,甚至引以为傲。

Day 18

1. B [解析] A项,个别品牌策略,即企业对各种不同的产品分别使用不同的品牌。例如,某企业生产润滑油A、润滑油B、汽油C、汽油D。B项,统一品牌策略即企业所有的产品使用同一个品牌,故正确。C项,分类家族品牌策略是指企业对各种类别不同的产品分别使用不同的品牌。D项,企业名称与个别品牌并用策略是指在每一品牌之前均冠以企业名称,以企业名称表明产品出处,以品牌名称表明产品的特点。

2. AB [解析] 在做出品牌重新定位决策时,企业要考虑:①转移成本,包括产品品质改变的费用、包装费、广告费等。一般来说,重新定位的跨度越大,费用就越高。②可能获得的收益。品牌重新定位之后，收益就由新的目标市场来决定，包括目标市场的消费规模、竞争者的竞争力等。

3. (1) B [解析] 产品组合的宽度是指产品线的数量。甲企业生产牙膏、香皂、纸巾，还有新产品洗发水，一共有4条产品线，故宽度是4。

(2) CD [解析] 该企业决定推出一种高档牙膏，即属于产品线延伸策略；该企业经营牙膏、香皂、纸巾三类产品，又推出新产品洗发水，由3种产品扩大为4种产品的生产，属于扩大产品组合策略。C、D两项正确。

(3) D [解析] 根据公式，单位成本＝单位可变成本＋固定成本÷销售量＝3＋200÷40＝8（元）。再根据公式，产品价格＝单位产品成本×（1＋加成率）＝8×（1＋20%）＝9.6（元）。

(4) AC [解析] 该企业通过电视、网络投放大量商品广告，属于促销策略中的广告；派出营销人员向经销商和消费者推介新产品，属于促销策略中的人员推销。A、C两项正确。

4. (1) C [解析] 产品组合的长度是指产品组合中所包含的产品项目总数。企业生产经营5种冰箱、3种空调、5种电视机、4种微波炉，故长度为＝5＋3＋5＋4＝17。

(2) D [解析] 该空气净化器上市之初，将价格定得较低，利用物美价廉的优势迅速占领市场，采用的是低价策略，即市场渗透定价策略。

(3) CD [解析] 根据材料"该企业积极开展促销活动，在大型商场和超市进行抽奖活动"，属于销售促进。"并冠名赞助某收视率较高的综艺节目等向公众进行推广产品"属于公共关系。

(4) C [解析] 该企业每一类冠以不同的品牌，应该是分类家族品牌策略。

(5) B [解析] 已知生产年固定成本为26 000万元，年变动成本为4 000万元，成本加成率为15%，预计年销售量为50万台，所以单位成本＝26 000÷50＋4 000÷50＝600（元），所以价格＝600×（1＋15%）＝690（元）。

本章学习检查表

知识点或模块名称	初次学习		第一次复习		第二次复习	
	做对题目数/总题目数	学习日期	做对题目数/总题目数	复习日期	做对题目数/总题目数	复习日期
市场营销宏观环境						
市场营销微观环境						
市场营销环境分析						
市场营销战略规划						
目标市场战略						
产品策略						
产品定价策略						
促销策略						
品牌						
品牌资产						
品牌战略						
案例集锦						

填写建议：

"做对题目数/总题目数"记录针对该知识点自己做题的情况，比如该知识点总题目数为10题，做对了其中7题，记录为7/10。

"学习日期"记录自己学习该知识点时的日期，建议把下一次复习的日期也写上。

本章强化测试

扫码做题

备忘录：

第四章 分销渠道管理

学习指导

本章知识点主要出自渠道管理、分销渠道，需要注意各知识点的理解与梳理记忆。本章考查的分值为 10 分左右，以单项选择题和多项选择题为主。

建议大家在学习过程中要特别注意知识点的理解记忆，抓住重点，会做变形题目，提升做题速度。

时间	考点或模块
Day 19	➤渠道管理概述 ➤不同类型商品分销渠道的构建 ➤渠道成员的激励 ➤渠道权力管理 ➤渠道冲突管理 ➤渠道差距评估 ➤分销渠道运行绩效评估 ➤分销渠道发展趋势 ➤案例集锦

▶▶▶▶ Day 19

➤ **考点**：渠道管理概述

1. [单项选择题]（　　）是指促使某种商品和服务能顺利地经由市场交换过程转移给消费者消费使用的一整套相互依存的组织。

   A. 市场营销渠道 B. 分销渠道
   C. 物流渠道   D. 商流渠道

2. [单项选择题] 下列组织或个人中，不属于分销渠道成员的是（　　）。

   A. 物流企业 B. 生产者 C. 中间商 D. 消费者

➤ **考点**：不同类型商品分销渠道的构建

3. [单项选择题] G公司在大城市建立许多分装厂，由分装厂建立经营部，负责向各个零售终端供应产品，则该公司采用的消费品分销渠道模式是（　　）。

   A. 厂家直供模式 B. 多家经销模式
   C. 独家经销模式 D. 平台式销售模式

4. [单项选择题] 按服务对象和服务特征划分，客运、医疗、美容、餐饮等服务产品应归类为针对（　　）的服务。

   A. 人的思想 B. 无形资产
   C. 人的身体 D. 物体

5. [单项选择题] 按服务对象和服务特征划分，会计服务、程序编写等服务产品应归类为（　　）。
   A. 针对信息处理的服务　　　　　　　B. 针对脑刺激处理的服务
   C. 针对物体处理的服务　　　　　　　D. 针对人体处理的服务

6. [单项选择题] 下列商品中，属于非渴求品的是（　　）。
   A. 急诊药品　　　　　　　　　　　　B. 艺术藏品
   C. 洗衣液　　　　　　　　　　　　　D. 家用电器

7. [单项选择题] 某天晚上突然天降大雨，超市门口聚集的顾客纷纷购买了雨伞、雨衣等产品，则雨伞、雨衣是属于（　　）。
   A. 应急物品　　　　　　　　　　　　B. 日用品
   C. 非渴求品　　　　　　　　　　　　D. 冲动购买品

8. [单项选择题] 关于工业品市场特点的说法，正确的是（　　）。
   A. 需求的非派生性　　　　　　　　　B. 需求弹性大
   C. 由专业采购人员或团队完成　　　　D. 顾客分散

9. [多项选择题] 服务产品的特征有（　　）。
   A. 所有权不可转让　　　　　　　　　B. 不可储存性
   C. 质量稳定　　　　　　　　　　　　D. 生产与消费过程不可分离
   E. 无形性

▶ 考点：渠道成员的激励

10. [单项选择题] 下列渠道成员激励的方法中，属于业务激励的是（　　）。
    A. 公关宴请　　　　　　　　　　　　B. 提供广告津贴
    C. 融资支持　　　　　　　　　　　　D. 佣金总额动态管理

11. [单项选择题] 某公司召集经销商，交流市场信息，并让经销商发泄不满情绪。这种激励方法是（　　）。
    A. 扶持激励　　　　　　　　　　　　B. 沟通激励
    C. 差别激励　　　　　　　　　　　　D. 业务激励

▶ 考点：渠道权力管理

12. [单项选择题] 渠道权力运用战略的设计和实施需要特定的权力来源。其中，许诺战略的必要权力来源是（　　）。
    A. 奖励权　　　　　　　　　　　　　B. 强迫权
    C. 法定权　　　　　　　　　　　　　D. 信息权

13. [单项选择题] 当某制造商在与分销商交流过程中明确表明态度："无须说明我想要的是什么，我们来探讨什么对我的合作伙伴更有利。"这种渠道权力的运用战略属于（　　）。
    A. 法律战略　　　　　　　　　　　　B. 信息交换战略
    C. 请求战略　　　　　　　　　　　　D. 建议战略

14. [多项选择题] 以下属于中介性权力的有（　　）。
    A. 奖励权　　　　　　　　　　　　　B. 强迫权
    C. 专长权　　　　　　　　　　　　　D. 信息权
    E. 认同权

➤ 考点：渠道冲突管理

15. [单项选择题] 某企业随着业务规模扩大和经销商数量的增加，出现了渠道控制力下降及区域窜货等问题。按渠道冲突对企业发展的影响方向划分，该企业面对的渠道冲突属于（　　）。
   A. 功能性冲突　　　　　　　　　　B. 垂直冲突
   C. 水平冲突　　　　　　　　　　　D. 破坏性冲突

16. [单项选择题] 渠道冲突产生的原因不包括（　　）。
   A. 角色错位　　　　　　　　　　　B. 目标差异
   C. 观点差异　　　　　　　　　　　D. 存货水平

➤ 考点：渠道差距评估

17. [单项选择题]（　　）是指企业不能准确地感知顾客的服务期望。
   A. 期望感知差距（差距1）
   B. 质量标准差距（差距2）
   C. 服务传递差距（差距3）
   D. 市场沟通差距（差距4）

18. [单项选择题] 服务质量差距模型的核心是（　　）。
   A. 期望感知差距　　　　　　　　　B. 服务感知差距
   C. 市场沟通差距　　　　　　　　　D. 服务传递差距

➤ 考点：分销渠道运行绩效评估

19. [单项选择题] 某企业今年销售额为9 000万元，去年销售额为6 000万元，则该企业的渠道销售增长率为（　　）。
   A. 20%　　　　B. 30%　　　　C. 50%　　　　D. 200%

20. [单项选择题] 某企业2022年商品销售额为1 000万元，其中，网络渠道销售额为600万元，网络渠道费用额为250万元，则该企业2022年的网络渠道费用率是（　　）。
   A. 25.0%　　　B. 60.0%　　　C. 40.0%　　　D. 41.7%

➤ 考点：分销渠道发展趋势

21. [多项选择题] 关于网络分销渠道的说法，正确的有（　　）。
   A. 网络分销渠道可以降低交易费用
   B. 企业可以通过网络分销渠道开展商务活动，不能对用户进行技术培训和售后服务
   C. 网络分销具有虚拟性、经济性、便利性的特征
   D. 网络分销渠道只包括网络直销渠道
   E. 网络分销渠道的结构是线性的

22. [单项选择题] 网络分销功能的实现需要完善的系统支撑，这些系统不包括（　　）。
   A. 订货系统　　　　　　　　　　　B. 生产系统
   C. 配送系统　　　　　　　　　　　D. 结算系统

23. [单项选择题] 下列属于网络直销渠道类型的是（　　）。
   A. 企业入驻电子商务平台进行销售　　B. 企业通过目录服务商进行销售
   C. 企业通过虚拟商业街进行销售　　　D. 企业通过网上零售进行销售

24. [多项选择题] 下列属于渠道扁平化的类型的有（　　）。
    A. 直接渠道
    B. 有一层中间商的扁平化渠道
    C. 有两层中间商的扁平化渠道
    D. 有三层中间商的扁平化渠道
    E. 有四层中间商的扁平化渠道

> **模块**：案例集锦

25. [案例分析题] M公司主要生产洗发液、牙膏和清洁剂等产品，公司十分重视渠道管理工作。

    M公司通常会在一个地区选择3~5家经销商，以实现市场覆盖和渗透。在经销商激励方面，公司制订了佣金总额动态管理制度，不定期开展优惠促销和销售人员培训活动，并为经销商提供融资支持。M公司还经常与经销商交流市场信息，为经销商提供产品、技术动态信息。为了鼓励经销商尽早付款，M公司规定：公司经销商正常情况下享有30天的账期，7日之内付款的经销商，可以得到3个点的价格折扣；超过30日不付款的经销商，将被取消经销商资格。

    随着公司业务规模扩大和经销商数量的增加，渠道冲突加剧，出现了渠道控制力下降及区域窜货等问题，这也成为M公司渠道管理的重点。为此，M公司着手对经销商进行整改。只留下与公司配合最好的经销商，同时推动经销商进行转型改革，帮助经销商实现由传统商人向现代专业服务提供商的角色转变。

    根据上述资料，回答下列问题：

    (1) 按照消费者的购买习惯的不同划分，M公司生产的产品属于（　　）。
        A. 便利品
        B. 选购品
        C. 特殊品
        D. 耐用品

    (2) M公司的分销渠道模式属于（　　）模式。
        A. 厂家直销
        B. 多家经销
        C. 平台式销售
        D. 独家经销

    (3) M公司在激励经销商时采用的激励方法有（　　）。
        A. 沟通激励
        B. 业务激励
        C. 差别激励
        D. 扶持激励

    (4) M公司的渠道权力来源包括（　　）。
        A. 人事权
        B. 奖励权
        C. 强迫权
        D. 信息权

    (5) 按渠道冲突对企业发展的影响方向划分，M公司面对的渠道冲突属于（　　）。
        A. 功能性冲突
        B. 破坏性冲突
        C. 水平冲突
        D. 垂直冲突

✐ 学习笔记

参考答案及解析

Day19

1. B [解析] 分销渠道是指促使某种商品和服务能顺利地经由市场交换过程转移给消费者（用户）消费使用的一整套相互依存的组织。

2. A [解析] 分销渠道的成员包括生产者、中间商（如批发商、零售商、代理商）、最终消费者。A项属于市场营销渠道成员中辅助商的类型。

3. D [解析] 平台式销售模式是指生产厂家以商品的分装厂为核心，由分装厂建立经营部，负责向各个零售终端供应商品。

4. C [解析] 针对人身体的服务（人体处理）属于顾客高卷入的服务，如客运、医疗、美容、餐饮、手术等。

5. A [解析] 对"信息处理"的服务不一定要求顾客直接参与，包括会计服务、银行服务、法律服务、程序编写、科学研究、证券投资等。

● 考点再现

Q_{4-5} 服务产品的分类：

分类	主要内容
对"人"的服务	对"人体处理"的服务（人必须在场）：客运、医疗、美容、餐饮、手术等
	对"脑刺激处理"的服务（人的意识必须在场）：娱乐、艺术、咨询、教育、心理治疗等
对"物"的服务	对"物体处理"的服务（实物必须在场）：货运、维修、零售、加油、保管等
	对"信息处理"的服务（不一定要求顾客直接参与）：会计服务、银行服务、法律服务、程序编写、科学研究、证券投资等

6. B [解析] 非渴求品是指那些消费者不知道或虽然知道但一般情况下不会主动购买的产品，如人寿保险、艺术藏品、百科全书，以及刚上市的、消费者从未了解的新产品等。A项属于便利品中的应急物品；C项属于便利品中的日用品；D项属于选购品。

7. A [解析] 应急物品是消费者在紧急需要的情况下所购买的产品或服务，如急诊药品、应急雨伞等。

8. C [解析] 工业品市场特点表现为：需求的派生性、需求弹性小、专业采购、一次购买量大和顾客集中稳定。

9. ABDE [解析] 服务产品的特征包括：①无形性；②不可分离性；③差异性；④不可储存性；⑤所有权的不可转让性。

10. D [解析] 业务激励的方法包括：①佣金总额动态管理；②灵活确定佣金比例；③安排经销商会议；④合作制订经营计划。A项属于沟通激励；B、C两项属于扶持激励。

11. B [解析] 沟通激励包括：①提供产品、技术动态信息；②公关宴请；③交流市场信息；④让经销商发泄不满。

12. A [解析] 渠道权力运用战略中的许诺战略的必要权力来源是"奖励权"。

13. B [解析] 无须说明我想要的是什么，我们来探讨什么对我的合作伙伴更有利属于信息交换战略。

14. AB [解析] 中介性权力包括奖励权、强迫权和法律法定权。

15. D [解析] 破坏性冲突是指渠道成员间的不安心理和对抗动机外化成对抗性行为，并超过了一定的限度，对渠道绩效水平和渠道关系产生消极的、破坏性的影响的一种冲突状态，如窜货、赖账、制假售假等行为导致的渠道冲突。该企业出现了渠道控制力下降及区域窜货等问题，属于破坏性冲突。

16. D [解析] 渠道冲突产生的原因包括角色错位、目标差异、观点差异、沟通困难、决策权分歧、期望差异、资源稀缺。

17. A [解析] 企业不能准确地感知顾客的服务期望，属于期望感知差距（差距1）。

18. B [解析] 质量差距中最主要的差距是服务感知差距（差距5），这是服务质量差距模型的核心。

19. C [解析] 根据公式，渠道销售增长率＝（本期销售额－上期销售额）/上期销售额×100%＝（9 000－6 000）/6 000×100%＝50%。

20. D [解析] 分销渠道费用率＝分销渠道费用额/渠道商品销售额＝250/600≈41.7%。

21. AC [解析] 企业既可以通过网络渠道开展商务活动，也可以对用户进行技术培训和售后服务，B项错误。网络分销渠道包括网络直销渠道和网络间接分销渠道，D项错误。网络分销渠道的结构是网状的，E项错误。

22. B [解析] 网络分销的系统包括订货系统、结算系统和配送系统。

23. A [解析] 网络直销渠道是指生产者通过互联网直接把产品销售给顾客的销售渠道。常见的网络直销渠道有两种形式：①生产企业直接在网络平台上搭建网站销售产品；②企业入驻电子商务平台直接进行销售。B、C、D三项都属于网络间接分销渠道的类型。

24. ABC [解析] 渠道扁平化的类型包括三种类型：①直接渠道；②有一层中间商的扁平化渠道；③有两层中间商的扁平化渠道。

25. （1）A [解析] 便利品是指消费者购买频繁，不愿花时间和精力比较品牌、价格，希望随时随地能买到的产品。便利品又分为日用品、冲动购买品和应急物品等。其中，日用品是指那些价格低，经常使用和购买的产品，如食盐、洗涤用品等。根据案例资料信息"M公司主要生产洗发液、牙膏和清洁剂等产品"，可知符合便利品中日用品的概念，故A项正确。

（2）B [解析] 多家代理（经销）模式是指厂家在建立渠道时选择多家代理商（经销商），通过建立庞大的销售网络实现分销目标。根据案例资料信息"通常会在一个地区选择3—5家经销商"，可知为多家代理（经销）模式。

（3）ABD [解析] 根据案例资料信息"佣金总额动态管理制度，不定期开展优惠促销和销售人员培训活动，并为经销商提供融资支持。M公司还经常与经销商交流市场信息，为经销商提供产品、技术动态信息"，佣金总额动态管理制度属于业务激励；实施优惠促销、人员培训活动、融资支持属于扶持激励；交流市场信息、提供产品、技术动态信息属于沟通激励。

（4）BCD [解析] 根据案例资料信息"为经销商提供产品、技术动态信息。为了鼓励经销商尽早付款，M公司规定：公司经销商正常情况下享有30天的账期，7日之内付款的经销商,可以得到3个点的价格折扣;超过30日不付款的经销商,将被取消经销商资格",可知包括信息权、奖励权、强迫权。

(5) B [**解析**] 按渠道冲突对企业发展的影响方向,可把渠道冲突分为功能性冲突和破坏性冲突。根据案例资料信息"随着公司业务规模扩大和经销商数量的增加,渠道冲突加剧,出现了渠道控制力下降及区域串货等问题,这也成为M公司渠道管理的重点",窜货属于破坏性冲突的典型例子。

本章学习检查表

知识点或模块名称	初次学习		第一次复习		第二次复习	
	做对题目数/总题目数	学习日期	做对题目数/总题目数	复习日期	做对题目数/总题目数	复习日期
渠道管理概述						
不同类型商品分销渠道的构建						
渠道成员的激励						
渠道权力管理						
渠道冲突管理						
渠道差距评估						
分销渠道运行绩效评估						
分销渠道发展趋势						
案例集锦						

填写建议：

"做对题目数/总题目数"记录针对该知识点自己做题的情况，比如该知识点总题目数为10题，做对了其中7题，记录为7/10。

"学习日期"记录自己学习该知识点时的日期，建议把下一次复习的日期也写上。

本章强化测试

扫码做题

备忘录：

第五章 生产管理

学习指导

本部分是案例分析题次重点章节,大部分内容为考生生活和工作中不曾接触过的知识,学习难度较大。本章历年考查方式较固定,基本为教材原文考查,其中包括生产计划、生产作业计划、生产控制、生产作业控制和现代生产管理方式等内容,历年考查分值在 20 分左右。

本章计算题难度不会超出教材例题难度,考查实例的题目主要是案例分析题和单项选择题中的计算题,考试中所给的实例也只为提供数据而设,并不是为了增加难度,但考生要对生产中的一些概念、术语做到尽数了解、心中有数。

时间	考点或模块
Day 20	➢ 生产能力 ➢ 生产计划的含义与指标
Day 21	➢ 生产计划的编制 ➢ 产品出产进度的安排 ➢ 生产作业计划概述 ➢ 期量标准
Day 22	➢ 生产作业计划的编制 ➢ 生产控制的概念
Day 23	➢ 生产控制的基本程序 ➢ 生产控制的方式 ➢ 生产进度控制 ➢ 在制品控制
Day 24	➢ 库存控制 ➢ 生产调度 ➢ 物料需求计划、制造资源计划和企业资源计划
Day 25	➢ 精益生产管理和丰田精益生产方式 ➢ 案例集锦

▶▶▶ Day 20

➢ **考点**:生产能力

1. [单项选择题] 反映企业现实生产能力的是( )。
   A. 查定生产能力 B. 计划生产能力
   C. 设计生产能力 D. 审核生产能力

2. [多项选择题] 在企业确定生产规模，编制长远规划和确定扩建、改建方案，采取重大技术措施时，以（ ）为依据。

   A. 设备生产能力

   B. 查定生产能力

   C. 修订生产能力

   D. 设计生产能力

   E. 计划生产能力

3. [单项选择题] 新成立的企业应依据（ ）进行生产线建设。

   A. 查定生产能力

   B. 计划生产能力

   C. 设计生产能力

   D. 现实生产能力

4. [多项选择题] 影响企业生产能力的因素有（ ）。

   A. 固定资产的数量
   B. 品牌的价值

   C. 固定资产的工作时间
   D. 固定资产的生产效率

   E. 流动资产的变现时间

5. [多项选择题] 下列因素中，影响设备组生产能力的有（ ）。

   A. 时间定额
   B. 订单数量

   C. 产量定额
   D. 单位设备有效工作时间

   E. 设备数量

6. [单项选择题] 某企业拥有设备25台，每日有效工作时间7.5小时，每台设备每小时能生产10件产品，则该企业日生产能力是（ ）件。

   A. 1 875
   B. 250

   C. 1 689
   D. 1 785

7. [单项选择题] 某摩托车企业的一条装配流水线有效工作时间为每日8小时，该条流水线节拍为6分钟，则该流水线每日的生产能力是（ ）台。

   A. 75
   B. 80

   C. 90
   D. 120

8. [单项选择题] 某企业重新测算生产能力的主要依据是（ ）。

   A. 直接参加生产的员工数量
   B. 直接参加生产的原材料数量

   C. 直接参加生产的固定资产
   D. 直接参加生产的流动资产

9. [单项选择题] 生产型企业在进行生产能力核算时，应首先计算（ ）的生产能力。

   A. 设备组
   B. 工段

   C. 车间
   D. 企业

10. [单项选择题] 下列关于生产能力的说法，错误的是（ ）。

    A. 企业在一定时期内，在一定生产技术条件下，全部固定性资产所能生产某种产品的最小数量

    B. 生产能力是按照直接参加生产的固定资产来计算的

C. 生产能力必须和一定的技术组织条件联系在一起

D. 生产能力反映的是一年的实物量

11. [多项选择题] 下列因素中，影响企业生产能力的因素有（　　）。

　　A. 固定资产的工作时间　　　　　　B. 企业厂房的面积

　　C. 单位产品的台时定额　　　　　　D. 封存待调的设备

　　E. 正在检修的设备

> **考点**：生产计划的含义与指标

12. [单项选择题] 企业生产计划指标中的废品率属于（　　）指标。

　　A. 产品品种　　　　　　　　　　　B. 产品产量

　　C. 产品产值　　　　　　　　　　　D. 产品质量

13. [多项选择题] 下列生产指标中，反映产品生产过程中工作质量的指标有（　　）。

　　A. 合格率　　　　　　　　　　　　B. 产品资金利润率

　　C. 质量损失率　　　　　　　　　　D. 废品率

　　E. 成品返修率

14. [多项选择题] 下列生产指标中，属于产品产值指标的有（　　）。

　　A. 销售利润率　　　　　　　　　　B. 工业总产值

　　C. 工业商品产值　　　　　　　　　D. 工业增加值

　　E. 产销量

15. [单项选择题] 下列生产计划中，受企业现有条件的约束，且是确定企业生产水平的纲领性计划的是（　　）。

　　A. 年度生产计划　　　　　　　　　B. 中期生产计划

　　C. 生产作业计划　　　　　　　　　D. 长期生产计划

16. [单项选择题] 下列产值指标中，由新创造的价值与固定资产折旧共同构成的指标是（　　）。

　　A. 工业增加值　　　　　　　　　　B. 工业总产值

　　C. 产品产值　　　　　　　　　　　D. 工业商品产值

17. [单项选择题] 企业的生产计划类型是多种多样的，其中（　　）是企业年度经营计划的核心。

　　A. 中期计划　　　　　　　　　　　B. 长期计划

　　C. 年度计划　　　　　　　　　　　D. 生产作业计划

✎ 学习笔记

Day 21

▶ **考点**：生产计划的编制

1. [多项选择题] 下列属于生产计划编制步骤的有（　　）。
　　A. 调查研究
　　B. 统筹安排，初步提出生产计划指标
　　C. 综合平衡，编制计划方案
　　D. 生产计划大纲定稿与报批
　　E. 生产过程的控制

2. [多项选择题] 企业在编制生产计划时，需要综合平衡各种因素，其中包括（　　）。
　　A. 生产任务与生产能力之间的平衡
　　B. 生产任务与劳动力之间的平衡
　　C. 生产任务与物资供应之间的平衡
　　D. 生产任务与生产技术准备工作的平衡
　　E. 生产任务与工作时间之间的平衡

▶ **考点**：产品出产进度的安排

3. [多项选择题] 下列属于大量大批生产企业产品出产进度的安排方法的有（　　）。
　　A. 新老产品逐渐交替法
　　B. 细水长流法
　　C. 各期产量年均分配法
　　D. 各期产量均匀增长分配法
　　E. 各期产量抛物线形增长分配法

4. [单项选择题] 某大量大批生产企业，由于该企业产品需求比较稳定，在确定计划年度内各季度产量时，将全年计划产量平均分配到各季度，这种分配方法属于（　　）。
　　A. 各期产量线性增长分配法
　　B. 各期产量抛物线形增长分配法
　　C. 各期产量年均分配法
　　D. 各期产量均匀增长分配法

▶ **考点**：生产作业计划概述

5. [多项选择题] 下列关于生产作业计划的说法，正确的有（　　）。
　　A. 生产作业计划详细规定各零部件，甚至工序的进度安排
　　B. 生产作业计划详细规定为年、月、周、日和时的工作任务
　　C. 生产作业计划是生产计划工作的继续，是企业年度生产计划的具体执行计划
　　D. 编制生产作业计划的最高层级为车间级
　　E. 生产作业计划把生产任务落实到车间、工段、班组和工人

6. [多项选择题] 与生产计划相比，生产作业计划的特点有（　　）。
　　A. 计划期短
　　B. 计划内容具体
　　C. 计划单位大
　　D. 计划单位小
　　E. 计划期长

▶ **考点**：期量标准

7. [单项选择题] 在成批轮番企业生产类型中，一批产品从投入到产出的时间间隔是（　　）。
　　A. 节拍
　　B. 生产间隔期

C. 生产提前期   D. 生产周期

8. [单项选择题] 某企业成批轮番生产一种零件，生产批量为 200 件，平均日产量为 40 件，该企业这种零件的生产间隔期是（ ）天。

   A. 5   B. 15   C. 20   D. 160

9. [多项选择题] 适用于成批轮番生产企业的期量标准有（ ）。

   A. 批量   B. 节拍

   C. 生产周期   D. 生产间隔期

   E. 生产提前期

10. [单项选择题] 生产间隔期是（ ）类型企业编制生产作业计划的重要依据。

    A. 大批量流水线生产   B. 成批轮番生产

    C. 单件生产   D. 大量生产

11. [多项选择题] 下列属于单件小批量生产企业的期量标准的有（ ）。

    A. 生产周期   B. 生产提前期

    C. 生产间隔期   D. 节拍

    E. 批量

12. [单项选择题] 作为生产企业的一种期量标准，节拍适用于（ ）生产类型的企业。

    A. 单件   B. 小批

    C. 成批轮番   D. 大批量

学习笔记

Day 22

▶ **考点**：生产作业计划的编制

1. [单项选择题] 适合成批轮番生产类型企业的生产作业计划编制方法是（　　）。

A. 累计编号法　　　　　　　　　　B. 在制品定额法

C. 生产周期法　　　　　　　　　　D. 准时制法

2. [单项选择题] 某企业生产 A 型号机床，每台机床需要 A1－002 型号齿轮 1 件，相关信息及数据见下表：

在制品定额计算表

产品名称			A 型号机床
产品产量（台）			15 000
零件编号			A1－002
零件名称			齿轮
每台件数（个）			1
装配车间	1	出产量（台）	15 000
	2	废品及损耗（台）	0
	3	期末在制品定额（台）	2 000
	4	期初预计在制品结存量（台）	1 000
	5	投入量（台）	16 000
A1－002 型号齿轮零件库	6	半成品外售量（个）	500
	7	期末库存半成品定额（个）	1 500
	8	期初预计结存量（个）	1 000
齿轮加工车间	9	出产量（个）	

采用在制品定额法计算 A1－002 型号齿轮加工车间齿轮出产量为（　　）个。

A. 14 000　　　　　　　　　　　　B. 15 000

C. 16 000　　　　　　　　　　　　D. 17 000

3. [多项选择题] 下列关于提前期法的说法，正确的有（　　）。

A. 本车间投入提前期是本车间出产提前期与本车间生产周期之和

B. 提前期适用于大量生产类型企业的生产作业计划编制

C. 提前期法又称为累计编号法

D. 同一时间上，越是处于生产完工阶段的产品，其编号越小

E. 同一时间上，不同生产阶段产品的编号是随机产生的

4. [单项选择题] 下列关于安排车间生产任务的方法，正确的是（　　）。

A. 在制品定额法，又称连锁计算法，使用时需要按照车间工艺的正顺序计算，依次确定各车间的生产任务

B. 提前期法适用于大批大量生产类型企业的生产作业计划编制

C. 依据累计编号法的规则，最先生产的那一单位产品编号随机确定

D. 生产周期法适用于单件小批生产类型企业的生产作业计划编制

5. [单项选择题] 某企业运用提前期法来确定各车间的生产任务。装配车间（最后车间）10月份应生产到2 000号，产品的平均日产量为10台。该产品在机械加工车间的出产投入期为30天，则机械加工车间10月份出产的累计号是（　　）号。
    A. 600   B. 900   C. 2 300   D. 2 800

6. [单项选择题] 某企业运用提前期法来确定各车间的生产任务。装配车间（最后车间）10月份应生产到2 000号，产品的平均日产量为10台。该产品在机械加工车间的出产提前期为20天，生产周期为50天，则机械加工车间10月份投入的累计号是（　　）号。
    A. 2 500   B. 2 600
    C. 2 700   D. 2 800

7. [单项选择题] 通常情况下，生产作业计划中层级最高的是（　　）。
    A. 车间级生产作业计划   B. 班组生产作业计划
    C. 工段生产作业计划   D. 厂级生产作业计划

8. [单项选择题] 某企业运用在制品定额法来编制下一个生产周期的生产任务。在下一个生产周期，1号车间出产量为1 000件，计划允许废品及损耗量为50件，车间期末在制品定额为200件，期初预计在制品结存量为150件，1号车间下一个生产周期的投入量是（　　）件。
    A. 1 000   B. 1 100   C. 1 200   D. 1 250

9. [多项选择题] 提前期法的优点有（　　）。
    A. 各个车间可以平衡地编制作业计划   B. 不需要预计当月任务完成情况
    C. 生产任务可以自动修改   D. 可以用来检查零部件生产的成套性
    E. 需要预计当月任务完成情况

▶ 考点：生产控制的概念

10. [单项选择题] 生产控制的目的是（　　）。
    A. 提高产品价格   B. 提高生产管理的有效性
    C. 提高客户满意度   D. 提高生产产量

11. [多项选择题] 下列控制活动中，属于广义生产控制内容的有（　　）。
    A. 生产进度控制   B. 客户关系控制
    C. 库存控制   D. 质量控制
    E. 成本控制

✎ 学习笔记

Day 23

▶ **考点**：生产控制的基本程序

1. ［单项选择题］生产控制的首要步骤是（　　）。
   A. 形成反馈报告　　　　　　　　　　B. 检验实际执行情况
   C. 制定控制标准　　　　　　　　　　D. 实施执行

2. ［多项选择题］生产控制的基本程序主要包括（　　）。
   A. 制定控制标准
   B. 测量比较
   C. 编制生产计划
   D. 控制决策
   E. 实施执行

3. ［单项选择题］企业参照自身的历史水平或者同行业的先进水平制定生产标准，这种制定生产标准的方法是（　　）。
   A. 标准化法　　　　　　　　　　　　B. 定额法
   C. 分解法　　　　　　　　　　　　　D. 类比法

4. ［单项选择题］在生产控制中，通过正偏差或负偏差的确定可以判断企业的某项目标有没有达标、需不需要考虑进一步的控制，这项工作属于（　　）。
   A. 形成反馈报告　　　　　　　　　　B. 测量比较
   C. 制定控制标准　　　　　　　　　　D. 实施执行

5. ［单项选择题］在生产控制的基本程序中，控制决策的最后一步是（　　）。
   A. 实施执行　　　　　　　　　　　　B. 分析原因
   C. 效果预期分析　　　　　　　　　　D. 拟定措施

▶ **考点**：生产控制的方式

6. ［单项选择题］下列生产控制方式中，能够"实时"控制，从而确保生产活动按计划顺利进行的是（　　）。
   A. 事中控制方式　　　　　　　　　　B. 事后控制方式
   C. 事前控制方式　　　　　　　　　　D. 全员控制方式

7. ［单项选择题］下列生产控制方式中，具有反馈控制特点的是（　　）。
   A. 事前控制方式　　　　　　　　　　B. 事中控制方式
   C. 事后控制方式　　　　　　　　　　D. 全员控制方式

8. ［单项选择题］下列生产控制方式中，将控制重点放在生产前的计划与执行中有关影响因素预测上面的是（　　）。
   A. 事后控制方式　　　　　　　　　　B. 全员控制方式
   C. 事前控制方式　　　　　　　　　　D. 事中控制方式

▶ **考点**：生产进度控制

9. ［单项选择题］生产进度管理的目标是（　　）。
   A. 提前生产　　　　　　　　　　　　B. 准时生产

C. 在制品控制 D. 质量控制

10. ［多项选择题］生产进度控制的基本内容主要包括（　　）。

　　A. 投入进度控制 B. 工序进度控制
　　C. 物流进度控制 D. 出产进度控制
　　E. 供应链进度控制

11. ［单项选择题］生产控制的核心在于（　　）。

　　A. 进度管理 B. 分配作业
　　C. 测定差距 D. 制定修正措施

▶ **考点**：在制品控制

12. ［单项选择题］下列零部件和产品中，不属于在制品的是（　　）。

　　A. 半成品 B. 办完入库手续的成品
　　C. 毛坯 D. 入库前成品

13. ［单项选择题］大量大批流水线生产条件下，（　　）的在制品分为工艺在制品、运输在制品、周转在制品和保险在制品四种。

　　A. 流水线内部 B. 流水线之间
　　C. 车间内部 D. 车间之间

14. ［单项选择题］（　　）不属于在制品控制的工作内容。

　　A. 合理确定在制品管理任务
　　B. 认真确定在制品定额，加强在制品控制
　　C. 合理制定在制品控制计划
　　D. 合理存放和妥善保管在制品

15. ［多项选择题］根据所处工艺阶段的不同，在制品可以分为（　　）。

　　A. 半成品 B. 办完入库手续的成品
　　C. 毛坯 D. 入库前成品
　　E. 车间在制品

✎ 学习笔记

Day 24

▶ 考点：库存控制

1. [单项选择题] 库存物料由变质造成的损失属于（　　）。
   A. 订货成本　　　　　　　　　　　B. 沉没成本
   C. 仓储成本　　　　　　　　　　　D. 机会成本

2. [单项选择题] 由于库存不足带来的缺货损失属于（　　）。
   A. 仓储成本　　　　　　　　　　　B. 订货成本
   C. 机会成本　　　　　　　　　　　D. 存储成本

3. [单项选择题] 关于ABC库存分类管理法的说法，错误的是（　　）。
   A. A类品种种类占总品种数的10%左右，价值占库存总价值的70%左右
   B. 对于C类商品库存，则尽可能简单、宽松地控制，建立大量安全库存，低频率、大批量订货
   C. A类商品应尽可能严格控制，设立非常低的安全库存水平，高频次、小批量订货，高频率盘点
   D. C类品种种类占总品种数的10%左右，价值占库存总价值的70%左右

4. [单项选择题] 企业库存量过大的后果是（　　）。
   A. 生产系统原材料供应不足
   B. 订货次数增加
   C. 企业资源大量闲置
   D. 销售量下降

5. [单项选择题] 按照ABC分类法进行库存控制，B类物资具有的特征是（　　）。
   A. 库存物资品种累计占全部品种5%~10%，资金累计占全部资金总额70%左右
   B. 库存物资品种累计占全部品种70%，资金累计占全部资金总额10%以下
   C. 库存物资品种累计占全部品种20%，资金累计占全部资金总额20%左右
   D. 库存物资品种累计占全部品种50%，资金累计占全部资金总额50%左右

6. [单项选择题] 下列降低库存的措施中，可以降低企业周转库存的是（　　）。
   A. 缩短生产、配送周期
   B. 尽量使生产和需求相吻合
   C. 减少库存批量
   D. 使订货时间、订货批量接近需求时间和需求量

▶ 考点：生产调度

7. [单项选择题] 企业生产调度的依据是（　　）。
   A. 销售计划　　　　　　　　　　　B. 生产进度计划
   C. 产品研发计划　　　　　　　　　D. 产品产出计划

8. [单项选择题] 生产调度工作的基本要求是（　　）。
   A. 高度集中和统一　　　　　　　　B. 快速和准确
   C. 从实际出发　　　　　　　　　　D. 预防为主

▶ **考点**：物料需求计划、制造资源计划和企业资源计划

9. [单项选择题] 主生产计划是物料需求计划（MRP）的主要输入信息，主生产计划是指（　　）。
   A. 在制品净生产计划　　　　　　　B. 生产调度计划
   C. 产品出产计划　　　　　　　　　D. 车间的生产作业计划

10. [多项选择题] 企业资源计划（ERP）生产控制模块的主要内容有（　　）。
    A. 供应链管理系统　　　　　　　　B. 主生产计划
    C. 物料需求计划　　　　　　　　　D. 能力需求计划
    E. 生产现场控制

11. [单项选择题] 在物料需求计划（MRP）中，反映产品的组成结构层次及每一层次下组成部分本身的需求量的是（　　）。
    A. 主生产计划　　　　　　　　　　B. 生产调度计划表
    C. 物料清单　　　　　　　　　　　D. 甘特图

12. [单项选择题] 下列属于企业资源计划（ERP）特点的是（　　）。
    A. 将经营的多企业、多地区、多国家联系在一起
    B. 强调事后控制
    C. 仅应用于生产企业
    D. 仅能适应企业内部资源的配置和管理

学习笔记

Day 25

▶ **考点**：精益生产管理和丰田精益生产方式

1. [单项选择题] 丰田精益生产方式最基本的理念是（　　）。
  A. 安全生产
  B. 从顾客的需求出发，杜绝浪费
  C. 追求尽善尽美
  D. 柔性化生产

2. [单项选择题] 准时制（JIT）本质上是一个（　　）生产系统。
  A. 推动式
  B. 拉动式
  C. 反馈式
  D. 自由式

3. [多项选择题] 在丰田生产方式中，看板的功能主要包括（　　）。
  A. 提升员工满意度
  B. 实施目视管理
  C. 防止过量运送
  D. 防止过量生产
  E. 显示生产以及运送的工作指令

4. [多项选择题] 丰田生产方式是一个包容了多种制造技术和管理技术的综合技术体系，其具体的思想和手段主要包括（　　）。
  A. 准时制
  B. 自动化
  C. 差异化
  D. 标准化作业
  E. 看板管理系统

▶ **模块**：案例集锦

5. [案例分析题] 某机电生产企业生产单一机电产品，其生产计划部门运用提前期法来确定机电产品在各车间的生产任务。甲车间是生产该种机电产品的最后车间，2018年11月份应生产到3 000号，产品的平均日产量为100台。该种机电产品在乙车间的出产提前期为20天，生产周期为10天。假定各车间的生产保险期为0天。

根据以上材料，回答下列问题：

(1) 该企业运用提前期法编制生产作业计划，可以推测该企业属于（　　）类型企业。
  A. 单件生产
  B. 大量生产
  C. 成批生产
  D. 小批量生产

(2) 乙车间2018年11月份出产产品的累计号是（　　）号。
  A. 4 600
  B. 5 000
  C. 4 800
  D. 5 500

(3) 乙车间2018年11月份投入生产的累计号是（　　）号。
  A. 5 500
  B. 5 600
  C. 8 800
  D. 6 000

(4) 该企业运用提前法编制生产作业计划，优点是（　　）。
  A. 可以用来检查零部件生产的成套性
  B. 生产任务可以自动修改
  C. 提高生产质量
  D. 各个车间可以平衡地编制作业计划

6. [案例分析题] 某企业生产甲、乙、丙、丁四种产品，各种产品在铣床组的台时定额分别为 50 小时、40 小时、30 小时、50 小时；铣床组共有铣床 10 台，每台铣床的年有效工作时间为 4 200 小时；甲、乙、丙、丁四种产品计划年产量分别为 180 台、250 台、300 台、200 台。该企业采用代表产品法进行多品种生产条件下铣床组生产能力核算，以丁产品为代表产品。

根据以上材料，回答下列问题：

(1) 以丁产品为代表产品，甲产品折合成代表产品后的计划年产量为（　　）台。
  A. 210 B. 190
  C. 200 D. 180

(2) 如果代表产品生产总量为 760 台，折合成乙产品年生产量为 200 台，乙产品的产量比重为（　　）。
  A. 0.323 B. 0.273
  C. 0.263 D. 0.243

(3) 如果丙产品产量占全部产品产量比重是 0.237，则丙产品年生产量为（　　）台。
  A. 332 B. 293
  C. 232 D. 198

(4) 选择丁产品为代表产品，说明该产品在（　　）方面具有代表性。
  A. 专业方向 B. 产量
  C. 产品结构 D. 生产工艺

✎ 学习笔记

第五章　生产管理

参考答案及解析

Day 20

1. B [解析] 计划生产能力也称现实生产能力，是根据现有的生产组织条件和技术水平等因素所能够实现的生产能力。

2. BD [解析] 设计生产能力、查定生产能力用在编制长远规划和确定扩建、改建方案，采取重大技术措施时；计划生产能力用在编制企业年度、季度计划时。

3. C [解析] 根据题目信息"新成立的企业，生产线建设"，即在进行基本建设时，可知应依据设计生产能力进行生产线建设。

> **考点再现**
>
> Q_{1-3}　生产能力的种类包括设计生产能力、查定生产能力和计划生产能力。
>
> | 种类 | 内容 |
> | --- | --- |
> | 设计生产能力 | 在企业搞基本建设时，在设计任务书和技术文件中所写明的生产能力 |
> | 查定生产能力 | 它为研究企业当前生产运作问题和今后的发展战略提供了依据 |
> | 计划生产能力 | 又称"现实生产能力"，是企业在计划期内根据现有的生产组织条件和技术水平等因素所能够实现的生产能力 |

4. ACD [解析] 影响企业生产能力的因素包括固定资产的数量、固定资产的工作时间、固定资产的生产效率。

5. ACDE [解析] 根据公式，设备组的生产能力＝单位设备有效工作时间×设备数量×产量定额；设备组的生产能力＝单位设备有效工作时间×设备数量/时间定额，故 A、C、D、E 四项正确。

6. A [解析] 设备组生产能力＝单位设备的有效工作时间×设备数量×产量定额；根据题干代入数据得：设备组生产能力＝7.5×25×10＝1 875（件）。

> **考点再现**
>
> Q_{5-6}　设备组的生产能力的计算涉及两个公式：①设备组的生产能力＝单位设备有效工作时间×设备数量×产量定额；②设备组的生产能力＝单位设备有效工作时间×设备数量/时间定额。

7. B [解析] 流水线生产能力＝8×60/6＝80（台）。

> **考点再现**
>
> Q_7　流水线生产能力＝流水线有效工作时间/流水线节拍。

8. C [解析] 企业的生产能力是按照直接参加生产的固定资产来计算的。

9. A [解析] 生产能力的核算，是根据决定生产能力的三个主要因素，在查清和采取措施的基础上，首先计算设备组的生产能力，平衡后确定小组、工段、车间的生产能力。

10. A [解析] 生产能力指的是企业在一定时期内，在一定生产技术条件下，全部固定性资产所能生产某种产品的最大数量，而不是最小数量，故 A 项错误。

11. ABCE [解析] 影响企业生产能力的因素包括：固定资产的数量、固定资产的工作时间、固定资产的生产效率。其中，固定资产的数量包括设备的数量和生产面积。设备的数量包括正在运转的和正在检修、安装或准备检修的设备、暂时没有任务而停用的设备，但不包括已报废的、不配套的、封存待调的设备和企业备用的设备。生产面积包括企业厂房和其他生产用建筑物的面积。固定资产的生产效率是指单位机器设备的产量定额或单位产品的台时定额，单位时间、单位面积的产量定额或单位产品生产面积占用额。

12. D [解析] 废品率、质量损失率、成品返修率都属于产品质量指标。

13. CDE [解析] 产品质量指标包括质量损失率、废品率、成品返修率等。

14. BCD [解析] A项属于产品品种指标；E项属于产品产量指标。

● 考点再现

Q_{12-14} 生产计划指标包括产品品种指标、产品质量指标、产品产量指标和产品产值指标。

指标	内容
产品品种指标	企业在报告期内规定生产产品的名称、型号、规格和种类
产品质量指标	衡量企业经济状况和技术发展水平的重要标志之一，包括两大类：一类是反映产品本身内在质量的指标，主要是产品平均技术性能、产品质量分等；一类是反映产品生产过程中工作质量的指标，如质量损失率、废品率、成品返修率等
产品产量指标	企业在一定时期内生产的，并符合产品质量要求的实物数量
产品产值指标	能综合反映企业生产经营活动成果，以便进行不同行业间比较，包括工业总产值、工业商品产值、工业增加值

15. A [解析] 年度生产计划是以计划期内的市场状况和充分利用现有生产能力为依据制定的企业生产纲领，是考核企业生产水平和经营状况的主要依据。

16. A [解析] 工业增加值减少了工业总产值的一些重复计算部分，更加真实地体现了企业的生产活动成果，工业增加值的价值构成是新创造的价值加固定资产折旧。B项，工业总产值是指以货币形式表现的工业企业在报告期内生产的工业产品总量，包括成品价值、工业性作业价值和自制半成品、自制设备、在制品期末期初结存差额价值。C项，产品产值属于大类，A、B、D三项都是产品产值指标。D项，工业商品产值是工业企业在一定时期内生产的预定发售到企业外的工业产品的总价值，通过商品产值和实际销售收入的比较，可体现出企业生产和市场需求的吻合程度。

17. C [解析] 生产计划包括：①长期生产计划，指生产战略计划，是服务于企业的总体发展战略，计划期一般为3～5年。②中期生产计划，计划期一般为2～3年。它是根据企业运营发展战略，对中期的产品品种大类、产品总量规模、企业生产能力的增长水平、企业重大技术改造和设备投资、生产组织形式的调整、产能调整、员工规模等方面所作的规划。③年度生产计划，以现实的市场状况和充分利用现有生产能力为依据制定的企业的生产纲领。年度生产计划是企业年度经营计划的核心，计划期为1年。④生产作业计划，企业年度生产计划的具体化。

Day 21

1. ABCD [解析] 生产计划编制的步骤包括：①调查研究；②统筹安排，初步提出生产计划指标；③综合平衡，编制计划方案；④生产计划大纲定稿与报批。

2. ABCD [解析] 综合平衡的主要内容包括：①生产任务与生产能力之间的平衡；②生产任务与劳动力之间的平衡；③生产任务与物资供应之间的平衡；④生产任务与生产技术准备工作的平衡等。

3. CDE [解析] 大量大批生产企业生产进度安排的方法包括各期产量年均分配法、各期产量均匀增长分配法、各期产量抛物线形增长分配法。A、B两项属于成批生产的方法。

4. C [解析] 根据题目信息"将全年计划产量平均分配"分析，可知为各期产量年均分配法，故选C项。

5. ACE [解析] 生产计划的计划期常常表现为季、月，而生产作业计划详细规定为周、日和时的工作任务，B项错误。编制生产作业计划的最高层级为厂级，D项错误。

6. ABD [解析] 生产作业计划的特点包括：①计划期短；②计划内容具体；③计划单位小。C、E两项属于生产计划的特点。

7. D [解析] 生产周期指的是一批产品或零件从投入到产出的时间间隔；节拍是大批大量企业的期量标准；生产间隔期是指相邻两批相同产品或零件投入的时间间隔或出产的时间间隔；生产提前期是指产品或零件在各工艺阶段投入或产出时间与成品出产时间相比所要提前的时间。

8. A [解析] 根据公式，生产间隔期＝批量/平均日产量＝200/40＝5（天）。

9. ACDE [解析] 适用于成批轮番生产企业的期量标准包括批量、生产周期、生产间隔期、生产提前期。节拍是大批大量生产企业的期量标准，故B项错误。

10. B [解析] 适用于成批轮番生产企业的期量标准包括批量、生产周期、生产间隔期、生产提前期。

11. AB [解析] 属于单件小批量生产企业的期量标准有生产周期、生产提前期等。

12. D [解析] 节拍是大批量流水线上前后两个相邻加工对象投入或出产的时间间隔。

●考点再现

Q_{9-12} 期量标准：

期量标准	内容
大批大量生产企业的期量标准	节拍或节奏、流水线的标准工作指示图表、在制品定额等
成批轮番生产企业的期量标准	批量、生产周期、生产间隔期、生产提前期等
单件小批生产企业的期量标准	生产周期、生产提前期等

Day 22

1. A [解析] 提前期法又称累计编号法，适用成批生产类型企业的生产作业计划编制。

2. D [解析] 题目要求计算齿轮加工车间的出产量，根据公式，本车间出产量＝后续车间投入量＋本车间半成品外售量＋本车间期末库存半成品定额－本车间期初预计库存半成品结存量＝16 000＋500＋1 500－1 000＝17 000（个）。

3. ACD [解析] 本车间投入提前期＝本车间出产提前期＋本车间生产周期，A项正确；提前期法适用于成批生产类型企业，B 项错误；提前期法又称为累计编号法，C 项正确；同一时间上，越是处于生产完工阶段的产品，其编号越小，D 项正确；不同生产阶段产品的编号不是随机产生的，E 项错误。

4. D [解析] A 项，在制品定额法，又称连锁计算法，使用这种方法时，需要按照工艺反顺序计算方法；B 项，提前期法又称累计编号法，适用于成批生产类型企业的生产作业计划编制；C 项，在使用累计编法时，最先生产的那一单位产品编号为 1 号，依次类推累计编号。

5. C [解析] 根据公式，本车间出产累计号＝最后车间出产累计号＋本车间出产投入期×最后车间平均日产量＝2 000＋10×30＝2 300（号）。

6. C [解析] 根据公式，本车间投入累计号＝最后车间出产累计号＋本车间投入提前期×最后车间平均日产量；投入提前期＝出产提前期＋生产周期＝20＋50＝70（天）；则投入累计号＝2 000＋10×70＝2 700（号）。

7. D [解析] 生产作业计划通常分为许多层次，如厂级生产作业计划、车间级生产作业计划、工段生产作业计划和班组生产作业计划，甚至到每台机床和每个操作者。按常理可知，厂级生产作业计划是层级最高的，故选 D 项。

8. B [解析] 根据公式，本车间投入量＝本车间出产量＋本车间计划允许废品数＋（本车间期末在制品定额－本车间期初在制品预计数）＝1 000＋50＋200－150＝1 100（件）。

9. ABCD [解析] 提前期法的优点包括：①各个车间可以平衡地编制作业计划；②不需要预计当月任务完成情况；③生产任务可以自动修改；④可以用来检查零部件生产的成套性。

10. B [解析] 生产控制的目的是提高生产管理的有效性。

11. ACDE [解析] 广义的生产控制包括计划安排、生产进度控制及调度、库存控制、质量控制、成本控制等。

Day 23

1. C [解析] 生产控制的程序为：①制定控制标准；②测量比较；③控制决策；④实施执行。其中，首要步骤是"制定控制的标准"。

2. ABDE [解析] 生产控制的程序为：①制定控制标准；②测量比较；③控制决策；④实施执行。

3. D [解析] 类比法是指参照本企业的历史水平制定标准，也可参照同行业的先进水平制定标准。

4. B [解析] 通过关键信息"通过正偏差或负偏差的确定"可以看出，该工作属于生产控制基本程序的第二步"测量比较"。

5. C [解析] 控制决策分为三步：①分析原因；②拟定措施；③效果预期分析。
[注意] 本题题目为"控制决策的最后一步"，不是"生产控制程序的最后一步"。

6. A [解析] 事中控制方式属于"实时"控制，控制的重点是当前的生产过程。

7. C [解析] 事后控制方式属于反馈控制，控制的重点是下一期的生产活动。

●考点再现

Q_{6-7} 事中控制方式属于"实时"控制，控制的重点是当前的生产过程；事前控制方法属于前馈控制，控制的重点是在事前计划与执行中有关影响因素的预测上；事后控制方式属于反馈控制，控制的重点是下一期的生产活动。

8. C [解析] 事前控制是将控制重点放在生产前的计划与执行中有关影响因素预测上面,故选C项。

9. B [解析] 生产进度控制目的在于依据生产作业计划,检查零部件的投入和出产数量、出产时间和配套性、保证产品能准时装配出厂,即准时生产。

10. ABD [解析] 生产进度控制的内容包括投入进度控制、工序进度控制和出产进度控制。

11. A [解析] 生产控制的核心在于进度管理。

12. B [解析] 在制品是指从原材料、外购件等投入生产起到经检验合格入库之前,存在于生产过程中各个环节的零部件和产品,根据所处的不同工艺阶段,把在制品分为毛坯、半成品、入库前成品和车间在制品。

13. A [解析] 流水线内部的在制品有工艺在制品、运输在制品、周转在制品和保险在制品之分。C、D两项属于成批生产条件下在制品定额的制定。

14. C [解析] 在制品控制的工作内容包括:①合理确定在制品管理任务和组织分工;②认真确定在制品定额,加强在制品控制,做好统计与核查工作;③建立、健全在制品的收发与领用制度;④合理存放和妥善保管在制品。

15. ACDE [解析] 在制品是指从原材料、外购件等投入生产起到经检验合格入库之前,存在于生产过程中各个环节的零部件和产品。根据所处工艺阶段的不同,在制品可分为毛坯、半成品、入库前成品和车间在制品,不包括办完入库手续的成品。

Day 24

1. C [解析] 库存物料由变质、陈旧、损坏、丢失等造成的损失属于仓储成本。

2. C [解析] 机会成本包括:①由库存不足带来的缺货损失;②物料本身占用一定资金,企业会失去将这部分资金改作他用的机会,由此造成的损失。

●考点再现

Q_{1-2} 库存管理成本:

成本	内容
仓储成本	维持库存物料本身所需花费,包括存储成本、搬运和盘点成本、保险和税收以及库存物料由变质、陈旧、损坏、丢失等造成的损失及购置库存物料所占用资金的利息等
订货成本	每次订购物料所需联系、谈判、运输、检验等费用
机会成本	包括两个内容,其一是由库存不够带来的缺货损失,其二是物料本身占用一定资金,企业会失去将这部分资金改作他用的机会,由此给企业造成的损失

3. D [解析] ABC库存分类管理法的主要内容如下:

项目	种类占总品种数比例	价值占库存总价值比例	控制策略
A类	10%左右	70%左右	严格控制,设立非常低的安全库存水平,高频次、小批量订货,高频率盘点,保持完整和精确的库存记录,给予最高的处理优先权等
B类	20%左右	20%左右	适度控制
C类	70%左右	10%左右	尽可能简单、宽松地控制,建立大量安全库存,低频率、大批量订货,花费尽可能少的时间盘点库存

由上表可知，C类品种种类占总品种数的70%左右，价值占库存总价值的10%左右，D项错误。

4. C [解析] 库存过大带来的问题：①增加仓库面积和库存保管费用，从而提高了产品成本；②占用大量的流动资金；③造成产品和原材料的有形损耗和无形损耗；④造成企业资源的大量闲置；⑤掩盖了企业生产经营全过程的各种矛盾和问题，不利于企业提高管理水平。

5. C [解析] 将库存物资品种累计占全部品种20%，资金累计占全部资金总额20%左右的物资定为B类物资。A项属于A类物资；B项属于C类物资。

6. C [解析] 降低周转库存的基本做法是减少库存批量，故选C项；A项为降低在途库存的策略；B项为降低调节库存的策略；D项为降低安全库存的措施。

7. B [解析] 生产调度是组织执行生产进度计划的工作，对生产计划的监督、检查和控制，发现偏差及时调整的过程。生产调度以生产进度计划为依据，生产进度计划要通过生产调度来实现。

8. B [解析] 生产调度工作的基本要求是快速和准确，当然还有一些其他要求，比如必须以生产进度计划为依据，必须高度集中和统一，要以预防为主，并且要从实际出发，贯彻群众路线。

9. C [解析] 主生产计划又称"产品出产计划"，是物料需求计划的最主要输入，表明企业向社会提供的最终产品数量，它由客户订单、销售预测和备件需求所决定。

10. BCDE [解析] ERP中生产模块包括主生产计划、物料需求计划、能力需求计划、生产现场控制、制造标准等。

11. C [解析] 物料清单又称产品结构文件，反映了产品的组成结构层次及每一层次下组成部分本身的需求量。

12. A [解析] 企业资源计划（ERP）的特点包括：①ERP的管理范围可以扩展到企业外部，实现完整地面向供应链各个环节的有效管理，体现对整个供应链资源进行管理的思想。②ERP将供应链物料流通体系中产、供、需等环节的运输管理、仓库管理，支持生产保障体系的质量管理、实验室管理、设备维修、配件管理等纳入其中，使得管理功能大大加强。③ERP由单一型生产方式向混合型生产方式发展，能较好地支持和管理混合型制造环境，满足企业多元化经营需求，体现精益生产、敏捷生产的思想。④ERP以企业管理体系为主，支持在线分析处理、售后服务及质量反馈，突出强调事前控制，使事前控制与事中控制相结合。⑤运用ERP可以将多企业、多地区或多国家相联结。⑥ERP不仅可以应用于生产企业，也可以应用于非生产企业以及从事公益事业的企业。⑦ERP在计算机网络的应用程度上更为深化。

Day 25

1. B [解析] TPS最基本的理念就是从顾客的需求出发，杜绝浪费任何一点材料、人力、时间、空间、能量和运输等资源。

2. B [解析] 准时制（JIT）本质上是一个拉动式的生产系统，更有效的响应了顾客需要。

3. BCDE [解析] 看板的功能包括：①显示生产以及运送的工作指令；②防止过量生产和过量运送；③进行目视管理的工具；④改善的工具。

4. ABDE [解析] 丰田生产方式的具体思想和手段包括六点：准时制和自动化、标准化作业、多技能作业员、看板管理系统、全员参与的现场改善活动、全面质量管理。

5. (1) C [解析] 提前期法又称累计编号法，适用于成批生产类型企业的生产作业计划编制，故选 C 项。

   (2) B [解析] 根据公式，本车间出产累计号数＝最后车间出产累计号＋本车间的出产提前期×最后车间平均日产量＝3 000＋20×100＝5 000（号）。

   (3) D [解析] 根据公式，本车间投入累计号数＝最后车间出产累计号＋本车间的投入提前期×最后车间平均日产量＝3 000＋(20＋10)×100＝6 000（号）。

   (4) ABD [解析] 提前期法的优点包括：①各个车间可以平衡地编制作业计划；②不需要预计当月任务完成情况；③生产任务可以自动修改；④可以用来检查零部件生产的成套性。

6. (1) D [解析] 第一步，以丁为代表产品，甲产品的换算系数为：$K_\text{甲}=\dfrac{t_\text{甲}}{t_\text{丁}}=\dfrac{50}{50}=1$。第二步，将具体产品的计划产量换算为代表产品的产量，计算公式如下：$Q_\text{丁甲}=K_\text{甲} Q_\text{甲}=1\times 180=180$（台）。

   (2) C [解析] 根据公式，代入相关数值，计算各具体产品产量占全部产品产量比重（以代表产品为依据），计算公式如下：$w_i=\dfrac{Q_{di}}{\sum\limits_{i=1}^{n} Q_{di}}=\dfrac{200}{760}\approx 0.263$。

   (3) A [解析] 根据已知条件"该企业采用代表产品法进行多品种生产条件下铣床组生产能力核算，以丁产品为代表产品"，则以选定的代表产品丁来计算生产能力，计算公式如下：第一步，计算代表产品生产能力。$M_\text{丁}=\dfrac{FS}{t_\text{丁}}=\dfrac{4\,200\times 10}{50}=840$（台）；第二步，计丙产品的换算系数：$K_\text{丙}=\dfrac{t_\text{丙}}{t_\text{丁}}=\dfrac{30}{50}=0.6$；第三步，计算具体产品丙的生产能力，计算公式如下：$M_\text{丙}=\dfrac{w_\text{丙} M_\text{丁}}{K_\text{丙}}=\dfrac{0.237\times 840}{0.6}=331.8\approx 332$（台）。

   (4) ACD [解析] 代表产品是反映企业专业方向、产量较大、占用劳动较多、产品结构和工艺上具有代表性的产品。

本章学习检查表

知识点或模块名称	初次学习		第一次复习		第二次复习	
	做对题目数/总题目数	学习日期	做对题目数/总题目数	复习日期	做对题目数/总题目数	复习日期
生产能力						
生产计划的含义与指标						
生产计划的编制						
产品出产进度的安排						
生产作业计划概述						
期量标准						
生产作业计划的编制						
生产控制的概念						
生产控制的基本程序						
生产控制的方式						
生产进度控制						
在制品控制						
库存控制						
生产调度						
物料需求计划、制造资源计划和企业资源计划						
精益生产管理和丰田精益生产方式						
案例集锦						

填写建议：

"做对题目数/总题目数"记录针对该知识点自己做题的情况，比如该知识点总题目数为10题，做对了其中7题，记录为7/10。

"学习日期"记录自己学习该知识点时的日期，建议把下一次复习的日期也写上。

本章强化测试

扫码做题

备忘录：

第六章　物流管理

学习指导

本章主要知识点出自绿色物流、供应链管理、包装、装卸搬运、流通加工、仓储管理、运输管理、配送管理等，涉及知识内容较多。本章历年考查分值在 11 分左右。本章涉及的计算公式较多，需熟记公式，灵活掌握，多做相关题目加以练习。

时间	考点或模块
Day 26	▶物流的概念与功能 ▶绿色物流、第三方物流与供应链管理
Day 27	▶包装 ▶包装技术和方法
Day 28	▶装卸搬运 ▶流通加工 ▶仓储与仓储合理化
Day 29	▶仓储设施与设备 ▶仓储作业流程管理
Day 30	▶库存管理 ▶运输管理
Day 31	▶配送管理

Day 26

▶ **考点**：物流的概念与功能

1. [单项选择题] 下列选项中，不属于物流基本功能的是（　　）。
   A. 信息处理　　　　　　　　　　B. 增效
   C. 装卸搬运　　　　　　　　　　D. 运输

2. [单项选择题] 物流的功能之一是实现物流在时间上的优化配置，消除生产和消费之间的时间差。这是指物流具有（　　）功能。
   A. 运输　　　　　　　　　　　　B. 储存
   C. 装卸搬运　　　　　　　　　　D. 流通加工

3. [单项选择题] 物品在从生产领域向消费领域流动的过程中，增加了物流系统的服务功能，提高了物流对象的附加价值，降低了物流系统的成本。这是指物流具有（　　）功能。
   A. 运输　　　　　　　　　　　　B. 储存
   C. 装卸搬运　　　　　　　　　　D. 流通加工

4. [多项选择题] 下列关于物流含义的说法，正确的有（　　）。
   A. 物流活动不创造价值　　　　　B. 物流服务是典型的实物形态的商品

C. 物流服务是商品 D. 物流活动不可以创造空间价值

E. 物流活动是生产性服务活动

> **考点：** 绿色物流、第三方物流与供应链管理

5. [多项选择题] 绿色物流是物流操作和管理全过程的绿色化，其绿色化的含义有（　　）。

   A. 一次性包装 B. 顺向物流

   C. 绿色仓储 D. 绿色运输

   E. 集约资源

6. [多项选择题] 下列关于物流管理和供应链管理的说法，正确的有（　　）。

   A. 供应链涉及原材料、零部件等物料在企业间的流动，而物流涉及商流、物流、信息流、资金流的集成

   B. 物流管理将每个企业作为网络中的节点，追求多个企业的全局优化，供应链管理采用运筹学等方法研究物流优化

   C. 物流管理侧重局部操作层面的问题，供应链管理侧重全局战略层面的问题

   D. 物流管理只涉及物流路径范围的业务，供应链管理把对成本有影响和在满足客户需求时的供应链各方都考虑在内

   E. 物流管理关注企业的供应、存储、分销，供应链管理关注企业之间达成多赢的战略合作

7. [单项选择题] 第三方物流模式的价值体现在（　　）。

   A. 提高企业成本

   B. 提高企业顾客服务水平和质量

   C. 供应链管理

   D. 绿色物流

8. [多项选择题] 下列属于供应链管理的含义的有（　　）。

   A. 供应链管理强调企业间的合作

   B. 供应链管理是一种集成化的管理模式

   C. 供应链管理以客户和最终用户为中心

   D. 供应链管理以提高社会价值为目标

   E. 供应链管理以降低成本为目的

✎ 学习笔记

Day 27

▶ **考点**：包装

1. [单项选择题] 可以防止异物混入、污物污染、丢失、散失，这是包装的（　　）功能。
 A. 保护
 B. 方便
 C. 销售
 D. 美化

2. [单项选择题] 下列选项中，不属于包装的功能的是（　　）。
 A. 保护功能
 B. 方便功能
 C. 销售功能
 D. 美化功能

3. [多项选择题] 下列关于包装的说法，正确的有（　　）。
 A. 包装能防止异物混入，说明包装具有方便功能
 B. 封口和捆扎属于包装操作的步骤
 C. 包装材料的选择对包装功能的发挥有重要影响
 D. 充氮属于防潮包装技法
 E. 集装化包装的形式包括集装箱、托盘、集装袋、货捆、框架

4. [单项选择题] 下列包装材料中，有不易破碎、不透气、防潮、防光，能有效保护内装物，具有良好的延展性，在包装上的应用成本高、能耗大特点的是（　　）。
 A. 木材材料
 B. 塑料包装材料
 C. 金属包装材料
 D. 玻璃包装材料

5. [单项选择题] 化肥适用的包装形式是（　　）。
 A. 集装箱
 B. 集装袋
 C. 货捆
 D. 框架

▶ **考点**：包装技术和方法

6. [单项选择题] 在运输枕芯等松泡产品的过程中，为了减少运输物品所占用的容积降低运输储存费用，最适合使用的包装技法是（　　）。
 A. 将其合理置放、固定和加固
 B. 对其进行体积压缩
 C. 合理选择包装的形状尺寸
 D. 捆扎

7. [多项选择题] 下列属于包装的一般技术和方法的有（　　）。
 A. 防潮包装技法
 B. 合理选择包装的形状尺寸
 C. 对松泡产品进行体积压缩
 D. 对内装物合理置放、固定和加固
 E. 缓冲包装技法

8. [单项选择题] 在金属表面涂覆防锈材料，采用塑料封存、充氮的包装技法是（　　）。
 A. 防潮包装技法
 B. 防锈包装技法
 C. 缓冲包装技法
 D. 防霉包装技法

✎ 学习笔记

Day 28

▶ 考点：装卸搬运

1. [多项选择题] 下列选项中，属于装卸搬运作业的特点的有（　　）。
   A. 装卸搬运作业量大、对象复杂
   B. 装卸搬运作业均衡
   C. 装卸搬运作业对安全性要求高
   D. 装卸搬运作业具有伴生性
   E. 装卸搬运作业不具有起讫性

2. [多项选择题] 关于装卸搬运作业特点的说法，正确的有（　　）。
   A. 装卸搬运和其他物流环节密不可分，具有伴生性和附属性
   B. 各物流活动几乎都需要有装卸搬运作业的衔接，作业量大
   C. 流通领域中各物流节点的装卸搬运作业不均衡
   D. 装卸搬运作业的安全性指的是所装卸搬运物品的安全
   E. 货物的形态、重量、体积和包装方法不同，会有不同的装卸搬运作业要求

3. [多项选择题] 下列属于装卸搬运作业合理化措施的有（　　）。
   A. 减少搬运工具的使用量
   B. 提高货物的装卸搬运活性
   C. 实现装卸搬运作业省力化
   D. 合理利用装卸搬运机械设备
   E. 提高搬运人员的专业素养

4. [单项选择题] 下列关于活性指数的说法，正确的是（　　）。
   A. 装卸搬运活性指物流过程中的货物进行装卸搬运作业的方便或者难易程度
   B. 根据货物搬运过程中产生的动作多少，将货物搬运的难易程度划分为4级
   C. 活性指数越大，其装卸搬运活性越高，即货物越难装卸搬运
   D. 活性指数越小，其装卸搬运活性越低，即货物越容易装卸搬运

5. [多项选择题] 下列关于活性指数的说法，错误的有（　　）。
   A. 根据货物搬运过程中产生的动作多少，将货物搬运的难易程度划分为5级，分别用1级、2级、3级、4级、5级表示
   B. 平均活性指数一般用σ表示，其大小是确定改变搬运方式的信号
   C. 当$0.5<σ<1.3$时，可采用叉车或动力搬运车的装卸搬运方式
   D. 当$σ<0.5$时，可采用叉车或动力搬运车的装卸搬运方式
   E. 当$σ>2.3$时，说明装卸搬运系统多数处于活性指数为3的状态，可以选用拖车或机车车头拖挂的装卸搬运方式

▶ 考点：流通加工

6. [多项选择题] 流通加工与生产加工的区别主要体现在（　　）。
   A. 管理职能不同
   B. 加工深度不同
   C. 加工对象不同
   D. 责任人不同
   E. 附加价值不同

7. [单项选择题] 下列流通加工活动中,能够提高商品利用率的是( )。
   A. 水产品的保鲜加工　　　　　　　　B. 钢材集中套裁下料
   C. 超市提供的净菜加工　　　　　　　D. 自行车消费地装配

8. [多项选择题] 下列关于流通加工合理化的说法,正确的有( )。
   A. 通过流通加工有效促进消费,使商流合理化
   B. 节约能源、设备、人力耗费是重要考虑因素
   C. 加工和配送结合,在配送节点设置流通加工,提高配送服务水平
   D. 追求企业微观效益最大化,与生产企业争利
   E. 有效衔接干线运输与支线运输,促进两种运输形式的合理化

▶ **考点**:仓储与仓储合理化

9. [多项选择题] 仓储的功能有( )。
   A. 货物分拣功能　　　　　　　　　　B. 保管检验功能
   C. 成本管理功能　　　　　　　　　　D. 调节功能
   E. 防范风险功能

10. [多项选择题] 仓储合理化的评判标准包括( )。
    A. 仓储质量　　　　　　　　　　　　B. 仓储数量
    C. 储存时间　　　　　　　　　　　　D. 仓储结构
    E. 仓储环境

11. [单项选择题] 下列选项中,仓储管理实施过程不合理的是( )。
    A. 用 ABC 分类法对物品进行分类管理
    B. 采用先进先出方式提高货物周转率
    C. 快进后出,先进的物品后出库,节约物品的寻找、取出时间,同时减少差错
    D. 提高储存密度,提高仓容利用率

✎ **学习笔记**

Day 29

▶ 考点：仓储设施与设备

1. ［多项选择题］按使用范围不同，仓库可分为的类型有（　　）。
   A. 特种仓库 B. 恒温恒湿仓库
   C. 自用仓库 D. 营业仓库
   E. 公用仓库

2. ［单项选择题］某零售商企业专门为了经营储运业务而修建仓库，该仓库修建在客户相对集中、交通便利的地方，便于为客户服务，该企业修建的此仓库的类型是（　　）。
   A. 自用仓库 B. 公用仓库
   C. 营业仓库 D. 普通仓库

3. ［单项选择题］某连锁超市订购的 4 吨加碘盐即将到库，入 A1 货区上架储存。A1 货区货架长 4 米、宽 1 米、高 2 米，货架的容积充满系数为 60%，上架存放货品的单位质量为 140 千克/立方米，则需要（　　）个货架。（计算结果保留整数）
   A. 5 B. 6
   C. 7 D. 8

4. ［多项选择题］按结构特征不同，托盘可分为的类型有（　　）。
   A. 平托盘 B. 专用托盘
   C. 柱式托盘 D. 轮式托盘
   E. 循环性托盘

5. ［单项选择题］某公司仓库 A 区为托盘存储区，每小时进出该库区的商品有 1 200 件（单件尺寸基本相同），每个托盘的平均使用周期为 10 小时，托盘的标准装载量为 19 件，平均装载效率为 90%，则需要（　　）个托盘。（计算结果保留整数）
   A. 500 B. 1 200
   C. 1 500 D. 2 000

▶ 考点：仓储作业流程管理

6. ［单项选择题］烟、香皂、茶不可放在一起是体现了货位分配原则中的（　　）。
   A. 商品同一性原则 B. 商品相关性原则
   C. 商品类似性原则 D. 商品相容性原则

7. ［单项选择题］把同一商品储放在同一保管位置体现了货位分配原则中的（　　）。
   A. 以周转率为基础的原则 B. 商品同一性原则
   C. 商品相关性原则 D. 商品类似性原则

8. ［单项选择题］下列储存策略中，（　　）策略每一种商品都有固定的货位储存，优点是：便于拣货人员熟悉货品货位；货位可按周转大小安排，以缩短出入库搬运距离；可针对各种商品的特性做出货位调整，将不同特性商品间的相互影响减至最小。
   A. 定位储存 B. 随机储存
   C. 分类储存 D. 分类随机储存

9. ［单项选择题］下列储存策略中，（　　）策略既具有分类储存的部分优点，又可节省货位数量，提高空间利用率。

A. 定位储存　　　　　　　　　　B. 随机储存

C. 分类储存　　　　　　　　　　D. 分类随机储存

10. [单项选择题] 下列关于商品入库验收的程序的表述，正确的是（　　）。

　　A. 做好验收准备工作→核对资料凭证→实物检验→建立货物档案

　　B. 做好验收准备工作→建立货物档案→实物检验→核对资料凭证

　　C. 核对资料凭证→做好验收准备工作→实物检验→建立货物档案

　　D. 做好验收准备工作→实物检验→核对资料凭证→建立货物档案

11. [单项选择题] 某公司甲仓库中有 300 吨商品要移至乙仓库中储存，乙仓库中该商品每平方米的最高储存量为 5 吨，那么这 300 吨商品需要占用（　　）平方米的货位。

　　A. 60　　　　　　　　　　　　B. 70

　　C. 80　　　　　　　　　　　　D. 50

12. [单项选择题] 某公司 G 仓库中有 200 台商品要移至 H 仓库中储存，该种商品的堆码极限为 2 层，单件商品的外形尺寸为：长 80 厘米、宽 60 厘米、高 60 厘米，如果可以按堆码极限进行就地堆码，这 200 台商品需要占用（　　）平方米的货位。

　　A. 48　　　　　　　　　　　　B. 64

　　C. 128　　　　　　　　　　　D. 256

学习笔记

Day 30

> **考点：库存管理**

1. ［多项选择题］按库存的功能不同，库存可以分为（　　）。
   A. 周转库存　　　　　　　　　　　　B. 安全库存
   C. 在途库存　　　　　　　　　　　　D. 在制品库存
   E. 成品库存

2. ［单项选择题］某超市啤酒的平均日需求量为 210 箱，备运时间为 3 天，安全库存量为 10 箱，则该超市啤酒的订购点是（　　）箱。
   A. 500　　　　　　　　　　　　　　B. 555
   C. 640　　　　　　　　　　　　　　D. 700

3. ［单项选择题］企业某种原材料的年需求量为 40 000 吨，单价为 10 000 元/吨，单次订购成本为 400 元，单位商品的年持有成本占单价的百分比为 2%，则该种原材料的经济订购批量为（　　）吨。
   A. 200　　　　　　　　　　　　　　B. 350
   C. 400　　　　　　　　　　　　　　D. 450

4. ［单项选择题］N 公司采用定期库存控制法来控制电视机库存，该公司年销售量为 3 000 台，采购单价为 1 000 元/台，订购成本为 300 元/次，每台电视机的年持有成本为 20 元，年工作时间以 250 天计算，则该公司的经济订购间隔期为（　　）天。
   A. 20　　　　　B. 25　　　　　C. 30　　　　　D. 35

> **考点：运输管理**

5. ［单项选择题］当运输特种货物且运输到发时间准确性要求较高时，运行成本较低，能耗少，应选择的运输方式是（　　）。
   A. 水路运输　　　　　　　　　　　　B. 铁路运输
   C. 航空运输　　　　　　　　　　　　D. 公路运输

6. ［单项选择题］当运输大宗货物且时间不受限制时，若仅考虑运价，应选择的运输方式是（　　）。
   A. 水路运输　　　　　　　　　　　　B. 铁路运输
   C. 航空运输　　　　　　　　　　　　D. 公路运输

7. ［单项选择题］最严重的不合理运输形式是（　　）。
   A. 无效运输　　　　　　　　　　　　B. 空驶运输
   C. 对流运输　　　　　　　　　　　　D. 过远运输

8. ［单项选择题］同一种货物，在同一线路上或平行线路上作相对方向的运送，而与对方运程的全部或一部分发生重叠交错的运输形式是（　　）。
   A. 无效运输　　　B. 空驶运输　　　C. 对流运输　　　D. 过远运输

✎ **学习笔记**

第六章 物流管理

Day 31

> **考点**：配送管理

1. [单项选择题] 下列关于配送的含义的说法，错误的是（　　）。
   A. 产品从物流据点至收货人发生的运输活动属于配送
   B. 物流据点可以是仓库、配送中心，也可以是商店或其他物资集散地
   C. 配送以用户要求为根本出发点，包括数量、品种、规格、供货周期、供货时间等
   D. 配送只需要满足顾客需求，不需要体现经济合理性

2. [多项选择题] 配送按配送时间和数量不同可分为（　　）。
   A. 定量配送
   B. 定时定路线配送
   C. 多品种少批量多批次配送
   D. 定时定量配送
   E. 即时配送

3. [多项选择题] 配送中心按按配送中心的服务对象划分可分为（　　）。
   A. 面向零售商的配送中心
   B. 以制造商为运营主体的配送中心
   C. 合作型配送中心
   D. 面向制造企业的配送中心
   E. 面向最终消费者的配送中心

4. [单项选择题] 一般由商业销售网点进行的距离近、品种多、批量小、临时需要的货物配送属于（　　）。
   A. 集中配送
   B. 共同配送
   C. 定量配送
   D. 分散配送

5. [单项选择题] 配送中心将订单中的商品逐一从储存区域或者分拣区域拣取出来，然后集中在一起的分拣策略属于（　　）。
   A. 批量分拣
   B. 按订单分拣
   C. 单人分拣
   D. 分区分拣

6. [单项选择题] 配送中心正确的作业流程顺序是（　　）。
   A. 订单处理—进货—分类—储存—分拣—配货分放—配装—送货
   B. 订单处理—分类—进货—储存—配装—分拣—配货分放—送货
   C. 订单处理—分类—进货—储存—分拣—配货分放—配装—送货
   D. 分拣—订单处理—进货—储存—分类—配货分放—配装—送货

7. [多项选择题] 分区分拣的优点包括（　　）。
   A. 拣取作业方法简单，接到订单可立即拣货；作业前置时间短，作业人员责任明确，拣货后不用再进行分类作业
   B. 能降低总的分拣时间，每个人负责自己的分区
   C. 可以缩短拣取商品时的行走搬运距离和时间，增加单位时间的拣货量
   D. 能提高分拣效率，降低出错率
   E. 分拣简单，出错率低，不需要进一步分类处理

8. [案例分析题] 某公司经销电视机，公司为实现"门到门"运输采用公路运输，且采用定期库存控制法来控制电视机库存，该公司年销售量为3 000台，采购单价为1 000元/台，订购成本为300元/次，每台电视机的年持有成本为20元，供应商要求的订购提前期为8天，

年工作时间以 250 天计算,不设安全库存量。

　　根据以上材料,回答下列问题:

(1) 下列选项中,属于定期库存控制法优点的是( )。

　　A. 订购费用低　　　　　　　　B. 获得价格折扣

　　C. 减少了库存登记费用　　　　D. 订购时间和订购量准确

(2) 该公司的经济订购间隔期为( )天。

　　A. 10　　　　　　　　　　　　B. 20

　　C. 25　　　　　　　　　　　　D. 30

(3) 该电视机经销商的最大库存量为( )件。

　　A. 359　　　　　　　　　　　B. 425

　　C. 520　　　　　　　　　　　D. 396

(4) 该电视机经销商采用公路运输,下列选项中,属于公路运输的优点的是( )。

　　A. 机动灵活,货物损耗少

　　B. 运输过程受自然条件限制较小,连续性强

　　C. 运行速度快,可以实现"门到门"运输

　　D. 可作为其他运输方式的衔接手段

✎ 学习笔记

参考答案及解析

Day 26

1. B [解析] 物流的基本功能包括运输、储存、装卸搬运、包装、流通加工、配送、信息处理。

2. B [解析] 物流的基本功能包括运输、储存、装卸搬运、包装、流通加工、配送和信息处理。其中，储存也称仓储，即以改变"物"的时间状态为目的的物流活动，消除生产和消费之间的时间差。储存可以实现物流在时间上的优化配置，同样在物流活动中处于重要的地位。

3. D [解析] 流通加工，即物品在从生产领域向消费领域流动的过程中，为促进物品销售、维护物品质量和提高物流效率，对物品进行加工，使物品发生物理或化学变化的活动。流通加工增加了物流系统的服务功能，提高了物流对象的附加价值，降低了物流系统的成本。

4. CE [解析] 物流包含以下三个方面的含义：①物流服务是商品，物流服务是典型的非实物形态的商品（B项错误，C项正确）；②物流活动是生产性服务活动（E项正确）；③物流活动创造价值，可以创造时间价值和空间价值（A、D两项错误）。

5. CDE [解析] 绿色物流是物流操作和管理全过程的绿色化，一般包括以下五个方面的含义：①集约资源；②绿色运输；③绿色仓储；④绿色包装；⑤逆向物流。

6. CDE [解析] A项错误，物流管理涉及原材料、零部件等物料在企业间的流动，而供应链管理涉及商流、物流、信息流、资金流的集成。B项错误，供应链管理将每个企业作为网络中的节点，追求多个企业的全局优化，物流管理采用运筹学等方法研究物流优化。

7. B [解析] 第三方物流模式的价值体现在以下几个方面：①降低企业成本；②提高企业顾客服务水平和质量；③规避风险；④提升企业竞争力；⑤社会价值。

8. ABC [解析] 供应链管理的含义：①供应链管理强调企业间的合作；②供应链管理是一种集成化的管理模式；③供应链管理以客户和最终用户为中心。

Day 27

1. A [解析] 包装的保护功能是指包装保护物品不受损伤，防止物品破损变形，使物品能承受在装卸、运输、保管等过程中可能受到的冲击、振动、颠簸、压缩、摩擦等外力作用；防止物品外观、品质发生变化，例如包装一定程度上起到阻隔水分、潮气、光线以及空气中各种有害气体的作用，防止物品发生受潮、发霉、变质、生锈等物理化学变化，导致物品外观、品质发生变化；防止鼠、虫及其他有害生物对物品造成的破坏，包装封闭不严，会给细菌、虫类等造成侵入机会，导致物品变质、腐败；包装还可以防止异物混入、污物污染、丢失、散失等。

2. D [解析] 包装主要有保护功能、方便功能和销售功能。美化功能不属于包装的功能。

3. BCE [解析] A项错误，包装能防止异物混入，说明包装具有保护功能。D项错误，充氮属于防锈包装技法。

4. C [解析] 金属包装材料优点有：不易破碎、不透气、防潮、防光，能有效保护内装物；具有良好的延展性；其加工技术成熟，有特殊光泽，具有良好的装潢效果；易于再生使用。但是金属材料在包装上的应用成本高、能耗大，在流通中容易生锈。

5. B [解析] 集装袋是用柔性材料制成的袋式包装容器，主要用于粉状、颗粒状如水泥、粮食、化肥、盐、糖、矿产品等的包装。集装袋的特点是结构简单、自重轻、可折叠、成本低，比较常见的有橡胶集装袋、塑料集装袋、帆布集装袋，一般都可以重复使用。

6. B [解析] 对松泡产品进行体积压缩，例如，羽绒服、枕芯、毛线等松泡产品一般采用真空包装技法压缩体积，减少所占用的容积、降低运输储存费用。

7. BCD [解析] 包装的一般技术和方法包括包装外的捆扎；合理选择包装的形状尺寸；对松泡产品进行体积压缩；对内装物合理置放、固定和加固。A、E两项属于包装的特殊技术和方法。

8. B [解析] 防锈包装技法是指在运输储存金属制品和零部件时，为了防止其生锈而降低使用价值或者性能，消除和减少导致生锈的各种因素，采取适当的防锈处理，例如在金属表面涂覆防锈材料，或采用塑料封存、充氮和干燥空气等。

Day 28

1. ACD [解析] 装卸搬运作业的特点有：①装卸搬运作业量大、对象复杂；②装卸搬运作业不均衡；③装卸搬运作业对安全性要求高；④装卸搬运作业具有伴生性和起讫性。

2. ABCE [解析] 装卸搬运的安全性直接涉及作业人员的人身安全，也涉及物品安全，必须重视装卸搬运作业的安全问题，D项错误。

3. BCD [解析] 装卸搬运作业合理化措施包括：①防止和消除无效作业；②提高货物的装卸搬运活性；③实现装卸搬运作业省力化；④合理利用装卸搬运机械设备。

4. A [解析] B项错误，根据货物搬运过程中产生的动作多少，将货物搬运的难易程度划分为5级，分别用数字0级、1级、2级、3级、4级表示。C项错误，活性指数越大，其装卸搬运活性越高，即货物越容易装卸搬运。D项错误，活性指数越小，其装卸搬运活性越低，即货物越难装卸搬运。

5. AD [解析] 装卸搬运活性是装卸搬运作业的专用术语，指物流过程中的货物进行装卸搬运作业的方便或者难易程度。根据货物搬运过程中产生的动作多少，将货物搬运的难易程度划分为5级，分别用0级、1级、2级、3级、4级表示。当$\sigma<0.5$时，所分析的装卸搬运系统多数处于活性指数为0的状态。这时，可以采用料箱、推车等存放物料的方式改善当前的状态。

6. BCDE [解析] 流通加工与生产加工的区别体现在以下几个方面：①加工对象不同。流通加工的对象是进入流通领域的商品，具有商品性质；生产加工的对象是某种最终产品形成过程中的原材料、零部件和半成品。②加工深度不同。流通加工一般是简单、浅层次的加工，如板材的剪裁、玻璃开片等；生产加工的复杂程度以及加工深度要远远高于流通加工。③责任人不同。流通加工是由流通企业负责和组织，以满足消费者要求为目的进行的加工活动；生产加工以生产企业为责任人和组织者，更多要符合产品设计和加工技术要求。④附加价值不同。从价值观点来看，生产加工在于创造商品的价值和使用价值；流通加工在于完善商品的使用价值，一般在不对加工对象做大的改变的情况下提高商品价值。

7. B [解析] 为提高商品利用率的流通加工：集中加工形式可以减少原材料消耗，提高加工质量。例如，钢材集中下料时能充分合理下料、搭配套裁，减少边角余料的浪费。据测算，钢材集中套裁、加工搭配下料，比分散下料能节约20%。

8. ABCE [解析] 流通加工合理化主要体现在以下几点：①加工和配送结合。在配送节点设置流通加工。一方面，按配送需要进行加工；另一方面，加工是配送业务流程中分拣、配货的一环，加工后的产品直接进入送货作业，无须单独设置一个加工的中间环节，也提高

第六章　物流管理

了配送服务水平（C项正确）。②加工和配套结合。对配套要求比较高的产品，配套的主体来自不同的生产企业，全配套有时无法依靠现有的生产企业来做，进行适当的流通加工可以有效地进行配套，展现流通的"桥梁"与"纽带"的作用和能力。③加工和运输结合。流通加工可以有效衔接干线运输与支线运输，促进两种运输形式的合理化。在支线运输转干线运输或干线运输转支线运输时，按干线或者支线运输的合理要求进行适当加工，可以提高运输效率（E项正确）。④加工和商流结合。通过流通加工有效促进消费，使商流合理化（A项正确）。节约能源、设备、人力耗费是流通加工合理化的重要考虑因素，同时，企业要兼顾社会效益和企业效益。如果企业只追求微观效益，甚至与生产企业争利，有悖于流通加工的初衷（B项正确，D项错误）。

9. BDE　[解析] 仓储的功能有：调节功能、保管检验功能、集散功能、客户服务功能、防范风险功能。货物分拣功能和成本管理功能不是仓储的功能。

10. ABCD　[解析] 仓储合理化的评判标准有：①仓储质量；②仓储数量；③储存时间；④仓储结构；⑤仓储费用。仓储合理化的评判标准不包含仓储环境，E项错误。

11. C　[解析] 仓储合理化的实施要点包括：①对储存物品进行分类管理，可采用ABC分类管理方法。②采用先进先出方式，提高货物周转率。③提高储存密度，有效利用仓容。在储存面积一定的情况下，可以通过密集货架、窄巷道式通道等方式减少通道数和通道面积，在确保安全的前提下提高存货高度，合理布局，提高单位存储面积利用率，降低成本。④快进快出。采用集装化和有效的储存定位系统，对集装单元化物品进行序号、货架号、层号、位置号定位，利用先进的物品存储定位技术，节约物品的寻找、存放、取出时间，同时减少差错。C项错误。

Day 29

1. CDE　[解析] 根据不同的划分标准，仓库分为不同种类，具体内容见下表：

划分标准	类型
按保管条件不同划分	普通仓库，特种仓库（战备物资储备仓库、危险品仓库），气调仓库，保温冷藏、恒温恒湿仓库
按封闭程度不同划分	封闭式库房、露天式堆场和半封闭式货棚
按作业方式不同划分	非自动化仓库和自动化仓库
按使用范围不同划分	自用仓库、公用仓库、营业仓库

特种仓库、恒温恒湿仓库是按保管条件不同的标准划分的，A、B两项错误。

2. C　[解析] 营业仓库是指某些企业专门为了经营储运业务而修建的仓库，其主要特点是仓库的通用性较强，通常修建在客户相对集中、交通便利的地方，便于为客户服务。

3. B　[解析] 货架数量计算公式为：$N=\dfrac{Q}{(l·b·h)·k·y}$＝上架存放商品的最高储存量/[（长×宽×高）×货架的容积充满系数×上架存放商品的单位质量]。依据题干数据，$N=4/[(4×1×2)×60\%×0.14]≈6$（个）。

4. ACD　[解析] 根据不同的划分标准，托盘分为不同种类，具体内容见下表：

划分标准	类型
按结构特征不同划分	平托盘、箱式托盘、柱式托盘、轮式托盘

续表

划分标准	类型
按使用范围不同划分	通用托盘和专用托盘
按材料不同划分	木托盘、钢托盘、铝托盘、纸托盘、塑料托盘、复合材料托盘
按使用寿命不同划分	消耗性（一次性）托盘和循环性（多次性）托盘

5. B [解析] 托盘的需要数量计算公式为：N＝单位时间进出商品的数量×托盘的平均使用周期×(1＋托盘的平均装载效率)/托盘的标准装载量。依据题干数据，N＝1 200×10×1.9/19＝1 200（个）。

6. D [解析] 商品相容性原则，即相容性低的商品绝不可放在一起的原则，以免损害商品品质。烟、香皂、茶不可放在一起，烟、香皂和茶都具有强烈的吸附性和吸湿性。如果放在一起，它们可能会相互吸收气味，导致原有的香味改变，影响品质。例如，茶叶可能会吸收到烟和香皂的气味，使其原有的清香味道变质。所以，烟、香皂、茶不可放在一起体现了商品相容性原则。

7. B [解析] 货位分配原则包括：①以周转率为基础的原则；②商品相关性原则；③商品同一性原则；④商品类似性原则；⑤商品替代性原则；⑥商品相容性原则；⑦先进先出原则。其中，商品同一性原则是指把同一商品储放在同一保管位置的原则。

8. A [解析] 储存策略主要有定位储存、随机储存、分类储存和分类随机储存四种。其中，定位储存策略，即每一种商品都有固定的货位储存。其优点有：便于拣货人员熟悉货品货位；货位可按周转大小安排，以缩短出入库搬运距离；可针对各种商品的特性做出货位调整，将不同特性商品间的相互影响减至最小。其缺点是每种商品的储位容量必须按其最大在库量设计，因此存储空间平均利用率较低。定位储存策略适用于仓库空间大，库存商品品种多、批量小的情形。

9. D [解析] 储存策略主要有定位储存、随机储存、分类储存和分类随机储存四种。其中，分类随机储存策略是指每一类商品有固定的存放区域，但在各类商品的储存区域中，每个货位的分配是随机的。该策略既具有分类储存的部分优点，又可节省货位数量，提高空间利用率；缺点是商品出入库管理及盘点工作量较大。分类随机储存兼具分类储存及随机储存的特点，所需存储空间介于两者之间。

10. A [解析] 做好商品入库流程管理包括入库验收和入库堆码。其中入库验收步骤包括做好验收准备工作、核对资料凭证、实物检验和建立货物档案。

11. A [解析] 计重商品堆码占用面积的计算公式为：$S_{实}＝\dfrac{该种商品的储存量}{该种商品的仓容定额}$。依据题干数据，$S_{实}＝\dfrac{300}{5}＝60$（平方米）。

12. A [解析] 计件商品就地堆码占用面积按可堆层数计算。计算公式为：$S_{实}＝$ 单件底面积$\times\dfrac{总件数}{可堆积层数}$。依据题干数据，$S_{实}＝0.8\times0.6\times\dfrac{200}{2}＝48$（平方米）。

Day 30

1. ABC [解析] 库存是指一切暂时闲置的、用于未来需要的、有经济价值的资源。在实践活动中，经常从不同的角度对库存进行分类，具体包括：①按库存的功能不同，可分为周转库存、安全库存、在途库存、调节库存和投机性库存；②按库存的需求特性不同，可分为独立需求库存和相关需求库存；③按库存所处的生产阶段不同，可分为原材料库存、在制品库存和成品库存。

2．C〔解析〕订购点即仓库进行补货时的库存量，根据计算公式可得：订购点＝平均日需求量×备运时间＋安全库存量＝210×3＋10＝640（箱）。

3．C〔解析〕经济订购批量的基本计算公式为：经济订购批量＝$\sqrt{\dfrac{2\times 每次订购成本 \times 年需求量}{单位商品的年持有成本}}$。

依据题干数据，EOQ＝$\sqrt{\dfrac{2\times 400\times 40\,000}{10\,000\times 2\%}}$＝400（吨）。

4．B〔解析〕经济订购间隔期＝$\sqrt{\dfrac{2\times 每次订购成本}{年需求量\times 单位商品的年持有成本}}$＝$\sqrt{\dfrac{2\times 300}{3\,000\times 20}}$＝0.1(年)＝0.1×250＝25（天）。

5．B〔解析〕铁路运输方式的优点是：运行速度快；运输能力大；运输到发时间准确性较高；平稳，安全可靠；运输过程受自然条件限制较小，连续性强，能保证全年运行；通用性能好；运行成本较低，能耗少。

6．A〔解析〕水路运输方式的优点是：运输能力最大；通用性能较好；运输成本低，平均运距长。缺点是：受自然条件影响较大，内河航道和某些港口受季节影响较大，难以保证全年通航；运送速度慢，在途货物多，会增加货主的流动资金占用量。适宜运距长、运量大、时间性不太强的大宗物资运输，适用于国际远洋运输。

● 考点再现

$Q_{5\text{-}6}$ 运输方式的分类：

项目	运输工具	优点	缺点	适用情形
铁路运输	火车	运行速度快；运输能力大；运输到发时间准确性较高；平稳，安全可靠；运输过程受自然条件限制较小，连续性强，能保证全年运行；通用性能好；运行成本较低，能耗少	建设周期长、耗资大；无法实现"门到门"运输	运量大、时间性强、可靠性要求高的一般货物和特种货物。适合中、长距离运输
公路运输	汽车	机动灵活，货物损耗少，运行速度快，可以实现"门到门"运输；适应性强，可作为其他运输方式的衔接手段	运输能力小，运输成本较高；运输能耗高；不适宜大批量运输；	短途运输，在远离铁路的区域从事干线运输
水路运输	船舶	运输能力最大；通用性能较好；运输成本低，平均运距长	受自然条件影响较大，难以保证全年通航；运送速度慢，会增加货主的流动资金占用量	适宜运距长、运量大、时间性不太强的大宗物资运输，适用于国际远洋运输

续表

项目	运输工具	优点	缺点	适用情形
航空运输	飞机及其他航空器	运行速度快，缩短运输时间；机动性能好	能耗大，运输能力小，成本很高	运输体积小、价值高的物资，如贵重物品、鲜活货物和精密仪器的运输
管道运输	管道	运输量大；费用低；安全可靠，减少损耗，污染也可大大减少；不受气候影响，可以全天候运输，送达货物的可靠性高	适用货物比较单一；管道运输常常要与其他运输方式配合才能完成全程送输；专用运输，不提供给其他发货人使用	石油、天然气、化学品、碎煤浆等气体和液体货物

7. B [解析] 不合理运输的主要运输形式有：①空驶运输；②对流运输；③迂回运输；④重复运输；⑤倒流运输；⑥过远运输；⑦运力选择不当；⑧托运方式选择不当；⑨无效运输。其中，不合理运输的最严重形式是空驶运输。在实际运输组织中，有时候必须调运空车，从管理上不能将其看成不合理运输。但是，因调运不当、货源计划不周，未采用运输社会化而形成的空驶，是不合理运输的表现。

8. C [解析] 对流运输，亦称"相向运输""交错运输"，是指同一种货物，或彼此间可以互相代用而又不影响管理、技术及效益的货物，在同一线路上或平行线路上作相对方向的运送，而与对方运程的全部或一部分发生重叠交错的运输。

Day 31

1. D [解析] 配送包含以下几层含义：①配送是从物流据点至收货人的一种送货形式，物流据点可以是仓库、配送中心，也可以是商店或其他物资集散地，在将货物送交收货人后即告完成。②配送是流通加工、整理、拣选、分类、配货、配装、末端运输等多种物流活动的组合体。③配送以用户要求为根本出发点。用户对配送的要求包括数量、品种、规格、供货周期、供货时间等。④配送要体现经济合理性，并以现代化的物流技术与装备为支撑。D项错误。

2. ABDE [解析] 配送常见的分类方式有：①按配送的组织形式不同可分为集中配送、共同配送（协同配送）和分散配送；②按配送商品的种类和数量不同可分为单（少）品种大批量配送、多品种少批量多批次配送和成套配套配送；③按配送时间和数量不同可分为定时配送、定量配送、定时定量配送、定时定路线配送和即时配送。

3. ADE [解析] 配送中心常见的分类方式有以下几种：

划分标准	类型
按物流设施的归属划分	自有型配送中心、公共型配送中心、合作型配送中心
按配送中心的服务对象划分	面向最终消费者的配送中心、面向制造企业的配送中心、面向零售商的配送中心
按运营主体划分	以制造商为运营主体的配送中心、以仓储运输企业为运营主体的配送中心、以批发商为运营主体的配送中心、以零售商为运营主体的配送中心

4. D [解析] 分散配送：对小批量、零星货物或者临时需要的货物，一般由商业销售网点进

行配送。商业销售网点具有分布广、数量多、服务面宽等特点，适宜开展距离近、品种多而用量小的货物配送。

5. B [解析] 按订单分拣，也称"摘果式"分拣，对于每一份用户订单，作业人员在仓库中巡回，将订单中的商品逐一从储存区域或者分拣区域拣取出来，然后集中在一起的分拣方式。

6. A [解析] 配送中心通过一系列作业环节完成配送任务，其作业流程为：①订单处理；②进货；③分类；④储存；⑤分拣；⑥配货分放；⑦配装；⑧送货。

7. BD [解析] 按订单的组合与否可分为按订单分拣和批量分拣。按人员是否组合可分为单人分拣和分区分拣。单人分拣的优点是分拣简单，出错率低，不需要进一步分类处理，缺点是分拣过程不固定，耗时耗力。分区分拣将订单按区段分解，能降低总的分拣时间，每个人负责自己的分区，能提高分拣效率，降低出错率。A 项是按订单分拣的优点，C 项是批量分拣的优点，E 项是单人分拣的优点。

8. （1）ABC [解析] 定期库存控制法的优点包括：订购费用低；获得价格折扣；减少了库存登记费用和盘点次数。定量库存控制法的优点包括管理简便，订购时间和订购量准确；节约理货费用；节约库存总成本。

（2）C [解析] 经济订购间隔期 $= \sqrt{\dfrac{2 \times 每次订购成本}{年需求量 \times 单位商品的年持有成本}} = \sqrt{\dfrac{2 \times 300}{3\,000 \times 20}} =$ 0.1(年) $= 0.1 \times 250 = 25$（天）。

（3）D [解析] 最大库存量 $= \dfrac{年需求量 \times (订购间隔期 + 订购提前期)}{一年的工作日数} + 安全库存量 =$ $\dfrac{3\,000 \times (25+8)}{250} + 0 = 396$（件）。

（4）ACD [解析] 公路运输的优点包括：机动灵活，货物损耗少，运行速度快，可以实现"门到门"运输；适应性强，可作为其他运输方式的衔接手段。公路运输的缺点：运输能力小，运输成本较高；运输能耗高；不适宜大批量运输。B 项属于铁路运输的优点。

本章学习检查表

知识点或模块名称	初次学习		第一次复习		第二次复习	
	做对题目数/总题目数	学习日期	做对题目数/总题目数	复习日期	做对题目数/总题目数	复习日期
物流的概念与功能						
绿色物流、第三方物流与供应链管理						
包装						
包装技术和方法						
装卸搬运						
流通加工						
仓储与仓储合理化						
仓储设施与设备						
仓储作业流程管理						
库存管理						
运输管理						
配送管理						

填写建议：

"做对题目数/总题目数"记录针对该知识点自己做题的情况，比如该知识点总题目数为10题，做对了其中7题，记录为7/10。

"学习日期"记录自己学习该知识点时的日期，建议把下一次复习的日期也写上。

本章强化测试

扫码做题

备忘录：

第七章 技术创新管理

学习指导

本部分为案例分析题次重点章节,考查难度相对不大,主要知识点出自技术创新的特点、分类与模式,技术创新战略与技术创新决策评估方法,技术创新组织与研发管理,企业管理创新几部分内容,历年考查分值在12分左右。

本章内容与第四章类似,是大部分考生生活和工作中不曾接触过的知识,但本章考试基本不会涉及专业术语或专业概念,皆是从管理角度考虑去考查,即使是案例分析题,也不考查灵活的题目。考生要了解考试方向和考试规律,避免关注一些非重点内容,无形中增加学习难度,降低学习效率。

时间	考点或模块
Day 32	➢技术创新的特点 ➢技术创新的分类
Day 33	➢技术创新模式 ➢技术创新战略的类型
Day 34	➢技术创新战略的管理
Day 35	➢技术创新决策的评估方法
Day 36	➢企业技术创新的内部组织模式 ➢企业技术创新的外部组织模式 ➢企业研发管理
Day 37	➢企业管理创新 ➢案例集锦

▶▶▶ Day 32

➢ **考点**:技术创新的特点

1. [多项选择题] 下列关于技术创新的说法,正确的有( )。
   A. 不同层次的技术创新所需时间存在差异
   B. 技术创新是一种经济行为
   C. 技术创新是一项低风险的活动
   D. 技术创新表现出明显的国际合作趋势
   E. 技术创新具有较强的负外部性

2. [多项选择题] 技术创新的特点有( )。
   A. 时间差异性   B. 技术性
   C. 低风险性   D. 外部性
   E. 一体化和国际化

3. [单项选择题] 技术的非自愿扩散，促进了周围的技术和生产力水平的提高，如对创新的无偿模仿，这种现象是（　　）。
   A. 技术差异性   B. 技术的经济行为
   C. 技术创新的差异性   D. 技术的外部性

4. [单项选择题] 技术创新的目的是（　　）。
   A. 获得新技术   B. 获得潜在利润
   C. 促进生产   D. 改进工艺

▶ 考点：技术创新的分类

5. [单项选择题] 为了适应消费者对手机大屏功能的需要，某公司推出6英寸手机，全面替代现有的5英寸手机，从技术创新对象的角度来看，这种创新属于（　　）。
   A. 集成创新   B. 产品创新
   C. 工艺创新   D. 原始创新

6. [单项选择题] 某公司通过改进生产流程，提高了产品质量，这种对生产流程的创新属于（　　）。
   A. 原始创新   B. 工艺创新
   C. 根本性创新   D. 产品创新

7. [单项选择题] 根据技术创新对象的不同，技术创新分为（　　）。
   A. 产品创新和工艺创新   B. 原始创新和集成创新
   C. 渐进性创新和根本性创新 D. 局部创新和整体创新

8. [单项选择题] 根据技术创新的分类，由收音机发展到组合音响是（　　）。
   A. 组织创新   B. 重大（全新）产品创新
   C. 渐进（改进）产品创新   D. 工艺创新

9. [单项选择题] 信息技术开创的信息时代，使得远程研究开发、远程教育、远程医疗诊断、远程控制等成为现实，这一创新类型属于（　　）。
   A. 集成创新   B. 根本性创新
   C. 渐进性创新   D. 引进、消化吸收再创新

10. [单项选择题] 为提高产品质量，某公司进行生产技术变革，这属于技术创新中的（　　）。
    A. 工艺创新   B. 原始创新
    C. 根本性创新   D. 产品创新

✎ 学习笔记

Day 33

▶ **考点**：技术创新模式

1. [单项选择题] 研究开发是创新构思的主要来源，这是（　　）模型的基本观点。
   A. 系统集成和网络
   B. 国家创新系统
   C. 需求拉动创新
   D. 技术推动创新

2. [单项选择题] 在A—U创新过程模式中，产品创新逐步减少，工艺创新呈上升趋势并超越产品创新的阶段称为（　　）。
   A. 成熟阶段
   B. 衰退阶段
   C. 过渡阶段
   D. 不稳定阶段

3. [单项选择题] 在A—U过程创新模式中，产品创新和工艺创新都呈现上升趋势，但产品创新明显强于工艺创新的阶段称为（　　）。
   A. 成熟阶段
   B. 不稳定阶段
   C. 过渡阶段
   D. 衰退阶段

4. [单项选择题] 在A—U过程创新模式中，产品创新和工艺创新都呈现下降趋势，但工艺创新较产品创新有相对优势的阶段称为（　　）。
   A. 过渡阶段
   B. 稳定阶段
   C. 不稳定阶段
   D. 衰退阶段

5. [单项选择题] A—U过程创新模式划分的产业发展阶段依次为（　　）。
   A. 萌芽阶段、成长阶段、成熟阶段
   B. 不稳定阶段、过渡阶段、稳定阶段
   C. 成长阶段、成熟阶段、衰退阶段
   D. 稳定阶段、过渡阶段、不稳定阶段

6. [单项选择题] 在需求拉动的技术创新模型中，技术创新活动的出发点是（　　）。
   A. 企业家的理念
   B. 市场竞争
   C. 技术创新信息
   D. 市场需求信息

▶ **考点**：技术创新战略的类型

7. [单项选择题] 某企业高薪聘请顶尖专家组建研发部门专门攻克充电技术，从技术来源的角度看，该企业的这种技术创新战略属于（　　）。
   A. 切入型战略
   B. 合作创新战略
   C. 跟随战略
   D. 自主创新战略

8. [单项选择题] 某企业在新技术研发上投入大量资源，致力于在竞争对手之前开发新技术，抢先推出新产品占领市场。这种技术创新战略属于（　　）。
   A. 切入型战略
   B. 合作型战略
   C. 进攻型战略
   D. 防御型战略

9. [单项选择题] 根据企业所期望的技术竞争地位，企业技术创新战略可分为（　　）。

   A. 模仿创新战略与合作创新战略

   B. 跟随战略与撇脂战略

   C. 领先战略与跟随战略

   D. 进攻型战略与游击型战略

10. [单项选择题] 下列关于技术创新战略的说法，正确的是（　　）。

    A. 领先战略的开发重点是产品技术

    B. 领先战略的技术来源是以模仿、引进为主

    C. 跟随战略要开拓一个全新的市场

    D. 跟随战略风险大、收益大

11. [多项选择题] 与领先战略相比，跟随战略的特征有（　　）。

    A. 技术开发的重点是产品技术

    B. 技术来源以模仿引进为主

    C. 市场开发重点是开拓新市场

    D. 投资重点是生产与销售

    E. 风险和收益相对较小

12. [多项选择题] 根据企业的行为方式不同，可将技术创新战略分为（　　）。

    A. 领先战略　　　　　　　　　B. 进攻型战略

    C. 防御型战略　　　　　　　　D. 切入型战略

    E. 跟随战略

学习笔记

第七章 技术创新管理

Day 34

▶ **考点**：技术创新战略的管理

1. [多项选择题] 与跟随战略相比，领先战略的特征有（   ）。
   A. 风险和收益相对较小
   B. 技术来源以自主开发为主
   C. 市场开发重点是挤占他人市场
   D. 技术开发的重点是工艺技术
   E. 投资重点是技术及市场开发

2. [单项选择题] 下列关于技术创新战略中领先战略的特点，表述错误的是（   ）。
   A. 技术来源主要靠自主开发为主
   B. 技术开发重点是产品技术
   C. 开发细分市场或挤占他人市场
   D. 投资重点主要是技术开发和市场开发

3. [单项选择题] 下列关于领先战略的说法，正确的是（   ）。
   A. 技术来源以外部引进为主
   B. 投资重点是生产和销售
   C. 市场开发的重点是挤占他人市场
   D. 技术开发的重点是产品技术

4. [单项选择题] 某企业的商标有限期至 2018 年 8 月 16 日，该企业于 2018 年 10 月 11 日办理了续展手续，国家主管部门予以注册，则该商标的有效期至（   ）。
   A. 2028 年 10 月 10 日
   B. 2028 年 10 月 11 日
   C. 2028 年 8 月 15 日
   D. 2028 年 8 月 16 日

5. [单项选择题] 某企业于 2017 年 9 月 14 日申请注册商标，2018 年 1 月 5 日获得核准，该商标的有效期至（   ）。
   A. 2027 年 9 月 13 日
   B. 2037 年 9 月 13 日
   C. 2038 年 1 月 4 日
   D. 2028 年 1 月 4 日

6. [单项选择题] 我国某企业于 2019 年 11 月 15 日向我国专利部门提交外观设计专利申请，2020 年 10 月 15 日获得核准，该专利的有效期至（   ）。
   A. 2030 年 10 月 14 日
   B. 2039 年 1 月 14 日
   C. 2040 年 10 月 14 日
   D. 2034 年 11 月 14 日

7. [多项选择题] 世界贸易组织的《与贸易有关的知识产权协议》中，列举的知识产权包括（   ）。
   A. 版权
   B. 地理标志
   C. 工业品外观设计
   D. 科学发现
   E. 未披露信息

8. [单项选择题] 某公司 2015 年 8 月 13 日申请实用新型专利，2016 年 1 月 5 日获得核准，该专利的有效期至（   ）。
   A. 2025 年 8 月 12 日
   B. 2026 年 1 月 4 日
   C. 2035 年 8 月 12 日
   D. 2036 年 1 月 4 日

9. [多项选择题] 世界知识产权组织界定的知识产权包括（   ）。
   A. 关于集成电路布图设计的权利
   B. 关于未披露信息的权利
   C. 关于科学发现的权利
   D. 关于工业品外观设计的权利
   E. 关于文学、艺术和科学作品的权利

✎ 学习笔记

Day 35

> **考点**：技术创新决策的评估方法

1. [单项选择题] 某技术项目预期收益高，开发成功率高，根据项目地图法，该项目属于（ ）类型项目。

A. 白象 B. 珍珠

C. 牡蛎 D. 面包和黄油

2. [单项选择题] 某技术项目预期收益高，开发成功概率低，根据项目地图法，该项目属于（ ）类型项目。

A. 珍珠 B. 面包和黄油

C. 白象 D. 牡蛎

3. [单项选择题] 根据风险—收益气泡图，白象型技术项目的特征是（ ）。

A. 预期收益高、技术成功概率高 B. 预期收益低、技术成功概率高

C. 预期收益低、技术成功概率低 D. 预期收益高、技术成功概率低

4. [多项选择题] 下列关于项目地图法中各种类型项目的说法，正确的有（ ）。

A. 对于白象型项目，企业应终止或排除

B. 珍珠型项目是企业长期竞争优势的源泉

C. 牡蛎型项目是企业快速发展的动力

D. 牡蛎型项目预期收益高、技术成功概率高

E. 面包和黄油型项目是企业短期现金流的来源基础

5. [多项选择题] 某企业需要对项目组合进行综合分析和权衡，该企业可采用的方法有（ ）。

A. 矩阵法 B. 轮廓图法

C. 检查清单法 D. 动态排序列表法

E. 项目地图法

6. [单项选择题] 某企业采用动态排序列表法，对四个备选项目进行评估，评估结果见下表：

项目	IRR×PTS	NPV×PTS	战略重要性
甲	14（3）	8.6（2）	2（3）
乙	15（2）	7.8（3）	4（1）
丙	13（4）	9.1（1）	1（4）
丁	16（1）	6.5（4）	3（2）

注：IRR 为预期内部收益率，PTS 为技术成功的概率，NPV 为预期收益净现值，括号中的数值为每列指标单独排序的序号。

该企业应该采用（ ）。

A. 项目甲 B. 项目乙 C. 项目丙 D. 项目丁

7. [多项选择题] 用矩阵法分析技术组合时采用的维度包括（ ）。

A. 技术先进性 B. 技术重要性

C. 技术复杂性 D. 技术上的投资和相对竞争地位
E. 技术兼容性

8. [单项选择题]企业应用矩阵法进行项目组合评估时，对处于技术组合分析图中第一象限的项目，企业应采取的策略是（　　）。
   A. 放弃投资 B. 维持现有投资
   C. 重点投资 D. 与竞争对手保持同等投资

9. [多项选择题]下列属于技术创新决策的定性评估方法的有（　　）。
   A. 折现现金流量法 B. 轮廓图法
   C. 风险分析法 D. 检查清单法
   E. 评分法

10. [多项选择题]技术创新决策评估方法中，属于定量评估方法的有（　　）。
    A. 轮廓图法 B. 风险分析
    C. 检查清单法 D. 评分法
    E. 折现现金流量法

11. [单项选择题]甲企业拟购买一项新技术。经预测，该技术可再使用5年。采用该项新技术后，甲企业产品价格比同类产品每件可提高20元，预计未来5年产品的年销量分别为6万件、6万件、7万件、5万件、5万件。根据行业投资收益率，折现率确定为10%，复利现值系数见下表：

N	1	2	3	4	5
10%	0.909	0.826	0.751	0.683	0.621

    根据效益模型计算，该项新技术的价格为（　　）万元。
    A. 396.58 B. 32.62
    C. 443.74 D. 460.26

12. [单项选择题]某企业拟投资开发一项新技术。经测算，技术开发中的物质消耗为300万元，人力资本消耗为600万元，技术复杂系数为1.5，研发失败的概率为40%，根据成本模型，研发成功后该项目技术的评估价格应为（　　）万元。
    A. 950 B. 1 350
    C. 2 250 D. 3 375

13. [单项选择题]某企业拟购买某项制药技术，与该技术类似技术的实际交易价格为20万元，技术经济性能修正指数为1.3，时间修正指数为1.2，技术寿命修正指数为1.0，根据市场模拟模型，拟购买的技术的价格为（　　）万元。
    A. 33.32 B. 31.20
    C. 35.32 D. 36.32

✐ 学习笔记

Day 36

> 考点：企业技术创新的内部组织模式

1. [单项选择题] 某企业大力推广"双创"，允许员工两年内离开本岗位，从事自己感兴趣的创新工作。企业为员工提供资金设备等这种技术创新的内部组织模式属于（　　）。
   A. 企业技术中心　　　　　　　　　　B. 新事业发展部
   C. 内企业　　　　　　　　　　　　　D. 技术创新小组

2. [单项选择题] 某企业为开发新型产品，从市场部、生产部、研发中心等多个部门临时抽调10人组建创新组织，这种组织属于（　　）。
   A. 内企业　　　　　　　　　　　　　B. 企业技术中心
   C. 新事业发展部　　　　　　　　　　D. 技术创新小组

3. [单项选择题] 某企业为了研发某种新材料，专门招聘人员并设立了独立的固定部门进行研发，该企业设立的这种创新组织属于（　　）。
   A. 内企业　　　　　　　　　　　　　B. 技术创新小组
   C. 新事业发展部　　　　　　　　　　D. 产学研联盟

4. [多项选择题] 下列属于技术创新的内部组织模式的有（　　）。
   A. 中介协调型合作模式　　　　　　　B. 技术创新小组
   C. 新事业发展部　　　　　　　　　　D. 企业政府合作模式
   E. 内企业

> 考点：企业技术创新的外部组织模式

5. [单项选择题] 某家电企业联盟，以甲、乙、丙三家企业为核心层，以这三家企业的供应商为外围层，成员企业间的协调和冲突仲裁由核心层企业组成的协调委员会负责，这种企业联盟模式属于（　　）。
   A. 星形模式　　　　　　　　　　　　B. 联邦模式
   C. 平行模式　　　　　　　　　　　　D. 扁平模式

6. [单项选择题] 采用自发性协调方式，无盟主、无核心的企业联盟模式属于（　　）。
   A. 平行模式　　　　　　　　　　　　B. 扁平模式
   C. 联邦模式　　　　　　　　　　　　D. 星形模式

7. [单项选择题] 甲企业与20家生产商签订协议，生产商严格按照该企业提供的统一设计标准进行生产，生产出的产品由甲企业贴牌。甲企业与生产商组成的企业联盟的组织运行模式属于（　　）。
   A. 平行模式　　　　　　　　　　　　B. 联邦模式
   C. 扁平模式　　　　　　　　　　　　D. 星形模式

8. [多项选择题] 下列关于企业联盟的说法，正确的有（　　）。
   A. 星形模式的企业联盟由盟主负责协调和冲突仲裁
   B. 平行模式的企业联盟适用于垂直供应链型企业
   C. 平行模式的企业联盟采用自发性协调机制
   D. 联邦模式的企业联盟核心团队由具有核心能力的企业联合组成

E. 联邦模式的企业联盟成员地位平等、独立

9. [多项选择题] 产学研联盟的形式包括（　　）。
   A. 校内产学研合作模式
   B. 双向联合体合作模式
   C. 多项联合体合作模式
   D. 混合合作模式
   E. 中介协调型合作模式

▶ **考点**：企业研发管理

10. [单项选择题] 某企业出资在当地一所大学建立人工智能实验室，开展工业机器人方面的研发，这种研发模式属于（　　）。
    A. 合作研发
    B. 委托研发
    C. 自主研发
    D. 基础研发

11. [单项选择题] 某企业将所需的技术研发工作通过协议委托给外部的企业或机构来完成，这种研发模式称作（　　）。
    A. 自主研发　　B. 联合开发　　C. 合作研发　　D. 研发外包

12. [多项选择题] 关于自主研发的特点，说法正确的有（　　）。
    A. 规避风险，缩短产品的研发周期
    B. 有利于企业建立核心竞争力，培育核心竞争优势
    C. 研究成果具有外部性
    D. 对企业人员的素质、管理水平等要求较高
    E. 不需要企业投入太多精力

13. [单项选择题] IBM 公司从一些著名高校中挑选出有重要价值的科研项目与高校共同研发，该做法属于企业研发中的（　　）模式。
    A. 自主研发
    B. 委托研发
    C. 建立联盟
    D. 项目合作

14. [单项选择题] 某飞机制造企业决定将气流中的压力条件与固定浮力作为其定向研究方向，则该企业的研发类型为（　　）。
    A. 应用研究
    B. 开发研究
    C. 发展性研究
    D. 基础研究

15. [多项选择题] 下列关于委托研发与合作研发的说法，正确的有（　　）。
    A. 合作研发时，合作各方共同投入资金和技术
    B. 委托研发时，受托方投入资金，委托方投入技术
    C. 合作研发时，研发的成本风险是共担的
    D. 委托研发时，研发的成本风险是由委托方承担的
    E. 委托研发时，研发的失败风险是共担的

✎ 学习笔记

Day 37

> **考点**：企业管理创新

1. [单项选择题] 企业管理创新的主体不仅仅是管理人员，普通员工也是管理创新的重要参与者，体现了管理创新的（   ）特点。
A. 风险性
B. 全员性
C. 动态性
D. 系统性

2. [多项选择题] 管理创新的内部动因有（   ）。
A. 自我价值实现
B. 责任感
C. 经济性动机
D. 经济的发展变化
E. 科学技术的发展

3. [多项选择题] 关于管理创新和技术创新关系的说法，正确的有（   ）。
A. 管理创新决定技术创新的方向
B. 技术创新为管理创新提供了新的领域
C. 没有技术创新就没有管理创新
D. 管理创新有助于推动技术创新
E. 管理创新和技术创新相互制约

4. [单项选择题]（   ）是管理创新的灵魂和基石。
A. 管理理念创新
B. 管理组织创新
C. 管理方式方法创新
D. 管理制度创新

5. [单项选择题]（   ）是管理创新的最高层次，是管理创新实现的根本保证。
A. 管理理念创新
B. 管理组织创新
C. 管理方式方法创新
D. 管理制度创新

6. [多项选择题] 下列选项中，属于管理创新外部动因的有（   ）。
A. 社会文化环境变迁
B. 管理者的责任感
C. 企业家的自我价值实现
D. 经济发展变化
E. 科学技术的发展

> **模块**：案例集锦

7. [案例分析题] 甲企业与某研究所签订合同，委托该研究所对一项技术进行提供可行性论证、技术预测、专题技术调查。经预测，该技术可再使用 5 年。采用该项新技术后，预计未来 5 年产品的收入分别为 120 万元、120 万元、140 万元、100 万元、100 万元。根据行业投资收益率，折现率确定为 10%，复利现值系数见下表：

N	1	2	3	4	5
10%	0.909	0.826	0.751	0.683	0.621

经评估后，甲企业决定立项开发该技术，并从各个部门抽调 10 人组建新的部门负责攻关。3 年后，技术开发成功。甲企业于 2019 年 3 月 15 日向国家专利部门提交了发明专利申请，2020 年 6 月 20 日国家知识产权局授予甲企业该项技术发明专利权。

根据以上材料，回答下列问题：

(1) 根据效益模型计算，该项新技术的价格为（ ）万元。
    A. 396.58 B. 32.62
    C. 443.74 D. 460.2
(2) 甲企业为开发该项新技术设立的创新组织属于（ ）。
    A. 企业联盟 B. 内企业
    C. 产学研联盟 D. 技术创新小组
(3) 下列关于甲企业获得的该项技术专业权有效期的说法，正确的是（ ）。
    A. 有效期限为 10 年
    B. 有效期限自 2020 年 6 月 20 日起计算
    C. 有效期限自 2019 年 3 月 15 日起计算
    D. 有效期限为 20 年

学习笔记

参考答案及解析

Day 32

1. **ABD** [解析] 技术创新是一项高风险活动，而不是低风险活动，故 C 项错误；技术创新具有正外部性，而不是负外部性，故 E 项错误。

2. **ADE** [解析] 技术创新的特点包括：①技术创新是一种经济行为；②技术创新是一项高风险活动；③技术创新时间具有差异性；④外部性；⑤一体化与国际化。

3. **D** [解析] 技术外部性是指技术的非自愿扩散促进了周围的技术和生产力水平的提高，如对创新的无偿模仿。A、C 两项差异性要有对比，题目中没有提及；B 项技术的经济行为是指其目的是获取潜在的利润，而题目中没有提及利润，故错误。

4. **B** [解析] 技术创新是一种经济行为，创新的目的是获取潜在的利润。

5. **B** [解析] 根据本题所述，按常理可知该企业的创新成功即全新的 6 英寸手机，而且是推向市场销售的产品，可知为产品创新，故选 B 项。

6. **B** [解析] 工艺创新也称过程创新，是产品的生产技术变革，包括新工艺、新设备和新组织管理方式，分为重大的工艺创新和渐进的工艺创新。

7. **A** [解析] 根据技术创新对象的不同，技术创新分为产品创新和工艺创新。

> **●考点再现**
>
> Q_{5-7}　根据技术创新对象，可以将技术创新分为产品创新和工艺创新。产品创新和工艺创新的根本区别在于，企业是否将技术创新的成果推向市场销售，工艺创新也称过程创新。根据技术模式，可以将技术创新分为原始创新、集成创新和引进、消化吸收再创新模式。原始创新其本质属性是原创性和第一性；集成创新所应用的所有单项技术都不是原创的。根据技术创新的新颖程度，将技术创新分为渐进性创新和根本性创新。渐进性创新是对现有技术的改进和完善；根本性创新是指技术有重大突破的创新。

8. **C** [解析] 收音机和组合音响都是具体的产品，可知属于产品创新，故 A、D 两项错误；其次组合音响只是在原有收音机的功能上进一步扩展，并没有在技术原理上做重大变化，可知属于渐进（改进）产品创新，故选 C 项。

9. **B** [解析] 根本性创新是指技术有重大突破的技术创新，往往与科学上的重大发现相联系，例如，信息技术开创的信息时代，使远程研究开发、远程教育、远程医疗诊断、远程控制等成为现实，整个世界变成了"地球村"。

10. **A** [解析] 生产技术变革属于工艺创新的一种形式。

Day 33

1. **D** [解析] 技术推动创新模式：研究开发是创新构思的主要来源。技术推动或科技推动的创新是一种简单的线性关系，从基础研究开始，到应用研究，到研究开发，再到生产制造，直到商业化的新产品在市场上销售。

2. **C** [解析] 根据题目"工艺创新呈上升趋势并超越产品创新"可知为过渡阶段。

3. **B** [解析] "产品创新和工艺创新都呈现上升趋势，但产品创新明显强于工艺创新"属于不稳定阶段的特征。

4. **B** [解析] "产品创新和工艺创新都呈下降趋势，但工艺创新较产品创新有相对优势"属于稳定阶段特征。

5. B [解析] A—U过程模型的三个阶段包括不稳定阶段、过渡阶段、稳定阶段。

●考点再现

Q_{2-5} A—U过程模型的发展阶段分为：不稳定阶段、过渡阶段、稳定阶段。不稳定阶段的产品创新和工艺创新都呈上升趋势，但产品创新明显强于工艺创新；稳定阶段表现为产品创新和工艺创新都呈现下降趋势，但工艺创新较产品创新有相对优势；过渡阶段产品创新逐步减少，工艺创新继续呈上升趋势。

6. D [解析] 需求拉动模式指明市场需求信息是技术创新活动的出发点。

7. D [解析] 自主创新战略是指企业通过自身的努力和探索实现技术突破，攻破技术难关，并在此基础上依靠自己的能力推动创新的后续环节，完成技术的商品化，获得商业利润，实现预期目标的创新战略，故选D项。

8. C [解析] 进攻型战略的特点是在新技术研发上投入大量资源，致力于在竞争对手之前开发新技术，抢先推出新产品占领市场。

9. C [解析] B项撇脂战略不属于技术创新战略，故错误；D项不存在此说法，故错误。

10. A [解析] 领先战略的技术来源是以自主研发为主，B项错误。C、D两项描述的是领先战略。

11. BDE [解析] A、C两项属于领先战略的特征，故错误。

12. BCD [解析] 根据企业的行为方式不同，技术创新战略分为进攻型战略、防御型战略、切入型战略。A、E两项属于根据企业所期望的技术竞争地位的不同分类。

Day 34

1. BE [解析] B、E两项均属于领先战略的特征。A、C、D三项属于跟随战略的特点。

2. C [解析] A、B、D三项符合技术领先战略的表述。跟随战略的市场开发主要是开发细分市场或挤占他人市场，而领先战略是开拓一个全新的市场，C项错误。

3. D [解析] 技术来源以自主研发为主，A项错误。投资的重点是随技术开发的发展而逐渐移动的，在开发阶段重心在技术研究开发上，开发成功后移向生产和市场开发上，B项错误。市场开发的重点是开辟一个全新的市场，C项错误。

4. D [解析] 根据题目已知，该商标上一届有效期满为2018年8月16日，从该日期次日起算，延展10年，该商标的有效期应该到2028年8月16日。

5. D [解析] 注册商标有效期为10年，自核准之日起计算。本企业注册商标于2018年1月5日获得核准，所以到期时间应该是2028年1月4日。

●考点再现

Q_{4-5} 根据《中华人民共和国商标法》的规定，注册商标的有效期为10年，自核准注册之日起计算。注册商标有效期满，需继续使用的，商标注册人应当在期满前12个月内按照规定办理续展手续；在此期间未能办理的，可以给予6个月的宽展期。每次续展注册的有效期为10年，自该商标上一届有效期满次日起计算。期满未办理续展手续的，注销其注册商标。

6. D [解析] 外观设计专利申请的保护期限是15年，专利有效时期从申请之日算起，即在2019年11月15日的基础上加上15年的期限。

7. ABCE [解析] 世界贸易组织的《与贸易有关的知识产权协议》所列举的范围包括版权和相关权利、商标、地理标志、工业品外观设计、专利、集成电路布图设计（拓扑图）和未披露信息，并对协定许可中的反竞争行为的控制作出了规定。D 项属于世界知识产权组织的界定范围。

8. A [解析] 我国专利法规定，发明专利的期限为 20 年，实用新型专利保护期限为 10 年，外观设计专利保护期限为 15 年，均自申请之日起计算。

9. CDE [解析] 世界知识产权组织对知识产权的界定为：①关于文学、艺术和科学作品的权利；②关于表演艺术家的表演以及唱片和广播节目的权利；③关于人类一切活动领域的发明的权利；④关于科学发现的权利；⑤关于工业品外观设计的权利；⑥关于商标、服务标记及商业名称和标志的权利；⑦关于制止不正当竞争的权利；⑧在工业、科学、文学艺术领域内由于智力创造活动而产生的一切其他权利。A、B 两项属于《知识产权协定》中知识产权的内容。

Day 35

1. B [解析] 珍珠型项目：高收益和高成功率。

2. D [解析] 牡蛎型项目：高收益和低成功率。

3. C [解析] 白象型项目：低收益和低成功率。

4. AE [解析] 牡蛎型是企业长期竞争优势的源泉，B 项错误。珍珠型是企业快速发展的动力，C 项错误。牡蛎型预期收益高，但是成功概率低，D 项错误。

5. AE [解析] 项目组合评估包括的方法有：矩阵法、项目地图法。B、C、D 三项属于定性评估方法。

6. B [解析] 定性评估方法的评价原则是：选择排序序号平均值最小的项目。分别计算四个项目的序号平均值：①项目甲：(3+2+3)/3=8/3≈2.67；②项目乙：(2+3+1)/3=6/3=2；③项目丙：(4+1+4)/3=9/3=3；④项目丁：(1+4+2)/3=7/3≈2.33。选项排序序号平均值最小的项目为最优项目，故选 B 项。

7. BD [解析] 矩阵法分析企业技术组合时采用两个维度，第一个维度代表某一具体技术对行业发展的重要性；另一个维度表示企业在此技术上的投资和相对竞争地位，故选 B、D 两项。

8. C [解析] 根据技术组合分析矩阵所知，位于第一象限时，企业应该重点投资，故选 C 项。

• 考点再现

Q_{7-8} 技术组合分析矩阵：

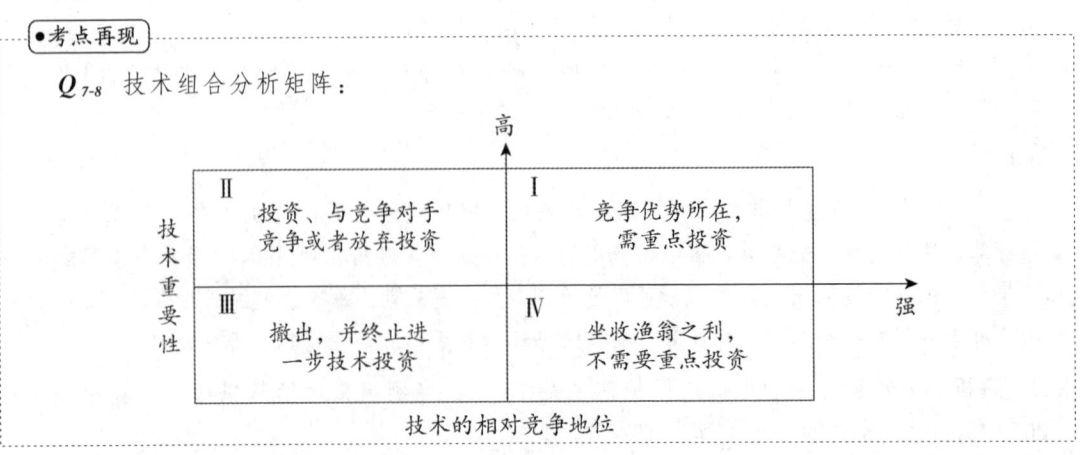

第七章 技术创新管理

9. BDE ［解析］定性评估方法包括轮廓图法、检查清单法、评分法、动态排序列表法。
10. BE ［解析］定量评估方法包括折现现金流量法、风险分析。
11. C ［解析］根据公式，新技术的价格＝20×6×0.909＋20×6×0.826＋20×7×0.751＋20×5×0.683＋20×5×0.621＝109.08＋99.12＋105.14＋68.3＋62.1＝443.74（万元）。
12. C ［解析］根据公式，技术商品价格＝（技术开发的物质消耗＋技术开发投入的人力消耗）×技术复杂系数/(1－研究开发的风险概率)＝［(300＋600)×1.5］/(1－40％)＝1 350/0.6＝2 250（万元）。
13. B ［解析］根据公式，价格＝类似技术实际交易价格×技术经济性能修正系数×时间修正系数×技术寿命修正系数＝20×1.3×1.2×1.0＝31.20（万元）。

Day 36

1. C ［解析］企业为了鼓励创新，允许自己的员工在一定限度的时间内离开本岗位工作，从事自己感兴趣的创新活动，并且可利用企业的现有条件，如资金、设备等。这些从事创新活动的员工为"内企业家"，由内企业家创建的企业称为"内企业"。根据题意可知，本题考查的是内企业的特点，故选C项。

2. D ［解析］技术创新小组是指为完成某一创新项目临时从各部门抽调若干专业人员而成立的创新组织。根据题可知，本题考查的是技术创新小组，故选D项。

3. C ［解析］新事业发展部是大企业为了开创全新事业而单独设立的组织形式，是独立于现有企业运行体系之外的分权组织，是一种固定性的组织。产学研联盟是指多个主体合作进行技术创新，属于企业技术创新的外部组织模式，故D项错误。

◆考点再现

Q_{1-3} 企业为了鼓励创新，允许自己的员工在一定限度的时间内离开本岗位工作，从事自己感兴趣的创新活动，并且可利用企业的现有条件，如资金、设备等。这些从事创新活动的员工为"内企业家"，由内企业家创建的企业称为"内企业"。技术创新小组是指临时从各部门抽调若干专业人员而成立的创新组织。新事业发展部是大企业为了开创全新事业而单独设立的组织形式，是独立于现有企业运行体系之外的分权组织，是一种固定性的组织。企业技术中心是企业，特别是大中型企业实施高度集中管理的科技开发组织，在本企业（行业）的科技开发活动中，起主导和牵头作用，具有权威性。

4. BCE ［解析］企业技术创新的内部组织模式包括内企业、技术创新小组、新事业发展部、企业技术中心。A、D两项属于企业技术创新的外部组织模式。

5. B ［解析］根据题目中"三家企业为核心层"，可知本题选B项。

6. A ［解析］平行模式无盟主、无核心，自发性协调。

7. D ［解析］甲企业与20家生产商签订协议，生产商严格按照该企业提供的统一设计标准进行生产，生产出的产品由甲企业贴牌，甲企业是盟主企业，属于星形模式。

8. ACD ［解析］平行模式适用于某一市场机会的产品联合开发以及长远合作，B项错误；联邦模式的外围伙伴与核心伙伴间的关系一般是技术外包或标准件供应关系，E项错误。

> **●考点再现**
>
> Q_{5-8} 企业联盟的组织运行模式：
>
> | 模式类型 | 联盟核心 | 联盟伙伴 | 协调机制 | 适用情形 |
> | --- | --- | --- | --- | --- |
> | 星形模式 | 盟主企业 | 相对固定的伙伴（如供应商） | 由盟主负责协调和冲突仲裁 | 垂直供应链（如耐克模式） |
> | 平行模式 | 无盟主、无核心 | 伙伴地位平等、独立 | 自发性协调 | 某一市场机会的产品联合开发以及长远合作 |
> | 联邦模式 | 核心团队（由具备最重要核心能力的企业联合组成） | 外围伙伴与核心层伙伴间的关系一般是技术外包或标准件供应关系 | 联盟协调委员会 | 高新技术产品的快速联合开发 |

9. ABCE ［解析］产学研联盟的形式包括校内产学研合作模式、双向联合体合作模式、多项联合体合作模式、中介协调型合作模式。

10. A ［解析］合作研发是指企业、科研院所、高等学校、行业基金会和政府等组织机构，为了克服研发中的高额投入和不确定性，规避风险，缩短产品的研发周期，应对紧急事件的威胁，节约交易成本而结成伙伴关系共同研发。它是以合作创新为目的，以组织成员的共同利益为基础，以优势资源互补为前提，通过契约或者隐形契约的约束联合行动而自愿形成的研发组织体。

11. D ［解析］委托研发又称研发外包，是企业将所需技术的研发工作通过协议委托给外部的企业或机构来完成。

> **●考点再现**
>
> Q_{10-11} 自主研发是利用企业自身资源来自己进行研发；合作研发是指企业、科研院所、高等院校等组织机构一起研发，共同承担风险，共享研究成果；委托研发又叫研发外包，是将工作通过协议委托给外部的企业或机构来完成。

12. BCD ［解析］自主研发的好处有：①研发成果最大限度地集中在企业内部，不易被竞争者所利用，有利于保护知识产权的专有性；②研发成果具有专门的实用性，可以快速、顺利地实现成果转化；③有助于提高企业人员的技术学习与技术开发能力；④有利于企业建立核心竞争力，培育核心竞争优势。自主研发的不利之处有：①研发的投入成本大，面临的不确定性大；②完全依靠企业内部力量，投资回收期长，沉没成本高，失败的风险非常高；③研究成果具有外部性；④对企业人员的素质、管理水平等要求较高。

13. D ［解析］A项自主研发与题中"与高校共同研发"不一致；B项委托研发是把工作外包出去；C项不属于企业研发模式。

14. D ［解析］基础研究也称纯理论研究，是指认识自然现象、揭示自然规律，获取新知识、新原理、新方法的研究活动，其目的在于认识世界，为推进科技进步进行初步探索。例如，飞机制造业将气流中的压力条件与固定浮力作为其定向基础研究。

15. ACD ［解析］在委托研发中，受委托方投入研发的知识和技术，委托方投入资金，研发的风险和成本风险不是共担的。在合作研发中，合作各方共同投入资金和技术，研发的风险是共担的。A、C、D三项正确。

Day 37

1. B [解析] 管理创新的特点有基础性、风险型、全员性、动态性、系统性。全员性是指企业管理创新的主体不仅仅是管理人员，普通员工也是管理创新的重要参与者，他们处在企业的基层，直接与企业的顾客接触。因此，企业管理创新应当是以企业全体人员为主体的全员性创新。

2. ABC [解析] 管理创新的内部动因有：自我价值实现、责任感、经济性动机。D、E 两项属于外部动因。

3. BCDE [解析] A 项错误，管理为技术创新提供了一个平台，使技术创新过程中的资源配置更有效率，对技术创新的方向和目标提出了具体要求。

4. A [解析] 管理创新的领域中，管理理念创新是企业进行管理创新的灵魂和基石。管理理念是企业从事经营管理活动的指导思想。

5. D [解析] 管理制度创新把管理理念创新、管理组织创新、管理方式方法创新活动制度化、规范化，同时又具有引导管理理念创新、管理组织创新、管理方式方法创新的功效。它是管理创新的最高层次，是管理创新实现的根本保证。

6. ADE [解析] 管理创新的外部动因包括社会文化环境的变迁、经济的发展变化、自然条件的约束、科学技术的发展等。

7. （1）C [解析] 根据公式，新技术的价格 $=120\times0.909+120\times0.826+140\times0.751+100\times0.683+100\times0.621=443.74$（万元）。

（2）D [解析] 甲企业决定立项开发该技术，并从各个部门抽调 10 人组建新的部门负责攻关，具有临时性的特征，属于技术创新小组。

（3）CD [解析] 根据专利法的规定，发明专利的保护期限是 20 年，自申请之日算起。

本章学习检查表

知识点或模块名称	初次学习		第一次复习		第二次复习	
	做对题目数/总题目数	学习日期	做对题目数/总题目数	复习日期	做对题目数/总题目数	复习日期
技术创新的特点						
技术创新的分类						
技术创新模式						
技术创新战略的类型						
技术创新战略的管理						
技术创新决策的评估方法						
企业技术创新的内部组织模式						
企业技术创新的外部组织模式						
企业研发管理						
企业管理创新						
案例集锦						

填写建议:

"做对题目数/总题目数"记录针对该知识点自己做题的情况,比如该知识点总题目数为10题,做了其中7题,记录为7/10。

"学习日期"记录自己学习该知识点时的日期,建议把下一次复习的日期也写上。

本章强化测试

扫码做题

备忘录:

第八章　人力资源规划与薪酬管理

学习指导

　　本部分是整本书的重点章节，也是案例分析题必考章节，其中包括人力资源规划、绩效考核和薪酬管理三部分，历年考查分值在 20 分左右。

　　本章与我们的生活息息相关，内容也较为简单，均是我们平时工作中遇到的问题。第一节会有部分计算题，计算过程简单且容易理解，考查难度不大，但其中有一些知识点（如绩效考核的方法等）内容比较复杂，建议区分记忆。

时间	考点或模块
Day 38	➢人力资源规划概述 ➢人力资源规划的制定程序 ➢人力资源需求与供给预测
Day 39	➢绩效与绩效考核的含义 ➢绩效考核的内容和标准 ➢绩效考核的步骤与方法
Day 40	➢薪酬的概念、构成与功能 ➢薪酬管理的含义及其影响因素
Day 41	➢企业薪酬制度设计的原则和流程 ➢基本薪酬设计
Day 42	➢激励薪酬设计与福利
Day 43	➢案例集锦

▶▶▶ Day 38

➢ **考点**：人力资源规划概述

1. ［单项选择题］人力资源计划按照规划时间长短可划分为短期规划、中期规划和长期规划，其中中期规划的时间跨度为（　　）。
   A. 半年　　　　　　B. 1 年　　　　　　C. 1~3 年　　　　　　D. 1~5 年

2. ［多项选择题］某企业在 2024 年年底根据企业的总体目标要求和人员的流动情况，拟定 2025 年人员补充计划，该计划属于（　　）。
   A. 短期规划　　　　　　　　　　　B. 中期规划
   C. 长期规划　　　　　　　　　　　D. 总体规划
   E. 具体计划

3. ［单项选择题］下列企业人力资源计划中，将目标定为优化部门编制和人员结构的是（　　）。
   A. 薪酬激励计划　　　　　　　　　B. 人员使用计划
   C. 人员培训开发计划　　　　　　　D. 劳动关系计划

4. [单项选择题] 下列企业人力资源计划类型中，以提高员工知识技能、改善员工工作作风为目标的计划是（　　）。
   A. 员工培训计划　　　　　　　　　　　B. 员工使用计划
   C. 员工招聘计划　　　　　　　　　　　D. 劳动关系计划

5. [单项选择题] 企业的人力资源规划按照规划的性质可分为总体规划和具体计划，下列内容中，属于人力资源培训开发计划目标的是（　　）。
   A. 提高士气　　　　　　　　　　　　　B. 明确补充人员的数量
   C. 合理配置人员　　　　　　　　　　　D. 提高人员知识技能

6. [单项选择题] 下列企业人力资源规划中，将目标定为降低人工成本、维护企业制度和改善人力资源结构的是（　　）。
   A. 退休解聘计划　　　　　　　　　　　B. 劳动关系计划
   C. 人员补充计划　　　　　　　　　　　D. 人员使用计划

▶ 考点：人力资源规划的制定程序

7. [单项选择题] 人力资源规划制定的第一个步骤是（　　）。
   A. 进行人力资源需求与供给预测
   B. 制定人力资源总体规划和各项具体计划
   C. 收集信息，分析企业经营战略对人力资源的要求
   D. 人力资源规划实施与效果评价

▶ 考点：人力资源需求与供给预测

8. [单项选择题] 下列人力资源需求预测方法中能够避免参加预测的专家因身体地位的差别、人际关系及群体压力等因素对意见表达的影响的定性方法是（　　）。
   A. 德尔菲法　　　　　　　　　　　　　B. 一元回归分析法
   C. 人员核查法　　　　　　　　　　　　D. 转换比率分析法

9. [单项选择题] 下列人力资源预测方法中，由适当数量的有经验的专家依赖自己的知识、经验和分析判断能力，对企业的人力资源需求进行判断与预测的方法是（　　）。
   A. 人员核查法　　　　　　　　　　　　B. 德尔菲法
   C. 转换比率分析法　　　　　　　　　　D. 一元回归分析法

10. [单项选择题] 某企业统计研究发现，年销售额每增加1 000万元需增加管理人员、销售人员和客服人员共36名，管理人员、销售人员和客服人员的比例是1∶5∶3。该企业预计2025年销售额比2024年销售额增加2 000万元，根据转换比率分析法，该企业2025年需要新增销售人员（　　）人。
    A. 40　　　　　　　　　　　　　　　　B. 15
    C. 36　　　　　　　　　　　　　　　　D. 24

11. [单项选择题] 下列方法中，简便易行且主要适用于短期预测的人力资源需求预测方法的是（　　）。
    A. 人员核查法　　　　　　　　　　　　B. 德尔菲法
    C. 马尔可夫模型法　　　　　　　　　　D. 管理人员判断法

12. [单项选择题] 某企业采用马尔可夫模型法进行人力资源供给预测,现有业务员 100 人,业务主管 10 人,销售经理 4 人,销售总监 1 人,该企业人员变动矩阵如下:

职务	人员调动概率				
	销售总监	销售经理	业务主管	业务员	离职率
销售总监	0.8				0.2
销售经理	0.1	0.8			0.1
业务主管		0.1	0.7		0.2
业务员			0.1	0.6	0.3

注：表中数据为员工调动概率的年平均百分比。

该企业一年后业务主管内部供给量为（　　）人。

A. 12 B. 17
C. 60 D. 72

13. [单项选择题] 某商场根据过去的经验,在一年中每增加 1 000 万元的销售额,需增加 20 人,预计一年后销售额增加 2 000 万元,如果管理人员、销售人员和后勤服务人员的比例是 1∶6∶3,则需要新增的管理人员（　　）人。

A. 2 B. 4
C. 12 D. 16

✎ 学习笔记

Day 39

➤ **考点**：绩效与绩效考核的含义

1. [单项选择题] 某企业根据2017年的绩效考核计划，对销售部门的业务员进行了考核，公司决定将年度绩效考核第1名的业务员王某升职为业务主管，这体现了绩效考核的（　　）。
   A. 学习与导向功能　　　　　　　　B. 沟通功能
   C. 监控功能　　　　　　　　　　　D. 管理功能

2. [单项选择题]（　　）是企业根据既定的员工绩效目标，收集与员工绩效相关的各种信息，借助一定的方法，定期对员工完成绩效目标的情况进行考查、评价和反馈，从而促进员工绩效目标的实现，并促进组织整体绩效目标实现的管理活动。
   A. 绩效调查　　　　　　　　　　　B. 绩效辅导
   C. 绩效考核　　　　　　　　　　　D. 绩效计划

➤ **考点**：绩效考核的内容和标准

3. [多项选择题] 企业对员工绩效考核的项目主要包括（　　）。
   A. 工作目标　　　　　　　　　　　B. 工作业绩
   C. 工作职能　　　　　　　　　　　D. 工作能力
   E. 工作态度

4. [单项选择题] 绩效考核内容是对企业员工工作任务的界定，具体包括绩效考核项目和（　　）。
   A. 绩效考核方法　　　　　　　　　B. 绩效考核指标
   C. 绩效考核周期　　　　　　　　　D. 绩效考核反馈

5. [单项选择题] 下列关于绩效考核标准的说法，错误的是（　　）。
   A. 绩效考核标准要明确、具体、清楚，但必要情况下可以含糊不清
   B. 绩效考核标准必须适度
   C. 绩效考核标准必须具有可变性
   D. 绩效考核标准的设计和确定，必须符合科学、理性的原则

➤ **考点**：绩效考核的步骤与方法

6. [多项选择题] 下列绩效考核工作中，属于绩效考核实施阶段的工作的有（　　）。
   A. 绩效考核评价
   B. 选择考核者
   C. 确定考核方法
   D. 明确考核标准
   E. 进行绩效沟通

7. [多项选择题] 下列绩效考核工作中，属于绩效考核技术准备阶段的工作的有（　　）。
   A. 选择考核者　　　　　　　　　　B. 明确考核标准
   C. 进行绩效沟通　　　　　　　　　D. 确定考核方法
   E. 绩效考核评价

8. [多项选择题] 下列绩效考核活动中，属于绩效考核结果反馈阶段的工作的有（　　）。
   A. 分析整理绩效考核结果
   B. 改进人力资源开发与管理工作
   C. 与被考核者沟通绩效考核结果
   D. 指出被考核者在绩效方面的问题
   E. 指导被考核者制订绩效改进计划

9. [单项选择题] 某企业对一名生产主管进行绩效考核，首先由该生产主管做个人述职报告，然后由生产部经理、其他生产主管以及该生产主管所管理的员工对该主管的工作绩效作出评价，最后综合分析各方面意见得出该主管的绩效考核结果。这种绩效考核方法是（　　）。
   A. 民主评议法
   B. 关键事件法
   C. 目标管理法
   D. 行为锚定评价法

10. [单项选择题] 在绩效考核时，为每一职位的各个考核维度设计出评分量表，量表上的每个分数刻度都对应典型行为的描述性文字，供考核者在对考核对象进行评价打分时参考。这种方法称为（　　）。
    A. 评级量表法
    B. 书面鉴定法
    C. 关键事件法
    D. 行为锚定评价法

11. [单项选择题] 某企业用文字长期记录员工在工作中发生的直接影响工作绩效的重要行为，以对员工的工作绩效进行评价。该企业采取的绩效考核方法是（　　）。
    A. 民主评议法
    B. 书面鉴定法
    C. 关键事件法
    D. 关键绩效指标法

12. [多项选择题] 企业对员工进行绩效考核时，常用的方法有（　　）。
    A. 职位分类法
    B. 职位等级法
    C. 关键事件法
    D. 民主评议法
    E. 书面鉴定法

13. [单项选择题] 某企业某部门运用一一对比法对所属的4名员工进行绩效考核，考核情况如下表所示：

比较对象	考核对象			
	张××	王××	李××	赵××
张××	0	—	—	＋
王××	＋	0	—	＋
李××	＋	＋	0	＋
赵××	—	—	—	0

由此可知，绩效最差的员工是（　　）。
A. 张××
B. 王××
C. 李××
D. 赵××

✎ 学习笔记

Day 40

> 考点：薪酬的概念、构成与功能

1. [单项选择题] 下列薪酬类型中，依据员工的职位、级别和能力支付报酬的是（　　）。
   A. 基本薪酬　　　　　　　　　　B. 补偿薪酬
   C. 激励薪酬　　　　　　　　　　D. 间接薪酬

2. [单项选择题] 企业给员工缴纳的社会保险费属于（　　）。
   A. 基本薪酬　　B. 激励薪酬　　C. 补偿薪酬　　D. 间接薪酬

3. [多项选择题] 下列薪酬形式中，属于激励薪酬的有（　　）。
   A. 奖金　　　　B. 员工持股　　C. 员工分红　　D. 保险福利
   E. 带薪休假

4. [多项选择题] 从员工的角度，薪酬具有的功能有（　　）。
   A. 增值功能　　　　　　　　　　B. 保障功能
   C. 激励功能　　　　　　　　　　D. 调节功能
   E. 改善用人活动功效的功能

5. [单项选择题] 对企业来讲，薪酬是企业购买劳动力的成本，它能够给企业带来大于成本的预期收益，这属于薪酬的（　　）。
   A. 增值功能
   B. 改善用人活动功效功能
   C. 协调企业内部关系和塑造企业文化功能
   D. 促进企业变革和发展功能

6. [单项选择题] 企业提供给员工的各种福利属于（　　）。
   A. 补偿薪酬　　B. 激励薪酬　　C. 基本薪酬　　D. 间接薪酬

> 考点：薪酬管理的含义及其影响因素

7. [单项选择题] 影响企业薪酬管理的主要因素不包括（　　）。
   A. 企业外部因素　　　　　　　　B. 企业内部因素
   C. 员工个人因素　　　　　　　　D. 市场因素

8. [多项选择题] 影响企业薪酬管理的外部因素有（　　）。
   A. 法律法规　　　　　　　　　　B. 企业的发展阶段
   C. 物价水平　　　　　　　　　　D. 员工所处的职位
   E. 劳动力市场的供求状况

9. [多项选择题] 影响企业薪酬管理的内部因素包括（　　）。
   A. 物价水平　　　　　　　　　　B. 员工的工作年限
   C. 企业的发展阶段　　　　　　　D. 劳动力市场的状况
   E. 企业的财务状况

✏ 学习笔记

Day 41

▶ **考点**：企业薪酬制度设计的原则和流程

1. [单项选择题] 企业内部各类、各级职位的薪酬标准要适当拉开距离，以提高员工的工作积极性，这体现了薪酬制度设计的（ ）。
   A. 公平原则　　　　　　　　　　　　B. 合法原则
   C. 激励原则　　　　　　　　　　　　D. 量力而行原则

2. [单项选择题] 在进行薪酬制度设计时，强调同一企业中从事相同工作的员工的报酬要与其绩效相匹配，这体现了薪酬制度设计的（ ）原则。
   A. 外部公平　　　　　　　　　　　　B. 内部公平
   C. 个人公平　　　　　　　　　　　　D. 量力而行

3. [单项选择题] 下列不属于企业薪酬设计流程的是（ ）。
   A. 明确现状和需求
   B. 调查分析企业外部环境
   C. 确定员工薪酬策略
   D. 进行工作分析

▶ **考点**：基本薪酬设计

4. [单项选择题] 某企业进行基本薪酬设计时，第三薪酬等级的薪酬区间中值为3 000元，薪酬浮动率为20%，则该薪酬等级的区间最高值为（ ）元。
   A. 4 800　　　　　　　　　　　　　B. 3 600
   C. 3 000　　　　　　　　　　　　　D. 2 400

5. [单项选择题] 某企业第三个薪酬等级的薪酬区间中值为2 000元，薪酬浮动率为15%，该薪酬等级内部由低到高划分为4个薪酬级别，各薪酬级别之间的差距是等差的，则第2级别的薪酬值为（ ）元。
   A. 2 300　　　　　　　　　　　　　B. 2 000
   C. 1 700　　　　　　　　　　　　　D. 1 900

6. [多项选择题] 某企业决定以职位为导向重新设计基本薪酬制度，可采用的方法有（ ）。
   A. 职位等级法　　　　　　　　　　　B. 职位分类法
   C. 关键绩效指标法　　　　　　　　　D. 因素比较法
   E. 计点法

7. [单项选择题] 某企业进行薪酬制度设计时，将各种职位划分为若干种职位类型，找出各种职位中包含的共同"付酬因素"，然后把各"付酬因素"划分为若干等级，并对每一因素及其等级予以界定和说明，接着对每一"付酬因素"指派分数以及其在该因素各等级间的分配数值；最后，利用一张转换表将处于不同职级上的职位所得的"付酬因素"数值转换成具体的薪酬金额。该企业采用的薪酬制度设计方法是（ ）。
   A. 职位分类法　　　　　　　　　　　B. 职位等级法
   C. 计点法　　　　　　　　　　　　　D. 因素比较法

8. ［多项选择题］企业确定薪酬浮动率时要考虑的因素主要有（   ）。
   A. 本企业的薪酬支付能力
   B. 同一行业其他企业同种职位的薪酬标准
   C. 本企业各薪酬等级自身的价值
   D. 本企业各薪酬等级之间的价值差异
   E. 本企业各薪酬等级的重叠比率

9. ［单项选择题］较适用于工作在生产和业务一线员工的基本薪酬确定的方法是（   ）。
   A. 以职位为基础的基本薪酬设计方法
   B. 以类型为基础的基本薪酬设计方法
   C. 以知识为基础的基本薪酬设计方法
   D. 以技能为基础的基本薪酬设计方法

10. ［单项选择题］宽带型薪酬结构是（   ）的薪酬等级以及相应（   ）的薪酬变动范围。
    A. 较多，比较窄   B. 较少，比较宽
    C. 较少，比较窄   D. 较多，比较宽

✎ 学习笔记

Day 42

▶ **考点**：激励薪酬设计与福利

1. [多项选择题] 下列薪酬形式中，属于激励薪酬的有（　　）。
   A. 带薪休假　　　　　　　　B. 保险福利
   C. 计件工资　　　　　　　　D. 股票期权
   E. 奖金

2. [单项选择题] 下列薪酬类型中，具有满足员工的不同需要，减少员工对企业不满意情绪作用的是（　　）。
   A. 福利　　　　　　　　　　B. 绩效奖金
   C. 绩效工资　　　　　　　　D. 利润分享计划

3. [多项选择题] 下列薪酬形式中，适用于个人激励的有（　　）。
   A. 绩效奖金
   B. 员工持股计划
   C. 利润分享计划
   D. 收益分享计划
   E. 特殊绩效认可计划

4. [单项选择题] 下列不属于国家法定福利的是（　　）。
   A. 住房公积金
   B. 公休假日
   C. 带薪休假
   D. 利润分享计划

5. [单项选择题] 某企业根据2017年绩效考核结果，对考核结果非常优秀的员工，将其2018年度的基本工资调高6%，该企业采用的个人激励薪酬的形式属于（　　）。
   A. 绩效奖金
   B. 利润分享计划
   C. 特殊绩效认可计划
   D. 绩效调薪

6. [多项选择题] 下列福利类型中，属于国家法定福利的有（　　）。
   A. 基本养老保险
   B. 企业为员工家属提供的老人护理
   C. 住房公积金
   D. 公休假日
   E. 带薪休假

7. [单项选择题] 企业给员工缴存的住房公积金属于（　　）。
   A. 个人激励薪酬
   B. 基本薪酬
   C. 福利
   D. 群体激励薪酬

8. ［多项选择题］下列属于企业自主福利的有（　　）。
   A. 住房公积金　　　　　　　　　B. 法定休假日
   C. 老人护理　　　　　　　　　　D. 员工退休计划
   E. 失业保险

9. ［单项选择题］根据我国劳动法规定，国家实行带薪年休假制度，劳动者连续工作（　　）以上的，享受带薪休假。
   A. 3个月　　　　　　　　　　　B. 6个月
   C. 1年　　　　　　　　　　　　D. 3年

10. ［单项选择题］（　　）是员工持股计划的一种重要表现形式。
    A. 绩效奖金　　　　　　　　　　B. 年薪制
    C. 股票期权　　　　　　　　　　D. 福利

11. ［多项选择题］下列关于福利的说法，正确的有（　　）。
    A. 福利即企业支付给员工的直接薪酬
    B. 福利具有准固定成本的性质
    C. 福利的形式灵活多样，可以满足员工的不同的需要
    D. 福利具备一定的可变性，与员工个人绩效直接相连
    E. 福利具有税收方面的优惠

12. ［单项选择题］与绩效无关，且有助于吸引和留住员工增强企业的凝聚力的是（　　）。
    A. 福利　　　　　　　　　　　　B. 绩效奖金
    C. 股票期权　　　　　　　　　　D. 利润分享

学习笔记

第八章 人力资源规划与薪酬管理

Day 43

> **模块**：案例集锦

1.［案例分析题］2024年年末，某企业根据人力资源需求与供给状况及相关资料，制定2025年人力资源总体规划和人员接续及升迁计划。经过调查研究，确认该企业的市场营销人员变动矩阵如下表所示。

职务	现有人数	年平均人员调动概率				年平均离职率
		市场营销总监	市场营销经理	市场营销主管	业务员	
市场营销总监	1	0.9				0.1
市场营销经理	5	0.1	0.8			0.1
市场营销主管	30		0.1	0.8		0.1
业务员	240			0.1	0.8	0.1

根据以上材料，回答下列问题：

(1) 该企业对人力资源需求状况进行预测时，可采用的方法是（　　）。
　　A. 杜邦分析法　　　　　　　　　B. 一元回归分析法
　　C. 管理人员判断法　　　　　　　D. 关键事件法

(2) 根据马尔可夫模型法计算，该企业2025年业务员的内部供给量为（　　）人。
　　A. 180　　　　B. 192　　　　C. 216　　　　D. 168

(3) 该企业制定的人员接续及升迁计划属于（　　）。
　　A. 长期规划　　　　　　　　　　B. 具体计划
　　C. 总体规划　　　　　　　　　　D. 中期规划

(4) 影响该企业人力资源外部供给量的因素是（　　）。
　　A. 所在地区人口总量和人力资源供给率
　　B. 所在行业劳动力市场供求状况
　　C. 所属行业的价值链长度
　　D. 所在地区人力资源总体构成

2.［案例分析题］某企业为了满足业务拓展的需要和充分调动员工的积极性，进行人力资源需求与供给预测，同时修订本企业的薪酬制度。经过调查研究与分析，确认该企业的销售额和所需销售人员数量成正相关关系，并根据过去十年的统计资料，建立了一元线性回归预测模型，$Y=a+bX$，X代表销售额（单位：万元），Y代表销售人员数量（单位：人），参数$a=20$，$b=0.03$。该企业预计2025年销售额将达到1 500万元。

根据以上材料，回答下列问题：

(1) 根据一元回归分析法计算，该企业2025年需要销售人员（　　）人。
　　A. 50　　　　　　　　　　　　　B. 65
　　C. 70　　　　　　　　　　　　　D. 100

(2) 该企业预测人力资源需求时可采用（　　）。
　　A. 杜邦分析法　　　　　　　　　B. 管理人员判断法
　　C. 行为锚定法　　　　　　　　　D. 人员核查法

(3) 影响该企业人力资源外部供给量的因素是（   ）。

　　A. 企业人员调动率　　　　　　　　B. 企业人才流失率

　　C. 企业所在地区人力资源总体构成　　D. 企业所处行业劳动力市场供求状况

(4) 影响该企业修订薪酬制度的内在因素是（   ）。

　　A. 企业的经营战略　　　　　　　　B. 企业的财务状况

　　C. 企业所处行业的惯例　　　　　　D. 企业所在地区的生活水平

3. [案例分析题] 某企业为了加强薪酬管理，决定对现有的薪酬制度进行改革，探索在研发部等专业技术人员较为集中的部门建立宽带薪酬结构，以更好地调动专业技术人员的工作积极性。根据职位评价的结果，该企业共划分了六个薪酬等级；每一薪酬等级又分别划分了若干薪酬级别。各薪酬级别之间的差距是相等的。其中，第四薪酬等级分为四个薪酬级别，第四薪酬等级的薪酬区间中值为5万元/年，薪酬浮动率为10%。

　　根据以上资料，回答下列问题：

(1) 该企业第四薪酬等级的薪酬区间最高值为（   ）万元/年。

　　A. 5.50　　　　　　　　　　　　　B. 5.00

　　C. 6.52　　　　　　　　　　　　　D. 6.12

(2) 该企业第四薪酬等级中的第二薪酬级别的薪酬值为（   ）万元/年。

　　A. 4.83　　　　　　　　　　　　　B. 4.67

　　C. 5.16　　　　　　　　　　　　　D. 4.52

(3) 薪酬浮动率对于调整薪酬水平具有一定的作用，确定薪酬浮动率时要考虑的因素有（   ）。

　　A. 本企业各薪酬等级之间的价值差异

　　B. 本企业各薪酬等级自身的价值

　　C. 同一行业其他企业同种职位的薪酬标准

　　D. 本企业的薪酬支付能力

(4) 宽带型薪酬结构最大的特点是（   ）。

　　A. 体现了员工职位评价的结果

　　B. 职位等级能够反映出职位的价值差异

　　C. 充分考虑了员工在本单位工作的时间

　　D. 增大了员工通过技术和能力的提升增加薪酬的可能性

学习笔记

参考答案及解析

Day 38

1. D [解析] 中期规划一般为1~5年的时间跨度。短期规划一般为1年或1年以内的规划。长期规划一般为5年或5年以上的规划。

2. AE [解析] 首先根据题目信息可知，2024年至2025年时间跨度为1年以内，属于短期规划，A项正确，B、C两项错误；其次，总体规划是指根据企业的发展战略、目标和任务，对规划期内企业人力资源开发和利用的总目标和配套政策的总体谋划和安排；具体计划是指为了实现总体规划而进行的措施，包括人员补充计划、人员使用计划、人员接续及升迁计划、人员培训开发计划、薪酬激励计划等。根据题目信息"人员补充计划"可知属于具体计划，故E项正确。

3. B [解析] 人员使用计划的目标：优化部门编制和人员结构、改善绩效、合理配置、加强职务轮换。

4. A [解析] 员工培训计划的目标是提高人员知识技能，明确培训数量及类别，提高绩效，改善工作作风和企业文化等。

5. D [解析] A项属于薪酬激励计划的目标；B项属于人员补充计划的目标；C项属于人员使用计划的目标。

6. A [解析] 退休解聘计划的目标是降低人工成本、维护企业制度、改善人力资源结构等。

7. C [解析] 人力资源规划的制定程序：①收集信息，分析企业经营战略对人力资源的要求；②进行人力资源需求与供给预测；③制定人力资源总体规划和各项具体计划；④人力资源规划实施与效果评价。本题选C项。

8. A [解析] 人力资源需求预测方法包括管理人员判断法、德尔菲法、转换比率分析法、一元回归分析法；人力资源供给预测方法包括人员核查法、马尔可夫模型法。首先，题目已告知为人力资源需求预测方法，可排除C项"人员核查法"，因为该方法为人力资源内部供给预测方法；其次在人力资源需求预测方法中，属于定性预测方法的是德尔菲法和管理人员判断法，而一元回归分析法和转换比率分析法属于定量预测方法，故排除B、D两项，A项正确。

9. B [解析] 德尔菲法是由有经验的专家依赖自己的知识、经验和分析判断能力，对企业的人力资源需求进行直觉判断与预测，故选B项；A项属于人力资源供给预测方法；C、D两项属于运用数据进行分析的方法。

10. A [解析] 年销售额每增加1 000万元需增加管理人员、销售人员和客服人员共36名，预计2025年销售额比2024年销售额增加2 000万元，则管理人员、销售人员和客服人员应同比例增加72人。管理人员、销售人员和客服人员的比例是1∶5∶3，则2025年需新增销售人员＝72×5/9＝40（人）。

11. D [解析] 管理人员判断法是一种粗略的、简便易行的人力资源预测方法，主要适用于短期预测，故选D项；A、C两项属于人力资源供给预测方法；德尔菲法是由有经验的专家依赖自己的知识、经验和分析判断能力，对企业的人力资源需求进行直觉判断与预测的方法，故B项错误。

12. B [解析] 根据表所知，业务主管的供给量由两个部分组成，一部分是留在业务主管的人数，一部分是由业务员晋升上来的，故计算为：0.7×10+100×0.1=17（人）。

13. B [解析] 每年增加1 000万元销售额，需增加20人，预计一年后销售额增加2 000万元，则需增加40人。其中管理人员、销售人员和后勤服务人员比例为1∶6∶3，则需新增管理人员$=40×\frac{1}{10}=4$（人）。

Day 39

1. D [解析] 绩效考核既要解决考核什么和怎样考核的问题，又要根据绩效考核结果对员工进行奖惩、职位升降、工作转换、培训等，这些都充分体现了它的管理功能，故选D项。

2. C [解析] 绩效考核是指组织根据既定的员工绩效目标，收集与员工绩效相关的各种信息，借助一定的方法，定期对员工完成绩效目标的情况进行考查、评价和反馈，从而促进员工绩效目标的实现，并促进组织整体绩效目标的实现的管理活动。

3. BDE [解析] 企业对员工绩效考核主要包括工作业绩、工作能力和工作态度三个考核项目。

4. B [解析] 绩效考核的内容是对企业员工工作任务的界定，它明确地回答了企业员工在绩效考核期内应该完成什么样的工作，具体包括绩效考核项目和绩效考核指标两个部分。

5. A [解析] 绩效考核标准必须要明确、具体、清楚，不能含糊不清，应尽量使用量化标准。故A项错误。

6. AE [解析] 绩效考核实施阶段的主要任务包括绩效沟通与绩效考核评价。B、C、D三项属于绩效考核准备阶段的工作。

7. ABD [解析] 绩效考核准备阶段的主要任务包括选择考核者、明确考核标准、确定考核方法等。C、E两项属于绩效考核实施阶段的工作。

8. CDE [解析] 绩效考核结果反馈阶段的主要任务是上级领导就绩效考核的结果与考核对象沟通，具体指出员工在绩效方面存在的问题，指导员工制订出绩效改进的计划，还要对该计划的执行效果进行跟踪并给予指导。A、B两项属于绩效考核结果的运用阶段的工作。

> **◆考点再现◆**
>
> Q_{6-8} 绩效考核的准备阶段中，绩效考核的技术准备工作包括选择考核者、明确考核标准、确定考核方法等；绩效考核的实施阶段的主要任务包括绩效沟通、绩效考核评价；绩效考核结果反馈阶段的主要任务是上级领导就绩效考核的结果与考核对象沟通，具体指出员工在绩效方面存在的问题，指导员工制订出绩效改进的计划，还要对该计划的执行效果进行跟踪并给予指导；绩效考核结果的运用包括将考核结果的大量信息、资料进行分析整理，把这些结果合理地运用到人力资源开发与管理工作的各个环节，使之成为人力资源开发与管理各个环节的依据。

9. A [解析] 民主评议法是指在听取考核对象个人的述职报告的基础上，由考核对象的上级主管、同事、下级以及与其有工作关系的人员，对其工作绩效作出评价，然后综合分析各方面的意见得出该考核对象的绩效考核结果。

10. D [解析] 行为锚定评价法是把评级量表法与关键事件法结合起来，取两者之所长的方法，这种方法为每一个职位的各个考核维度都设计出一个评分量表，量表上的每个分数刻度都对应有一些典型行为的描述性文字说明（即行为锚定），供考核者在对考核对象进行评价打分时参考。

11. C [解析] 关键事件法就是通过观察，用描述性的文字记录下企业员工在工作中发生的直接影响工作绩效的重大和关键性的事件和行为。

12. CDE [解析] 常用的绩效考核的方法包括民主评议法、书面鉴定法、关键事件法、比较法、量表法。

● 考点再现

> Q_{9-12} 绩效考核的方法包括民主评议法、书面鉴定法、关键事件法、比较法（直接排序法、交替排序法、一一对比法）、量表法（评级量表法、行为锚定评价法）。交替排序法是直接排序法的一个变形，考核者先从所有的考核对象中选出最好和最差的两名，然后在余下的人员中再选出最好和最差的两名，以此类推，直至全部人员的顺序排定；书面鉴定法是指考核者以书面文字的形式对考核对象作出评价的方法；评级量表法：量表中列出需要考核的绩效项目和绩效指标，然后将每个指标的评价尺度划分为若干等级；民主评议法是指在听取考核对象个人的述职报告的基础上，由考核对象的上级主管、同事、下级以及与其有工作关系的人员，对其工作绩效作出评价，然后综合分析各方面的意见得出该考核对象的绩效考核结果；关键事件法是通过观察，用描述性的文字记录下企业员工在工作中发生的直接影响工作绩效的重大和关键性的事件和行为；行为锚定法是把评级量表法与关键事件记录法结合起来，取两者之所长的方法，这种方法为每一个职位的各个考核维度都设计出一个评分量表，量表上的每个分数刻度，都对应有一些典型行为的描述性文字说明（即行为锚定），供考核者在对考核对象进行评价打分时参考。

13. C [解析] 根据一一对比法的评价原则，所得"＋"越多，绩效越好，反之所得"＋"越少绩效越差。对应表格可知，四名员工所得"＋"最少的是"李××"，为0个"＋"，故选C项。

Day 40

1. A [解析] 薪酬的类型包括基本薪酬、激励薪酬和间接薪酬。基本薪酬是企业依据员工所承担的工作或者所具备的技能而支付给员工的比较稳定的经济收入；激励薪酬是根据绩效支付的有变动性质的薪酬；间接薪酬是指企业给员工提供的各种福利，具有普遍性。

2. D [解析] 首先，根据福利的内容可知，社会保险属于法定福利的内容；其次，根据间接薪酬的概念可知，间接薪酬主要是指各种福利，因此，企业为员工缴纳的社会保险费也可视为间接薪酬的形式，D项正确。

3. ABC [解析] 激励薪酬包括奖金、员工持股、员工分红、经营者年薪制与股权激励等形式。D、E两项属于间接薪酬，是人人都有份的薪酬。

4. BCD [解析] 薪酬对员工的功能包括保障功能、激励功能、调节功能；薪酬对企业的功能有包括增值功能、改善用人活动功效的功能、协调企业内部关系和塑造企业文化的功能、促进企业变革和发展的功能。A、E两项属于薪酬对企业的功能。企业对社会还有独特的功能，薪酬水平的高低会直接影响到国民经济的正常运行，也会影响到人民的生活质量和社会的稳定等。

5. A [解析] 薪酬对企业的增值功能是指从企业投资活动的角度来看,薪酬是企业购买劳动力的成本,它能够给企业带来大于成本的预期收益。

6. D [解析] 间接薪酬是指企业给员工提供的各种福利,所以福利属于间接薪酬。

7. D [解析] 影响薪酬管理的因素主要有三类,即企业外部因素、企业内部因素和员工个人因素。

8. ACE [解析] B项属于企业的内部因素,D项属于员工个人因素。

9. CE [解析] A、D两项属于外部因素;B项属于员工个人因素。

• 考点再现

Q_{8-9} 影响薪酬管理的外部因素包括法律法规、物价水平、劳动力市场的状况和其他企业的薪酬状况。影响薪酬管理的内部因素包括企业的经营战略、企业的发展阶段、企业的财务状况。

Day 41

1. C [解析] 激励原则是指企业内部各类、各级职位之间的薪酬标准要适当拉开距离,避免平均化。利用薪酬的激励功能提高员工的工作积极性。

2. C [解析] 薪酬制度设计的原则中个人公平是指同一企业中从事相同工作的员工的报酬要与其绩效相匹配。

3. B [解析] 企业薪酬制度设计的流程包括:①明确现状和需求;②确定薪酬策略;③进行工作分析;④进行职位评价;⑤进行等级划分;⑥建立健全配套制度;⑦进行市场薪酬调查;⑧确定薪酬结构与水平;⑨薪酬制度的实施与修正。

4. B [解析] 根据公式,最高值=区间中值×(1+薪酬浮动率)=3 000×(1+20%)=3 600(元)。

5. D [解析] 区间最高值=2 000×(1+15%)=2 300(元),区间最低值=2 000×(1-15%)=1 700(元),则本区间的级差即为 2 300-1 700=600(元),由于内部划分为4级,则第1级为1 700元,第2级为1 700+(2 300-1 700)/3=1 900(元),第3级为1 900+(2 300-1 700)/3=2 100(元),第4级为2 300元。本题建议画图进行计算,会对题目理解更加透彻。

6. ABDE [解析] 以职位为导向的基本薪酬设计方法包括职位等级法、职位分类法、计点法和因素比较法。

7. C [解析] 计点法是将各种职位划分为若干种职位类型,找出各类职位中所包含的共同的"付酬因素",并对每一"付酬因素"指派分数。

• 考点再现

Q_{6-7} 以职位为导向的基本薪酬设计方法包括职位等级法、职位分类法、计点法、因素比较法。职位分类法是指将企业中的所有职位划分为若干类型,然后根据各类职位对企业的重要程度和贡献,确定每一类职位中所有员工的薪酬水平;职位等级法是指将员工的职位划分为若干级别(即职级),按其所处的职级确定其基本薪酬的水平和数额;因素比较法与计点法有相同之处,也是需要首先找出各类职位共同的"付酬因素",但是与计点法的不同之处是它舍弃了代表职位相对价值的抽象分数,而直接用相应的具体薪金值来表示各职务的价值。

8. ACDE [解析] 确定薪酬浮动率时要考虑的主要因素包括企业的薪酬支付能力、各薪酬等级自身的价值、各薪酬等级之间的价值差异、各薪酬等级的重叠比率等。

9. D [解析] 以技能为基础的基本薪酬设计方法适合于工作在生产和业务一线员工的基本薪酬的确定，故 D 项正确；以职位为基础的基本薪酬设计方法分为四种，每一种都有其对应的适用范围，故 A 项错误；B 项不存在这一薪酬确定的方法；以知识为基础的基本薪酬设计方法适用于企业职能管理人员基本薪酬的确定，故 C 项错误。

10. B [解析] 宽带型薪酬结构是指对多个薪酬等级以及薪酬变动范围进行重新组合，使之变成只有相当少数的薪酬等级以及相应比较宽的薪酬变动范围。

Day 42

1. CDE [解析] 激励薪酬包括个人激励和群体激励。个人激励包括计件制、工时制、绩效工资。群体激励包括利润分享计划、收益分享计划、员工持股计划。A、B 两项属于福利。

2. A [解析] 福利与直接薪酬相比具有的优势包括：①形式灵活多样，可以满足员工不同的需要；②福利具有典型的保健性质，可以减少员工的不满意，有助于吸引和保留员工，增强企业的凝聚力；③福利具有税收方面的优惠，可以使员工得到更多的实际收入；④由企业来集体购买某种福利产品，具有规模效应，可以为员工节省一定的支出。故 A 项正确，B、C、D 三项均属于直接薪酬的形式，与题意不符。

3. AE [解析] 个人激励是以员工个人的绩效表现为基础而支付给员工的薪酬，其主要形式包括计件制、工时制、绩效工资（绩效调薪、绩效奖金、月/季度浮动薪酬、特殊绩效认可计划）。B、C、D 三项属于群体激励薪酬的形式。

4. D [解析] 国家法定的福利包括法定社会保险、住房公积金、公休假日、法定休假日、带薪休假。

5. D [解析] 绩效奖金是"一次性奖金"，而不是提高工资，故 A 项错误；利润分享计划属于群体激励薪酬，故 B 项错误；特殊绩效认可计划也是一次性的奖励，故 C 项错误；绩效调薪是指根据员工的绩效考核结果对其基本薪酬进行调整。根据题目信息"根据 2017 年绩效考核结果，对考核结果非常优秀的员工，将 2018 年度的基本工资调高 6%"，可知，该企业采用的个人激励薪酬形式，符合绩效调薪的概念。

6. ACDE [解析] 法定福利主要包括：①法定社会保险，如基本养老保险、基本医疗保险、失业保险、工伤保险和生育保险；②住房公积金；③公休假日；④法定休假日；⑤带薪休假。B 项属于企业自主的福利。

7. C [解析] 个人激励薪酬是以员工个人表现为基础而支付给员工的薪酬，住房公积金属于人人都有的，故 A 项错误；基本薪酬是企业根据员工所承担的工作或者具有的技能而支付给员工的比较稳定的薪酬，是直接给员工的工资，而不是缴存的，故 B 项错误；群体激励薪酬是指以团队或企业的绩效为依据来向员工支付薪酬，故 D 项错误。

8. CD [解析] 企业自主福利是企业自愿地向员工提供的除法定福利外的其他种类的福利，比如除法定之外的出于某种原因而为员工另外提供的各种假期、休假，为员工及其家属提供的各种服务项目（如儿童看护、老人护理等），以及灵活多样的员工退休计划等，故选 C、D 两项。A、B、E 三项属于国家法定的福利形式。

9. C [解析]《中华人民共和国劳动法》第四十五条规定，国家实行带薪年休假制度，劳动者连续工作1年以上的,享受带薪年休假。

10. C [解析] 股票期权是员工持股计划的一种重要表现形式。

11. BCE [解析] 福利是指企业支付给员工的间接薪酬,而不是直接薪酬,故A项错误;福利具有准固定成本的性质,且具有普遍性,与员工个人绩效并没有太大的直接联系,故D项错误。

12. A [解析] 福利具有普遍性,与员工个人的绩效并没有太大的直接联系,且福利具有典型的保健性质,可以减少员工的不满意,有助于吸引和保留员工,增强企业的凝聚力。

Day 43

1. (1) BC [解析] 人力资源需求预测的方法包括管理人员判断法、德尔菲法、转换比率分析法、一元回归分析法。A项属于战略控制的方法;D项属于绩效考核的方法。

(2) B [解析] 根据马尔可夫模型法,结合案例资料中表格的信息,该企业2025年业务员的内部供给量 $= 0.8 \times 240 = 192$(人)。

(3) B [解析] 首先,根据案例资料信息"某企业根据人力资源需求与供给状况及相关资料,制定2025年人力资源总体规划和人员接续及升迁计划",即从2024年规划2025年,可知为1年或1年以内的短期规划,因此A、D两项错误;其次,人员接续及升迁计划属于具体计划,因此B项正确,C项错误。

(4) ABD [解析] 影响企业外部人力资源供给的因素包括:①本地区的人口总量与人力资源供给率;②本地区的人力资源的总体构成;③宏观经济形势和失业率预期;④本地区劳动力市场的供求状况;⑤本行业劳动力市场供求状况包括本行业劳动力的平均价格、与外地市场比较的相对价格、当地的物价指数等;⑥职业市场状况。

2. (1) B [解析] 根据 $Y = a + bX$,$a = 20$,$b = 0.03$,则 $Y = 20 + 0.03X$,X代表销售额,Y代表销售人员数量,当2025年销售额达到1 500万元时,即 $X = 1\,500$,带入 $Y = 20 + 0.03 \times 1\,500 = 65$(人)。

(2) B [解析] 人力资源需求预测方法包括管理人员判断法、德尔菲法、转换比率分析法、一元回归分析法,B项正确;D项人员核查法属于人力资源内部供给预测方法;C项行为锚定法属于绩效考核方法;A项杜邦分析法属于战略控制方法。

(3) CD [解析] 影响人力资源外部供给的因素有:①本地区的人口总量与人力资源供给率;②本地区的人力资源的总体构成;③宏观经济形势和失业率预期;④本地区劳动力市场供给的供求状况;⑤本行业劳动力市场供求状况;⑥职业市场状况。

(4) AB [解析] 影响企业薪酬制度的内在因素包括:①企业的经营战略;②企业的发展阶段;③企业的财务状况。C、D两项属于外部因素。

3. (1) A [解析] 最高值=薪酬中值×(1+薪酬浮动率)=5×(1+10%)=5.50(万元)。

(2) A [解析] 区间最低值=区间中值×(1-薪酬浮动率)=5×(1-10%)=4.5(万元)。该薪酬等级内部第1级别(最低)的薪酬值=区间最低值=4.5万元;第2级别的薪酬值=4.5+(5.5-4.5)/3=4.83(万元)。

(3) ABD [解析] 一般来说,确定薪酬浮动率时可以考虑以下几个主要因素:企业的薪酬支付能力、各薪酬等级自身的价值、各薪酬等级之间的价值差异、各等级的重叠比率,等等。

（4）D［解析］典型的宽带型薪酬结构的最大特点是扩大了员工通过技术和能力的提升增加薪酬的可能性，使员工薪酬的增长更多依赖于本人技能和能力的提高以及对企业的贡献的增加，而不是地位的提高，从而也进一步减少了对员工进行横向甚至向下调动时所遇到的阻力。

本章学习检查表

知识点或模块名称	初次学习		第一次复习		第二次复习	
	做对题目数/总题目数	学习日期	做对题目数/总题目数	复习日期	做对题目数/总题目数	复习日期
人力资源规划概述						
人力资源规划的制定程序						
人力资源需求与供给预测						
绩效与绩效考核的含义						
绩效考核的内容和标准						
绩效考核的步骤与方法						
薪酬的概念、构成与功能						
薪酬管理的含义及其影响因素						
企业薪酬制度设计的原则和流程						
基本薪酬设计						
激励薪酬设计与福利						
案例集锦						

填写建议：

"做对题目数/总题目数"记录针对该知识点自己做题的情况，比如该知识点总题目数为10题，做对了其中7题，记录为7/10。

"学习日期"记录自己学习该知识点时的日期，建议把下一次复习的日期也写上。

本章强化测试

扫码做题

备忘录：

第九章 企业投融资决策及并购重组

学习指导

本章是难度最大的一章，也是案例分析题出题的重点章节，知识点主要出自财务管理的基本价值观念、筹资决策、投资决策和并购重组，历年考查分值在20分左右。

本章主要介绍作为企业的管理者必须掌握的基本财务管理的知识，涉及一些专业概念、公式比较复杂，不容易理解，很多没有接触过财务的考生可能会感到学习起来很吃力。本章所占分值比例较高，案例分析题主要在第一、第二、第三节出题，个别考题形式较灵活，需要考生理解知识点后进行延伸学习。

时间	考点或模块
Day 44	➢ 货币的时间价值观念
Day 45	➢ 风险价值观念 ➢ 资本成本
Day 46	➢ 杠杆理论 ➢ 资本结构理论
Day 47	➢ 资本结构决策
Day 48	➢ 固定资产投资决策
Day 49	➢ 长期股权投资决策 ➢ 并购重组动因 ➢ 并购重组方式及效应
Day 50	➢ 企业价值评估 ➢ 案例集锦

▶▶▶ Day 44

➢ **考点**：货币的时间价值观念

1. [单项选择题] 下列关于 n 期先付年金与 n 期后付年金的说法，正确的是（   ）。
   A. n 期先付年金现值比 n 期后付年金现值多折现 2 期
   B. n 期先付年金现值比 n 期后付年金现值少折现 1 期
   C. n 期先付年金现值比 n 期后付年金现值少折现 2 期
   D. n 期先付年金现值比 n 期后付年金现值多折现 1 期

2. [多项选择题] 货币的时间价值率是扣除（   ）因素后的平均资产利润率。
   A. 资本市场平均报酬
   B. 投资必要报酬
   C. 无风险报酬
   D. 通货膨胀
   E. 风险报酬

3. [单项选择题] 甲公司从乙公司处租入设备一台。合同约定，租期 5 年，租期内甲公司每年年末支付租金 100 万元，贴现率为 10%，5 年的年金现值系数为 3.79，则 5 年租金总额的现值为（　　）万元。

  A. 420.0   B. 500.0   C. 379.0   D. 37.9

4. [单项选择题] 某公司发行优先股，约定无到期日，每年股息 6 元，假设年利率为 10%，则该优先股股利的现值为（　　）元。

  A. 45   B. 50   C. 55   D. 60

5. [单项选择题] 某贸易公司租赁办公场所，租期 10 年，约定自第 3 年年末起，每年年末支付租金 8 万元，共支付 7 年，这种租金形式是（　　）。

  A. 先付年金 B. 后付年金 C. 永续年金 D. 递延年金

6. [单项选择题] 某公司投资建设某项目，建设期为 3 年，每年年末从银行借款 120 万元，借款年利率为 10%，则该项目结束时应付本息的终值（　　）万元。

  A. 450.0   B. 397.2

  C. 505.5   D. 669.5

7. [单项选择题] 某公司向银行借款 3 000 万元，期限为 3 年，年利率为 10%，复利计息，到期后企业应一次性偿还的金额为（　　）万元。

  A. 5 000 B. 5 500 C. 3 993 D. 8 052

8. [单项选择题] （　　）是指在一定时期内发生的等额、定期的系列收付款项。

  A. 递延年金 B. 年金 C. 复利现值 D. 复利终值

9. [单项选择题] 甲公司从乙公司租入加工车床一台，合同约定租期 3 年，甲公司每年年末支付给乙公司租金 4 万元，假定年复利率 10%，则甲公司支付的租金现值总计是（　　）万元。

后付年金现值系数表

利率	1	2	3	4	5
10%	0.909	1.736	2.487	3.170	3.791

  A. 10.848 B. 9.948 C. 6.944 D. 15.164

10. [单项选择题] 某公司的某投资项目，预计在 5 年后可获得投资收益 300 万元，假定年利率为 10%，该公司投资收益的复利现值为（　　）万元。

  A. 370.14   B. 200.12

  C. 186.28   D. 165.23

11. [单项选择题] 下列理论中，能够正确揭示不同时点上的资金之间换算关系的是（　　）。

  A. 货币的时间价值   B. 风险价值

  C. 资本成本   D. 财务杠杆

✎ 学习笔记

Day 45

▶ **考点**：风险价值观念

1. [单项选择题] 风险报酬率可以用风险报酬系数与（　　）的乘积计算得出。
   A. 标准离差率　　B. 时间价值率　　C. 无风险报酬率　　D. 必要报酬率

2. [单项选择题] 甲公司计划开发生产 A 产品，经测算，投资 A 产品的标准离差率为 40%，风险报酬系数为 40%，则甲公司开发生产 A 产品的风险报酬率是（　　）。
   A. 15%
   B. 40%
   C. 16%
   D. 80%

3. [单项选择题] 假设开发某产品的期望报酬率为 25%，标准离差为 15%，则开发该产品的期望报酬率的标准离差率为（　　）。
   A. 10%　　B. 40%　　C. 60%　　D. 167%

4. [单项选择题] 某企业准备用自有资金投资一个项目，据预测，未来市场状况存在繁荣、一般、衰退三种可能性，概率分别为 0.2、0.5 和 0.3，该投资项目在不同市场状况的预计年报酬率分别为 50%、20% 和 10%，则该项目的期望报酬率为（　　）。
   A. 12%　　B. 15%　　C. 21%　　D. 23%

5. [多项选择题] 在不考虑通货膨胀的情况下，投资者必要报酬率包括（　　）。
   A. 固定成本　　B. 变动成本　　C. 无风险报酬率　　D. 风险报酬率
   E. 销售费用

6. [单项选择题] 已知某债券的风险报酬率为 2%，同期国库券年利率（无风险报酬率）为 8%，在不考虑通货膨胀的情形下，该债券的投资报酬率为（　　）。
   A. 16%　　B. 10%　　C. 6%　　D. 4%

▶ **考点**：资本成本

7. [多项选择题] 下列模型中，可以用于估算普通股资本成本率的有（　　）。
   A. 现金流折现模型
   B. 股利折现模型
   C. 资本资产定价模型
   D. 市场模拟模型
   E. 成本模型

8. [多项选择题] 根据股利折现模型，影响普通股资本成本率的因素有（　　）。
   A. 股票发行价格
   B. 股票发行费用
   C. 股利水平
   D. 普通股股数
   E. 企业所得税税率

9. [单项选择题] 某公司投资一项目需要筹资 500 万元，公司采用三种筹集方式，向银行借入 100 万元，资本成本率为 6%。发行债券融资 50 万元，资本成本率为 9%；发行普通股股票融资 350 万元，资本成本率为 12%，则综合资本成本率为（　　）。
   A. 8.6%　　B. 9.7%　　C. 10.5%　　D. 11.2%

✎ 学习笔记

Day 46

> **考点**：杠杆理论

1. [多项选择题] 影响企业财务杠杆系数的因素有（　　）。
   A. 息税前盈余　　　　　　　　　B. 债务年利息额
   C. 股权集中度　　　　　　　　　D. 金融资产比重
   E. 无形资产比重

2. [单项选择题] 普通股每股收益变动率与息税前盈余变动率的比值称为（　　）系数。
   A. 联合杠杆　　　B. 财务杠杆　　　C. 经营杠杆　　　D. 营运杠杆

3. [单项选择题] 财务杠杆系数是指（　　）的变动率与息税前盈余变动率的比值。
   A. 普通股每股收益　　　　　　　B. 营业额
   C. 营业利润　　　　　　　　　　D. 产销量

4. [单项选择题] 如果某企业财务杠杆系数是0.5，说明（　　）。
   A. 当公司息税前盈余增长1倍时，普通股每股收益将增长0.5倍
   B. 当普通股每股收益增长1倍时，息税前盈余增长0.5倍
   C. 当公司营业额增长1倍时，息税前盈余应该增长0.5倍
   D. 当公司息税前盈余增长1倍时，营业额应该增长0.5倍

5. [单项选择题] 某公司全部资产为800万元，负债占资产比率为30%，债务利率为10%，息税前盈余额为80万元，则财务杠杆系数为（　　）。
   A. 1.2　　　　　B. 1.4　　　　　C. 2.5　　　　　D. 3.2

6. [单项选择题] 某公司的营业杠杆系数和财务杠杆系数为1.2，则该公司总杠杆系数为（　　）。
   A. 1.00　　　　B. 1.20　　　　C. 1.44　　　　D. 2.40

7. [单项选择题] 如果某企业营业杠杆系数是3，说明（　　）。
   A. 当公司息税前盈余增长1倍时，普通股每股收益将增长3倍
   B. 当普通股每股收益增长1倍时，息税前利润增长3倍
   C. 当公司营业额增长1倍时，息税前利润应该增长3倍
   D. 当公司息税前盈余增长1倍时，营业额应该增长3倍

> **考点**：资本结构理论

8. [单项选择题] 根据MM资本结构化，在没有企业所得税和个人所得税的情况下，风险相同的企业，其价值不受（　　）影响。
   A. 亏损　　　　B. 盈利　　　　C. 负债　　　　D. 行业竞争

9. [单项选择题] 将调整成本纳入最优资本结构分析的理论是（　　）。
   A. 代理成本理论　　B. 啄序理论　　C. 动态权衡理论　　D. 市场择时理论

10. [单项选择题] 根据资本结构理论中的啄序理论，公司倾向于首先选择的筹资方式是（　　）。
    A. 发行股票　　B. 银行借款　　C. 发行债券　　D. 内部筹资

✎ 学习笔记

Day 47

> **考点**：资本结构决策

1. [单项选择题] 测算财务杠杆系数和资本成本率的目的是（   ）。
   A. 提高息税前利率   B. 规避营业风险
   C. 核算财务总成本   D. 优化资本结构

2. [单项选择题] 使用每股利润分析法选择筹资方式时，计算得到的每股利润无差别点是指两种或两种以上筹资方案普通股每股利润相等时的（   ）水平。
   A. 营业利润   B. 息税前盈余
   C. 净利润   D. 利润

3. [多项选择题] 下列方法中，企业可用于进行资本结构决策的有（   ）。
   A. 调整折现率法   B. 资本成本比较法
   C. 调整现金流量法   D. 每股利润分析法
   E. 市盈率法

4. [单项选择题] 某公司2016年股东权益与负债合计50 000万元，其中股东权益合计40 000万元，债务合计10 000万元，公司计划筹资15 000万元，现有两个方案可选择：方案一，向银行借款15 000万元，年利率10%；方案二，增发普通股1 000万股，每股发行价15元。预计2017年公司息税前盈余额为10 000万元，公司所得税率25%，若每股利润无差别点为10 200万元，根据每股利润分析法，则该企业应当选择（   ）。
   A. 向银行借款   B. 发行普通股
   C. 银行借款或发行普通股   D. 发行优先股或普通股

5. [单项选择题] 根据每股利润分析法，当公司实际的息税前利润大于息税前利润平衡点时，公司宜选择（   ）筹资方式。
   A. 资本成本波动型   B. 资本成本固定型
   C. 资本成本递增型   D. 资本成本递减型

6. [单项选择题] 资本结构决策的影响因素不包括（   ）。
   A. 企业的财务状况   B. 企业资产结构
   C. 企业管理层的管理政策   D. 企业投资者

✎ **学习笔记**

Day 48

> **考点**：固定资产投资决策

1. [单项选择题] 某项目进行到终结期时，固定资产残值收入为80万元，收回垫支的流动资产投资1 080万元，企业所得税税率为25%。则该项目的终结现金流量为（　　）万元。
   A. 1 160　　　　　　　　　　　　B. 1 080
   C. 1 000　　　　　　　　　　　　D. 980

2. [单项选择题] 某公司准备一个新产品的生产项目，项目的经济寿命为6年。项目固定资产投资：建造厂房100万元，购置设备64万元，流动资产投资额50万元。项目建成投产后，预计年销售额增加320万元，设税率为25%。该项目的初始现金流量为（　　）万元。
   A. 214　　　　　　　　　　　　　B. 70.08
   C. 92　　　　　　　　　　　　　 D. 80

3. [单项选择题] 在估算项目营业现金流量时，营业现金流出量不包括（　　）。
   A. 广告费　　　　　　　　　　　　B. 折旧费
   C. 直接材料费　　　　　　　　　　D. 直接人工费

4. [多项选择题] 在进行项目的现金流量估算时，影响每年净营业现金流量的因素有（　　）。
   A. 资本成本　　　　　　　　　　　B. 企业所得税
   C. 营业收入　　　　　　　　　　　D. 付现成本
   E. 资本结构

5. [单项选择题] 某公司准备购置一条新的生产线，新生产线使公司年利润总额增加400万元，每年折旧增加20万元，假定所得税率为25%，则该生产线项目的年净营业现金流量为（　　）万元。
   A. 300　　　　　　　　　　　　　B. 320
   C. 380　　　　　　　　　　　　　D. 420

6. [单项选择题] 终结现金流量是指投资项目完结时所发生的现金流量，其不包括（　　）。
   A. 固定资产的残值收入
   B. 停止使用的土地的变价收入
   C. 原有固定资产的变价收入
   D. 原来垫支在各种流动资产上的资金的收回

7. [单项选择题] 如果某一项目的项目期为5年，项目总投资额为800万元，每年现金净流量分别为100万元、180万元、200万元、200万元、220万元，则该项目不考虑资金时间价值时的平均报酬率为（　　）。
   A. 12.5%　　　　　　　　　　　　B. 22.5%
   C. 33.3%　　　　　　　　　　　　D. 35.5%

8. [多项选择题] 下列投资决策评价指标中，属于贴现现金流量指标的有（　　）。
   A. 投资回收期　　　　　　　　　　B. 净现值
   C. 内部报酬率　　　　　　　　　　D. 获利指数
   E. 平均报酬率

9. [单项选择题] 下列指标中能够反映投资项目真实报酬率的是（　　）。
   A. 通货膨胀率　　　　　　　　　　B. 已获利息倍数
   C. 内部报酬率　　　　　　　　　　D. 获利指数

10. [单项选择题] 在使用内部报酬率法进行固定资产投资决策时，方案可行的标准是内部报酬率要（　　）。
    A. 小于或等于资本成本率　　　　　B. 大于或等于资本成本率
    C. 大于或等于标准离差率　　　　　D. 小于或等于标准离差率

11. [单项选择题] 如果一个项目的内部报酬率（IRR）为10%，这说明（　　）。
    A. 如果以10%为折现率，该项目的获利指数大于1
    B. 如果以10%为折现率，该项目的净现值小于0
    C. 如果以10%为折现率，该项目的净现值大于0
    D. 如果以10%为折现率，该项目的净现值等于0

12. [多项选择题] 在投资决策中，项目风险的衡量和处理方法有（　　）。
    A. 调整资本成本法　　　　　　　　B. 调整资产结构法
    C. 调整营业杠杆法　　　　　　　　D. 调整折现率法
    E. 调整现金流量法

13. [单项选择题] 下列投资决策评价指标中，无法反映项目收益情况的是（　　）。
    A. 净现值　　　　　　　　　　　　B. 获利指数
    C. 内部报酬率　　　　　　　　　　D. 投资回收期

14. [单项选择题] 某企业计划投资某项目，总投资为39 000元，5年收回投资。假设资金成本率为10%，每年的营业现金流量情况如下表：

年份	隔年的NCF/元	现值系数（P/F,10%,n）	现值/元
1	9 000	0.909	8 181
2	8 820	0.826	7 285
3	8 640	0.751	6 489
4	8 460	0.683	5 778
5	17 280	0.621	10 731

该项投资的净现值为（　　）元。
A. −536　　　　　B. −468　　　　　C. 457　　　　　D. 569

Day 49

▶ 考点：长期股权投资决策

1. [单项选择题] 甲公司出资1亿元对乙公司进行股权投资，该项投资应计入（ ）。
   A. 甲公司资产负债表上的资产
   B. 乙公司资产负债表上的负债
   C. 甲公司资产负债表上的负债
   D. 甲公司资产负债表上的股东权益

2. [多项选择题] 长期股权投资的运营管理风险有（ ）。
   A. 投资项目的可行性论证风险
   B. 公司治理结构风险
   C. 投资协议风险
   D. 道德风险
   E. 退出风险

3. [多项选择题] 长期股权投资的风险包括（ ）。
   A. 投资决策风险
   B. 投资运营管理风险
   C. 投资清理风险
   D. 投资财务风险
   E. 投资信用风险

▶ 考点：并购重组动因

4. [多项选择题] 并购重组的动因有多方面，下列属于客观动因的有（ ）。
   A. 多元化经营
   B. 减少竞争
   C. 实现个人雄心壮志
   D. 实现规模经营
   E. 提高生产能力

▶ 考点：并购重组方式及效应

5. [单项选择题] 甲公司的债权人乙公司将其持有的甲公司的债权转换成持有甲公司的股权，这会使甲公司的（ ）。
   A. 长期股权投资增加
   B. 注册资本减少
   C. 负债减少
   D. 资产增加

6. [多项选择题] 如果控股股东以其对子公司的股权抵偿对子公司的债务，则会使子公司（ ）。
   A. 其他应收款增加
   B. 股东权益增加
   C. 资产负债率提高
   D. 负债减少
   E. 总股本减少

7. [单项选择题] 甲公司与乙公司合并设立新公司，则（ ）。
   A. 甲、乙公司均存续
   B. 甲、乙公司均解散
   C. 仅甲公司解散
   D. 仅乙公司解散

8. [单项选择题] 某环保企业使用自有资金并购另一同行业企业，这种并购属于（ ）。
   A. 横向并购
   B. 纵向并购
   C. 混合并购
   D. 杠杆并购

9. [单项选择题] 甲公司以其持有的乙公司的全部股权,与丙公司的除现金以外的全部资产进行交易,甲公司与丙公司之间的这项资产重组方式是（　　）。
   A. 以资抵债　　　　　　　　　　B. 资产置换
   C. 股权置换　　　　　　　　　　D. 以股抵债

10. [多项选择题] N 公司将资产注入 M 公司, M 公司可用（　　）作为购买该笔资产的重组方式。
    A. 现金　　　　　　　　　　　　B. 股权
    C. 公益金　　　　　　　　　　　D. 库存股
    E. 资本公积

11. [多项选择题] 公司分立的动机包括（　　）。
    A. 实现协同效应　　　　　　　　B. 清晰主业
    C. 化解内部竞争性冲突　　　　　D. 减轻负担
    E. 降低代理成本

12. [单项选择题] 某旅游集团公司以本公司旗下的一个酒楼的资产作为出资,新组建一个有限责任公司,集团公司拥有新公司 54% 的股权,此项重组属于（　　）。
    A. 资产置换　　　　　　　　　　B. 以股抵债
    C. 分拆　　　　　　　　　　　　D. 出售

13. [单项选择题] 下列重组方式中,可以化解公司内部竞争性冲突的是（　　）。
    A. 新设合并　　　　　　　　　　B. 收购
    C. 分立　　　　　　　　　　　　D. 吸收合并

✎ 学习笔记

Day 50

> **考点**：企业价值评估

1. [单项选择题] 普通股每股市价与每股盈利的比率称为（　　）。
   A. 市盈率
   B. 市净率
   C. 市销率
   D. 息税前盈余率

2. [单项选择题] 下列计算方式中，使用市销率法对公司估值的是（　　）。
   A. 标准市销率×销售费用
   B. 标准市销率×销售成本
   C. 标准市销率×营业利润
   D. 标准市销率×销售收入

3. [多项选择题] 使用收益法对企业价值进行评估的具体方法有（　　）。
   A. 每股利润分析法
   B. 现金流量折现法
   C. 股利折现法
   D. 净现值法
   E. 目标成本法

4. [单项选择题] 股票市值与企业净资产值的比率等于（　　）。
   A. 市盈率
   B. 权益乘数
   C. 市净率
   D. 权益比率

5. [单项选择题] 下列关于市盈率相对盈利增长比率法的说法，错误的是（　　）。
   A. 市盈率相对盈利增长比率也称 PEG 指标
   B. 市盈率相对盈利增长比率是用公司的市盈率除以公司未来 3 或 5 年的每股收益复合增长率
   C. 当 PEG 等于 1 时，表明市场赋予这只股票的估值可以充分反映其未来业绩的成长性
   D. 当 PEG 大于 1 时，表明市场认为这家公司的业务成长性会低于市场的预期

> **模块**：案例集锦

6. [案例分析题] 某上市公司 2017 年年度财务报告显示，公司的资产合计 30 亿元，公司的负债合计 12 亿元。公司正考虑建设一条新的生产线，总投资 6 亿，公司计划利用留存收益融资 1 亿元，其余 5 亿元通过发行债券筹集。经测算，2017 年无风险报酬率为 4.5%，市场平均报酬率为 12.5%，该公司普通股的风险系数为 1.3。该公司对外筹资全部使用发行债券的方式，使公司原有的资本结构发生变化，公司要求财务部门对未来公司资本结构进行优化方案设计。

   根据以上材料，回答下列问题：

   (1) 根据资本资产定价模型，该公司发行普通股的资本成本率为（　　）。
   A. 14.9%
   B. 8.0%
   C. 17.0%
   D. 12.5%

   (2) 该公司选择发行债券的方式筹集资金 5 亿元，与发行普通股相比较，资本成本率更低，其原因可能是（　　）。
   A. 发行债券后不会带来公司利息支出增加
   B. 发行债券后会带来公司股本增加

C. 债券资本成本中的利息在公司所得税前列支

D. 发行债券时公司不会发生发行费用

(3) 根据啄序理论，该公司利用留存收益融资的有利之处是（　　）。

A. 留存收益融资不会传递任何有可能对股价不利的信息

B. 留存收益融资的资本成本为零

C. 留存收益融资的用资费用为零

D. 留存收益具有抵税作用

(4) 该公司进行资本结构优化决策，可采用的定量方法是（　　）。

A. 插值法　　　　　　　　　　　B. 每股利润分析法

C. 资本成本比较法　　　　　　　D. 净现值法

7. [案例分析题] 某公司正在论证某生产线改造项目的可行性，经测算，项目完成后生产线的经济寿命为 10 年。项目固定资产投资为 5 500 万元，项目终结时残值收入为 500 万元，流动资产投资为 1 000 万元。项目完成并投产后，预计每年销售收入增加 2 500 万元，每年总固定成本（不含折旧）增加 100 万元，每年总变动成本增加 900 万元，假设该公司所得税率为 25%。

根据以上材料，回答下列问题：

(1) 该项目的初始现金流量为（　　）万元。

A. 5 000　　　　　　　　　　　B. 5 500

C. 6 000　　　　　　　　　　　D. 6 500

(2) 该项目的每年净营业现金流量为（　　）万元。

A. 1 000　　　　　　　　　　　B. 1 125

C. 1 250　　　　　　　　　　　D. 2 100

(3) 该公司若采用内部报酬率法判断项目的可行性，项目可行的标准是该项目的（　　）。

A. 内部报酬率大于资本成本率

B. 内部报酬率小于资本成本率

C. 内部报酬率大于必要报酬率

D. 内部报酬率小于必要报酬率

(4) 若该项目风险比较大，基于谨慎原则，公司计算净现值时应该选择（　　）。

A. 较高的折现率　　　　　　　　B. 较低的折现率

C. 较高的离差率　　　　　　　　D. 较低的离差率

✎ 学习笔记

参考答案及解析

Day 44

1. B [解析] n 期先付年金现值比 n 期后付年金现值少折现 1 期，B 项正确。

2. DE [解析] 货币时间价值有两种表现形式：其一是相对数，即时间价值率，是扣除风险报酬和通货膨胀因素的平均资金利润率或平均报酬率；其二是绝对数，即时间价值额，是一定数额的与时间价值率的乘积。

3. C [解析] 甲公司每年年末支付租金 100 万元，租期 5 年，属于后付年金。根据后付年金公式，年金为 100 万元，5 年的年金现值系数为 3.79，代入相关数值，得 $P = 100 \times 3.79 = 379.0$（万元）。

4. D [解析] 一般优先股因为有固定的股利而无到期日，因此可视为永续年金，其公式为：$P = A/i = 6/10\% = 60$（元）。

5. D [解析] 先付年金的特点：每期的期初收付款项；后付年金的特点：每期的期末收付款项；递延年金的特点：最初若干期没有收付款项，后面若干期才开始收付款项；永续年金的特点：无限期收付的年金。根据题意，该贸易公司是约定自第 3 年年末起开始支付租金，符合递延年金的特点。

6. B [解析] 首先，根据题目信息"每年年末从银行借款"可知为后付年金，且题目告知计算终值，根据后付年金终值的计算公式：后付年金终值＝每年支付金额 $\times \dfrac{(1+利率)^n - 1}{利率} = 120 \times \dfrac{(1+10\%)^3 - 1}{10\%} = 397.2$（万元）。

7. C [解析] 根据公式，复利终值＝现值 $\times (1+利率)^n = 3\,000 \times (1+10\%)^3 = 3\,993$（万元）。

8. B [解析] 年金是一定时期发生的等额、定期的系列的收付款项；递延年金最初若干期没有收付款项，后面若干期才有等额收付的年金形式；复利现值是将来一定时间发生的特定资金按复利计算的现在价值；复利终值是现在一定量现金在未来某一时点上的价值。

9. B [解析] 首先，根据题目信息"每年年末支付"可知为后付年金；其次，题目告知计算现值，因此，可判断为后付年金现值的计算。根据公式，后付年金现值 $= 4 \times 2.487 = 9.948$（万元）。

10. C [解析] 根据现值公式：$P = F (1+i)^{-n} = 300 \times (1+10\%)^{-5} \approx 186.28$（万元）。

11. A [解析] 货币的时间价值正确揭示了不同时点上的资金之间的换算关系；风险价值运用风险报酬原理作出正确的财务决策；资本成本是企业筹资和使用资本而承付的代价；财务杠杆是由于债务利息等固定性融资成本的存在，使权益资本净利率的变动率大于息税前盈余率变动率的现象。

Day 45

1. A [解析] 风险报酬率＝风险报酬系数 $\times$ 标准离差率 $\times 100\%$。

2. C [解析] 风险报酬率＝风险报酬系数 $\times$ 标准离差率 $\times 100\% = 40\% \times 40\% \times 100\% = 16\%$。

3. C [解析] 标准离差率＝标准离差/期望报酬率＝15%/25%×100%＝60%。

4. D [解析] 根据公式，期望报酬率＝$\sum_{i=1}^{n}K_iP_i$＝0.2×50%＋0.5×20%＋0.3×10%＝10%＋10%＋3%＝23%。

5. CD [解析] 投资者必要报酬率＝无风险报酬率＋风险报酬率。

6. B [解析] 在不考虑通货膨胀的情况下，投资必要报酬率包括两个部分：①资金的时间价值，它是不考虑投资风险而得到的价值，即无风险的投资收益率（一般取购买长期国债的收益率）；②风险价值，即风险报酬率。投资必要报酬率用公式表示为：投资必要报酬率＝资金时间价值（无风险报酬率）＋风险报酬率＝8%＋2%＝10%。

7. BC [解析] 可以运用于普通股资本成本率测算的模型包括股利折现模型和资本资产定价模型。

8. ABC [解析] 在股利折现模型下，影响普通股资本成本率的因素包括普通股融资净额或普通股每股融资净额、发行价格、发行费用、股利水平、股利政策等。

9. C [解析] 综合资本成本率＝$\sum_{j=1}^{n}K_jW_j$＝100/500×6%＋50/500×9%＋350/500×12%＝1.2%＋0.9%＋8.4%＝10.5%。

Day 46

1. AB [解析] 根据财务杠杆系数的公式，财务杠杆系数＝息税前盈余额/（息税前盈余额－债务年利息额），可知 A、B 两项正确。

2. B [解析] 财务杠杆系数是指普通股每股收益的变动率与息税前盈余变动率的比值。

3. A [解析] 财务杠杆系数是指普通股每股收益的变动率与息税前盈余变动率的比值。

4. A [解析] 财务杠杆系数＝普通股每股收益的变动率/息税前盈余变动率，故 A 项正确。

5. B [解析] 根据公式，财务杠杆系数＝息税前盈余/（息税前盈余－债务年利息额）＝80/（80－800×30%×10%）≈1.4。

6. C [解析] 根据公式，总杠杆系数＝营业杠杆系数×财务杠杆系数＝1.2×1.2＝1.44。

7. C [解析] 营业杠杆系数是指息税前盈余的变动率相当于销售额（营业额）变动率的比值。题目中只有 C 项中息税前利润和营业额有关，故选 C 项。

8. C [解析] 根据 MM 资本结构理论，在没有企业所得税和个人所得税的情况下，风险相同的企业，其价值不受负债的影响。

9. C [解析] 动态权衡理论将调整成本纳入模型之中，当调整成本小于次优资本结构所带来的公司价值损失时，公司实际资本结构就会向其最优资本结构状态进行调整。

10. D [解析] 啄序理论筹资的顺序：内部筹资→债权筹资→其他外部股权筹资。

> ● 考点再现
>
> Q_{9-10} 代理成本理论：债券资本适度的资本结构会增加股东的价值。啄序理论筹资的顺序：内部筹资→债权筹资→其他外部股权筹资。动态权衡理论将调整成本纳入模型之中，当调整成本小于次优资本结构所带来的公司价值损失时，公司实际资本结构就会向其最优资本结构状态进行调整。市场择时理论：在股票市场非理性、公司股价被高估时，理性的管理者应发行更多的股票；当股票被过分低估时，理性的管理者应回购股票。

Day 47

1. D [解析] 企业最佳的资本结构是指企业在适度的财务风险的条件下，使预期的综合资本成本率最低，因此企业测算财务杠杆系数和资本成本率目的是优化资本结构。

2. B [解析] 每股利润无差别点是两种或两种以上筹资方案下普通股每股利润相等时的息税前盈余点，故选 B 项。

3. BD [解析] 企业资本结构决策的方法包括资本成本比较法、每股利润分析法。A、C 两项属于项目的风险衡量与处理方法；E 项属于企业价值评估的方法。

4. B [解析] 根据评价原则：当实际息税前盈余额大于无差别点时，选择资本成本固定型的筹资方式，如银行贷款、发行债券或优先股；当实际息税前盈余额小于无差别点时，选择资本成本非固定型筹资方式，如发行普通股。题目信息已知"无差别点为 10 200 万元"，该公司预计 2017 年公司息税前盈余额为 10 000 万元，即实际息税前盈余额为 10 000 万元，小于每股利润无差别点 10 200 万元，因此，应当选择资本成本非固定型筹资方式，即发行普通股，故选 B 项。

5. B [解析] 根据每股利润分析法的决策原则，实际息税前盈余（EBIT）大于无差别点，选择资本成本固定型的筹资方式更有利，相反，实际息税前盈余（EBIT）小于无差别点，选择资本成本非固定型筹资方式，故选 B 项。

6. C [解析] 资本结构决策的影响因素包括企业财务目标、经营状况的稳定性和成长性、企业的财务状况和信用等级、企业的资产结构、企业投资者及管理当局的态度、行业特征及发展周期、经济环境的税务政策及货币政策。

Day 48

1. A [解析] 终结现金流量包括固定资产的残值收入或变价收入、原先垫支在各种流动资产上的资金的收回、停止使用的土地的变价收入等。根据资料"期末残值收入为 80 万元，收回垫支的流动资产投资 1 080 万元"可知，项目终结现金流量＝1 080＋80＝1 160（万元）。

2. A [解析] 建造厂房和购置设备属于固定资产投资，需计入初始现金流量，流动资产投资需计入初始现金流量，故初始现金流量＝100＋64＋50＝214（万元）。

3. B [解析] 营业现金流出量即以现金形式支出的成本和费用，而折旧是属于非付现成本，即不是以现金形式支出的成本，因此每年的营业现金支出不包括折旧，故选 B 项。

4. BCD [解析] 每年净营业现金流量＝每年营业收入－付现成本－所得税＝净利润＋折旧，其中，净利润＝利润总额－企业所得税费，利润总额＝营业收入－付现成本－折旧，由此可知 B、C、D 三项正确。

5. B [解析] NCF＝净利润＋折旧＝400×（1－25%）＋20＝320（万元）。

6. C [解析] C 项属于初始现金流量。

7. B [解析] 根据公式，平均报酬率＝平均年现金流量/初始投资额×100%。平均现金流量＝（100＋180＋200＋200＋220）/5＝180（万元）；平均报酬率＝180/800×100%＝22.5%。

8. BCD [解析] 贴现现金流量指标包括净现值、内部报酬率、获利指数。A、E 两项属于非贴现现金流量指标。

9. C [解析] 内部报酬率的优点是考虑了货币的时间价值，反映了投资项目的真实报酬率，

第九章 企业投融资决策及并购重组

故选C项。

10. B [解析] 内部报酬率大于或者等于企业的资本成本率或必要报酬率时，方案可以采纳。

11. D [解析] 内部报酬率是使投资项目的净现值等于零的贴现率，即以10%为贴现率代入净现值的公式计算，这时该项目的净现值等于0，则此时10%的贴现率即为内部报酬率，故选D项。

12. DE [解析] 项目风险的衡量与处理方法包括调整现金流量法、调整折现率法。

13. D [解析] 投资回收期因不考虑回收期满后的现金流量，因此无法反映整个项目的收益情况，故选D项。

14. A [解析] 根据公式，净现值＝未来报酬总现值－初始投资＝8 181＋7 285＋6 489＋5 778＋10 731－39 000＝－536（元）。

Day 49

1. A [解析] 长期股权投资是一种交换行为，是企业将资产让渡给被投资单位所获得的另一项资产，故选A项。

2. BCD [解析] 长期股权投资的运营管理风险包括：①股东选择风险、公司治理结构风险、投资协议风险、道德风险；②被投资企业的经营风险和财务风险；③项目小组和外派人员风险；④信息披露风险。

3. ABC [解析] 长期股权投资的风险包括：①投资决策风险；②投资运营管理风险；③投资清理风险。

4. ABDE [解析] 客观动因是从企业发展本身出发考虑的动因，包括谋求更长远发展、多元化经营、实现规模经营、减少竞争、缩短投入产出时间、确保原材料和半成品供应、提高生产能力、提高科研水平等。C项属于主观动因，是企业所有者、管理者和目标公司管理者从各自利益出发考虑的动因。

5. C [解析] 债转股，乙公司由债权人转换成了持股者，甲公司的债务减少了，C项正确。

6. CE [解析] 以股抵债指公司以其应收股东的账款为对价，冲减股东持有的本公司股份，被冲减的股份依法注销，则子公司的总股本减少，所有者权益减少。根据"资产＝负债＋所有者权益"，负债不变（这只是控股股东负债减少，而对于子公司来说，子公司的负债并没有变化），资产减少，进而资产负债率提高。

7. B [解析] 两个以上公司合并设立一个新的公司为新设合并，合并各方解散，故B项正确。

8. A [解析] 横向并购是处于同一行业的两个或多个企业所进行的并购；纵向并购是处于同类产品且不同产销阶段的两个或多个企业所进行的并购；混合并购是处于不相关行业的企业之间进行的并购；杠杆并购是并购企业利用被并购企业资产的营业收入，来支付并购价款或作为此种支付的担保。

9. B [解析] 资产置换是指交易双方（有时可由多方）按照某种约定价格（如谈判价格、评估价格）在某一时期内相互交换资产的交易。资产置换的双方均出资产，通常意味着业务互换。甲、丙公司分别以自己手中的资产和对方交换，为资产置换。

10. AB [解析] 资产注入是指交易双方中的一方将公司账面上的资产，可以是流动资产、固定资产、无形资产、股权中的某一项或几项，按照评估价或协议价注入对方公司。M公司为接受资产的一方，其支付的方式包括现金和股权两种形式。

11. BCD [解析] 分立的动机包括适应战略调整、减轻负担、筹集资金、清晰主业、化解内部竞争性冲突。A、E 两项属于并购的效应。

12. C [解析] 分拆是将公司的一部分分立为一个独立的新公司的同时，原公司会持有新公司的部分股票，这一新设的分拆公司公开发行新股并上市就称分拆上市。

13. C [解析] 公司分立的动机包括：①适应战略调整；②减轻负担；③筹集资金；④清晰主业；⑤化解内部竞争冲突。

Day 50

1. A [解析] 市盈率是某种股票普通股每股市价（或市值）与每股盈利（或净利润总额）的比率，故选 A 项。

2. D [解析] 根据市销率估值法，目标企业的价值即销售收入（营业收入）乘以标准市销率，故选 D 项。

3. BC [解析] 收益法常用的具体方法包括股利折现法、现金流量折现法。

4. C [解析] 市净率是每股市价与每股净资产的比率。

5. D [解析] 当 PEG 大于 1 时，表明市场认为这家公司的业务成长性会高于市场的预期，故 D 项错误。

6. (1) A [解析] 根据公式，普通股资本成本率＝无风险报酬率＋风险系数×（市场平均报酬率－无风险报酬率）＝4.5%＋1.3×（12.5%－4.5%）＝14.9%。

   (2) C [解析] A 项，发行债券是一种长期债务筹资形式，而利息属于债券筹资形式下的用资费用，发行债券会增加公司的利息支出；B 项，发行债券属于长期债务筹资形式，不是股权筹资形式，因此不会带来公司股本增加；C 项，长期债务筹资形式均考虑税收抵扣因素，即其资本成本的利息在公司所得税前列支，减少了企业所得税的支出，因此，企业选择债务筹资形式的原因之一即是考虑税收抵扣因素下债务筹资形式的资本成本相对较低，而发行债券属于债务筹资形式之一；D 项，发行费属于发行债券的筹资费用，发行债券因此会产生发行费用。

   (3) A [解析] 啄序理论认为，公司倾向于首先采用内部筹资，因而不会传递任何可能对股价不利的信息，而留用利润实则属于内部筹资的形式，故选 A 项。

   (4) BC [解析] 资本结构的决策定量方法包括资本成本比较法、每股利润分析法。

7. (1) D [解析] 初始现金流量包括固定资产投资额、流动资产投资额、其他投资费用、原有固定资产的变价收入。根据案例资料信息"项目固定资产投资为 5 500 万元，项目终结时残值收入为 500 万元，流动资产投资为 1 000 万元"，可知固定资产投资 5 500 万元和流动资产投资 1 000 万元均需计入初始现金流量，一共为 6 500 万元，故选 D 项。

   (2) C [解析] 根据公式，每年净营业现金流量＝每年营业收入－付现成本－所得税＝2 500－（900＋100）－1 000×25%＝1 250（万元）。

   (3) AC [解析] 内部报酬率的决策规则：在只有一个备选方案的采纳与否决策中，如果计算出的内部报酬率大于或等于企业的资本成本率或必要报酬率，则采纳方案，故 A、C 两项正确。

   (4) A [解析] 调整折现率法的基本思路是对高风险的项目采用较高的折现率计算净现值，故选 A 项。

第九章　企业投融资决策及并购重组

本章学习检查表

知识点或模块名称	初次学习		第一次复习		第二次复习	
	做对题目数/总题目数	学习日期	做对题目数/总题目数	复习日期	做对题目数/总题目数	复习日期
货币的时间价值观念						
风险价值观念						
资本成本						
杠杆理论						
资本结构理论						
资本结构决策						
固定资产投资决策						
长期股权投资决策						
并购重组动因						
并购重组方式及效应						
企业价值评估						
案例集锦						

填写建议：

"做对题目数/总题目数"记录针对该知识点自己做题的情况，比如该知识点总题目数为10题，做对了其中7题，记录为7/10。

"学习日期"记录自己学习该知识点时的日期，建议把下一次复习的日期也写上。

本章强化测试

扫码做题

备忘录：

第十章 电子商务

> ✏️ **学习指导**

本章考查难度不大,且考查内容较为简单,主要知识点出自电子商务概述、电子商务的运作系统、电子支付和网络营销,历年考查分值在 9 分左右。

互联网、电子商务与我们生活密切相关,对不了解的互联网营销方式,可结合实例将其生活化、简单化,因此本章知识点掌握起来并不困难,很多知识点都是我们已知的,考试题目难度较低。

时间	考点或模块
Day 51	➢电子商务产生背景及概念 ➢电子商务的功能和特点 ➢电子商务的分类 ➢电子商务中的商流、资金流、物流、信息流 ➢电子商务对企业经营管理的影响
Day 52	➢电子商务的一般框架 ➢电子商务运作系统的组成要素 ➢电子商务的交易模式及一般流程 ➢企业实施电子商务的运作步骤 ➢电子支付的概念和特点 ➢电子支付的分类
Day 53	➢第三方支付 ➢网络营销的概念和特点 ➢网络市场调研的概念、方法 ➢网络营销策略 ➢网络营销方式

▶▶ Day 51

➢ **考点**:电子商务产生背景及概念

1. [多项选择题] 关于电子商务概念的说法,正确的有(   )。
   A. 广义的电子商务是指通过互联网等电子手段所进行的商务活动
   B. 狭义的电子商务是指企业通过电子手段进行的所有运营管理活动
   C. 电子商务以商务活动为主体
   D. 电子商务以计算机网络为基础
   E. 电子商务以电子化方式为手段

2. [单项选择题] 电子商务产生的技术基础是(   )。
   A. 物联网技术革命   B. 信息技术革命

C. 工业技术革命　　　　　　　　　　D. 电子技术革命

3. [多项选择题] 促使电子商务产生的主要因素有（　　）。
   A. 经济全球化　　　　　　　　　　B. 实体店升级
   C. 信息技术革命　　　　　　　　　D. 全球交通便利化
   E. 再工业化

4. [单项选择题] 下列不属于电子商务活动的是（　　）。
   A. 电子支付　　　　　　　　　　　B. 实体店铺购物
   C. 网上广告宣传　　　　　　　　　D. 网络调研

▶ **考点**：电子商务的功能和特点

5. [单项选择题] 交易双方通过计算机网络进行贸易，从洽谈、签约到订货、支付等事项，均通过网络完成，无须当面进行，这体现电子商务的（　　）特点。
   A. 运输全球化　　B. 资本虚拟化　　C. 经济全球化　　D. 交易虚拟化

6. [单项选择题] 企业可以利用网络技术分析消费者偏好、需求和购物习惯，促进企业针对消费者进行研究和开发活动，这体现了电子商务的（　　）特点。
   A. 成本低廉　　　B. 交易虚拟化　　C. 交易透明化　　D. 服务个性化

7. [单项选择题] 某企业为了提高服务水平，通过电子商务平台收集用户对服务的意见和偏好，该企业的活动实现了电子商务的（　　）功能。
   A. 广告宣传　　　B. 线上订购　　　C. 网络调研　　　D. 咨询洽谈

8. [多项选择题] 某房地产开发商开展电子商务战略，其电子商务平台可以实现的功能有（　　）。
   A. 网络调研　　　　　　　　　　　B. 线上订购
   C. 维修服务　　　　　　　　　　　D. 咨询洽谈
   E. 电子支付

9. [多项选择题] 与传统商务相比，电子商务的特点有（　　）。
   A. 运作高效化　　　　　　　　　　B. 成本低廉化
   C. 交易虚拟化　　　　　　　　　　D. 支付现金化
   E. 交易透明化

▶ **考点**：电子商务的分类

10. [单项选择题] 下列商品或服务中，可以实现完全电子商务的是（　　）。
    A. 计算机　　　　　　　　　　　　B. 汽车
    C. 网络游戏　　　　　　　　　　　D. 办公桌

11. [多项选择题] 下列商品中，适合完全电子商务的有（　　）。
    A. 视频　　　　　B. 音乐　　　　　C. 计算机软件　　D. 汽车
    E. 信息咨询

12. [单项选择题] 电子商务按照（　　）划分，可分为企业对企业的电子商务、企业对消费者的电子商务、消费者对消费者的电子商务、企业对政府的电子商务等。
    A. 交易的主体　　　　　　　　　　B. 交易的对象
    C. 地域范围　　　　　　　　　　　D. 运作方式

13. ［单项选择题］国内某服装生产企业利用电子商务向全国范围内的消费者销售其生产的服装，并通过各家快递公司将产品送达到消费者手中，该企业采用的电子商务的类型属于（　　）。
    A. 区域化电子商务
    B. 远程国内电子商务
    C. 完全电子商务
    D. 企业对企业的电子商务

▶ 考点：电子商务中的商流、资金流、物流、信息流

14. ［单项选择题］电子商务的"四流"中具有双向传递特点的是（　　）。
    A. 信息流　　　　B. 资金流　　　　C. 商流　　　　D. 物流

15. ［单项选择题］电子商务的"四流"指的是（　　）。
    A. 商流、资金流、物流、信息流
    B. 商流、资金流、客户流、信息流
    C. 现金流、资金流、物流、数据流
    D. 商流、现金流、物流、数据流

16. ［单项选择题］在电子商务活动中，实现商品所有权转移的是（　　）。
    A. 商流
    B. 物流
    C. 资金流
    D. 信息流

17. ［单项选择题］下列关于电子商务流通过程中的四大组成部分之间关系的说法，正确的是（　　）。
    A. 物流是条件
    B. 资金流是手段
    C. 信息流是归宿
    D. 商流是动机和目的

▶ 考点：电子商务对企业经营管理的影响

18. ［单项选择题］电子商务模式下出现的一种无明显边界的新型企业是（　　）。
    A. 集团企业
    B. 联盟企业
    C. 合资企业
    D. 虚拟企业

19. ［单项选择题］下列关于电子商务的管理模式的说法，错误的是（　　）。
    A. 企业内部构造了内部网、数据库
    B. 企业管理由分权制向集权制转换
    C. 组织流程"并行"
    D. 企业组织信息传递的方式由单向的"一对多"到双向的"多对多"转换

20. ［多项选择题］电子商务影响企业经营管理的领域有（　　）。
    A. 管理思想
    B. 管理模式
    C. 组织结构
    D. 产品生产工艺
    E. 质量检验

✏ 学习笔记

第十章 电子商务

Day 52

▶ 考点：电子商务的一般框架

1. [多项选择题] 实现电子商务的最基层网络硬件基础设施包括（ ）。
   A. 远程通信网　　　　　　　　　B. 有线电视网
   C. 无线通信网　　　　　　　　　D. 电网
   E. 互联网

2. [单项选择题] 在电子商务系统框架结构中，实现电子商务的基础设施层是（ ）。
   A. 网络层　　　B. 数据库层　　　C. 信息传输层　　　D. 业务服务层

3. [多项选择题] 从结构层次的角度看，电子商务系统的框架结构包括（ ）。
   A. 物流层　　　　　　　　　　　B. 客户关系层
   C. 网络层　　　　　　　　　　　D. 信息发布与传输层
   E. 一般业务服务层

4. [多项选择题] 电子商务系统框架结构包括（ ）两个支柱。
   A. 公共政策和法律规范　　　　　B. 技术标准和网络协议
   C. 信息高速公路　　　　　　　　D. 一般业务服务
   E. 社会文化

▶ 考点：电子商务运作系统的组成要素

5. [单项选择题] 电子商务运作系统中，保证相关主体身份真实性和交易安全性的机构是（ ）。
   A. 企业　　　　　　　　　　　　B. 物流配送机构
   C. 认证中心　　　　　　　　　　D. 网络支付体系

6. [单项选择题] 电子商务运作系统的组成要素不包括（ ）。
   A. 企业　　　　　　　　　　　　B. 认证中心
   C. 技术研发中心　　　　　　　　D. 物流配送体系

7. [单项选择题] 下列电子商务运作系统的组成要素中，（ ）是推动电子商务发展的根本力量。
   A. 消费者　　　　　　　　　　　B. 企业
   C. 认证中心　　　　　　　　　　D. 网络支付体系

▶ 考点：电子商务的交易模式及一般流程

8. [单项选择题] 张先生工作之余通过网约车平台提供网约车服务，这种商务活动模式属于（ ）电子商务。
   A. B2C　　　B. C2C　　　C. B2G　　　D. B2B

9. [单项选择题] 某家电生产企业开通网上商店，为终端消费者进行商品配送，提供电子支付系统，该企业的电子商务模式是（ ）。
   A. B2B　　　　　　　　　　　　B. B2C
   C. B2G　　　　　　　　　　　　D. C2C

10. [单项选择题] 企业以互联网为依托，通过运用大数据、人工智能等先进技术手段，并对线上服务、线下体验以及现代物流进行深度融合的零售新模式是（　　）电子商务模式。

A. "新零售" B. 社交电商

C. 直播电商 D. B2G 模式

▶考点：企业实施电子商务的运作步骤

11. [单项选择题] 在电子商务网站设计过程中，颜色搭配、版面布局以及文字图片应用等活动属于（　　）。

A. 功能设计 B. 结构设计 C. 艺术设计 D. 数据库设计

12. [单项选择题] 在电子商务的运作过程中，电子商务网站推广属于（　　）阶段的工作。

A. 制定电子商务战略 B. 选择电子商务策略

C. 系统设计与开发 D. 电子商务组织实施

13. [多项选择题] 企业电子商务系统设计与开发的主要任务包括（　　）。

A. 网站设计 B. 数据库设计

C. 组织结构设计 D. 功能设计

E. 流程设计

▶考点：电子支付的概念和特点

14. [多项选择题] 与传统支付方式相比，电子支付的优势主要包括（　　）。

A. 无风险 B. 方便

C. 快捷 D. 高效

E. 经济

15. [单项选择题] 下列关于电子支付的说法，错误的是（　　）。

A. 电子支付是采用先进的技术通过数字流转完成信息传输

B. 电子支付的工作环境基于一个开放的系统平台

C. 电子支付具有方便、快捷、高效、经济的优势

D. 电子支付对软、硬件设施的要求不是很高

▶考点：电子支付的分类

16. [单项选择题] 下列电子设备中，可以作为移动支付时所使用的移动终端是（　　）。

A. 固定电话 B. 智能手机

C. 台式 PC 机 D. 电视机

17. [多项选择题] 与传统银行相比，网上银行的主要优势有（　　）。

A. 吸纳就业数量大 B. 经营成本低廉

C. 资金往来限制少 D. 服务方便、快捷

E. 实现无纸化交易

✎学习笔记

Day 53

▶ **考点**：第三方支付

1. ［单项选择题］能够解决先付款还是先发货矛盾的电子支付方式是（　　）。
   A. 第一方支付　　　　　　　　　B. 第三方支付
   C. CA 认证支付　　　　　　　　D. 自动柜员机支付

2. ［单项选择题］下列电子支付方式中，可以确保商家看不到客户相关支付隐私信息的是（　　）。
   A. 手机支付　　　　　　　　　　B. 银行卡支付
   C. 第三方支付　　　　　　　　　D. 电子支票支付

3. ［单项选择题］下列关于第三方支付的说法，错误的是（　　）。
   A. 具备一定实力和信誉保障的独立机构
   B. 使用第三方平台提供的账户进行货款支付
   C. 消费者进行收货确认，并通知第三方支付平台向商家付款
   D. 在交易过程中，商家可以看到客户的信用卡信息

▶ **考点**：网络营销的概念和特点

4. ［多项选择题］网络营销的特点包括（　　）。
   A. 经济性　　　　　　　　　　　B. 交互式
   C. 个性化　　　　　　　　　　　D. 封闭性
   E. 多维性

5. ［单项选择题］企业通过互联网展示商品图像、提供商品信息查询，实现供需互动与双向沟通。这体现了网络营销的（　　）。
   A. 多维性　　B. 交互性　　C. 经济性　　D. 整合性

6. ［单项选择题］网络营销将商品信息发布、收款和售后服务做了很好的集成，这体现了网络营销的（　　）。
   A. 经济性　　B. 整合性　　C. 交互性　　D. 多维性

7. ［单项选择题］企业利用互联网、移动互联网平台，可以每周 7 天，每天 24 小时随时随地提供全球性营销服务，这体现了网络营销（　　）的特点。
   A. 交互式　　　　　　　　　　　B. 个性化
   C. 超前性　　　　　　　　　　　D. 跨时域性

▶ **考点**：网络市场调研的概念、方法

8. ［单项选择题］下列属于间接调研方法的是（　　）。
   A. 网上观察法　　　　　　　　　B. 网上实验法
   C. 在线问卷法　　　　　　　　　D. 利用网上数据库

9. ［多项选择题］下列网络市场调查的方法中，属于网络市场直接调研的方法有（　　）。
   A. 搜索引擎法　　　　　　　　　B. 网上观察法
   C. 在线问卷法　　　　　　　　　D. 网上实验法
   E. 网上数据库法

▶ **考点**：网络营销策略

10. [单项选择题] 对于提供有形产品的企业，必须通过（　　）将产品及时送达到顾客手中。
    A. 会员网络　　　B. 服务网络　　　C. 生产网络　　　D. 快递网络

11. [单项选择题] 由于顾客的特点和网上体验的局限性，适合做网上销售的产品需要具备独特性，下列不属于网络产品特点的是（　　）。
    A. 标准化　　　B. 廉价性　　　C. 时尚性　　　D. 超前性

12. [多项选择题] 网络营销中产品和服务的定价要考虑的因素包括（　　）。
    A. 国际化
    B. 奢侈化
    C. 弹性化
    D. 标准化
    E. 价格解释体系

▶ **考点**：网络营销方式

13. [单项选择题]（　　）网络营销本质在于通过原创专业化内容进行知识分享，争夺话语权，并建立个人品牌。
    A. 搜索引擎营销
    B. 博客营销
    C. 网络社群营销
    D. 微信营销

14. [单项选择题] 利用客户口碑传播的原理开展营销活动的网络营销方式是（　　）。
    A. 搜索引擎营销
    B. 病毒式营销
    C. 网络社群营销
    D. 微信营销

15. [单项选择题] 利用微信平台多种沟通方式及功能开展营销活动的网络营销方式是（　　）。
    A. 博客营销
    B. 网络视频营销
    C. 微信营销
    D. 网络事件营销

16. [单项选择题] 企业把设计好的图片通过论坛、博客等平台进行传播，达到营销目的，这种网络营销方式是（　　）。
    A. 网络事件营销
    B. 网络图片营销
    C. 网络视频营销
    D. 网络软文营销

17. [单项选择题] 下列不属于网络社群营销特点的是（　　）。
    A. 精准定位，实现广告的个性化投放
    B. 互动性强，了解客户的需求和反馈
    C. 依托于主播流量和口碑实现商品销售
    D. 内容创新，通过有趣的内容吸引客户关注

✏ **学习笔记**

参考答案及解析

Day 51

1. CDE [解析] 狭义上讲，电子商务是指通过互联网等电子手段所进行的商务活动，包括商品和服务的提供者、广告商、消费者、中介商等各方行为的总和。一般理解的电子商务是指狭义的电子商务。广义上讲，电子商务是指企业通过电子手段进行的所有运营管理活动，即通过使用互联网等电子手段，使企业内部、供应商、客户和合作伙伴之间，利用电子业务共享信息，实现企业间业务流程的电子化，配合企业内部的电子化生产管理系统。从根本上来说，电子商务是以商务活动为主体，以计算机网络为基础，以电子化方式为手段的一种商务模式。

2. B [解析] 信息技术革命是指由信息生产、处理手段的迅猛发展导致的社会生产力、生产关系的变革。信息技术革命使得商业贸易活动在互联网开放的网络环境下，买卖双方不谋面地进行各种商贸活动成为可能，为电子商务的产生奠定了技术基础，故选B项。

3. AC [解析] 电子商务的产生是20世纪世界经济全球化与社会信息化两大趋势共同影响的结果。经济全球化与信息技术革命推动资本经济转变为信息经济和知识经济，正是两者的影响催生了电子商务，故选A、C两项。

4. B [解析] 电子商务是利用计算机技术和网络通信技术进行的商务活动，可知实体店铺购物不属于电子商务的活动，故选B项。

5. D [解析] 交易虚拟化是通过以互联网为代表的计算机网络进行贸易，交易双方从开始洽谈、签约到订货、支付等，无须当面进行，均通过网络完成，整个交易完全虚拟化。

6. D [解析] 服务个性化是指企业可利用网络追踪、数据挖掘等技术分析消费者偏好、需求和购物习惯，同时将消费者的需求及时反馈到决策层，促进企业针对消费者而进行研究和开发活动，更好地为他们提供个性化服务。

> **●考点再现**
>
> Q_{5-6} 电子商务的特点包括市场全球化、跨时空限制、交易虚拟化、成本低廉化、交易透明化、操作方便化、服务个性化和运作高效化。

7. C [解析] 根据题目信息"电子商务平台收集用户对服务的意见和偏好"，可知属于网络调研。

8. ABDE [解析] 电子商务的功能包括广告宣传、咨询洽谈、线上订购、电子支付、线上服务、网络调研、交易管理等。

> **●考点再现**
>
> Q_{7-8} 电子商务的功能包括广告宣传、咨询洽谈、线上订购、电子支付、线上服务、网络调研、交易管理等各项功能。具体内容包括：①广告宣传是指通过广告方式宣传产品；②网上订购借助各种手段实现网上订购；③咨询洽谈是指借助网络来洽谈交易事务，如有进一步需要，可使用白板会议；④网络调研是指运用网络来收集用户对商品、服务的意见；⑤线上服务是指对于某些适合在网络上直接传递的货物，它能直接通过电子商务从电子仓库中将货物发送到用户端，还可以进行其他服务。

9．ABCE［解析］电子商务的特点包括市场全球化、跨时空限制、交易虚拟化、成本低廉化、交易透明化、操作方便化、服务个性化、运作高效化。

10．C［解析］A、B、D三项均属于有形货物，不可以实现完全电子商务，C项网络游戏属于无形货物。

11．ABCE［解析］A、B、C、E四项均属于无形货物，可以实现完全电子商务。

> ●考点再现
>
> Q_{10-11} 按照商业活动的运作方式分类，可分为完全电子商务和非完全电子商务。其中，完全电子商务交易的对象主要包括无形货物和服务，如某些计算机软件、娱乐产品的联机订购、付款和交付，或者是全球规模的信息服务。

12．A［解析］电子商务按照交易的主体划分，可分为企业对企业的电子商务、企业对消费者的电子商务、消费者对消费者的电子商务、企业对政府的电子商务等类型，故选A项。按照地域范围分类，可分为区域化电子商务、远程国内电子商务和全球电子商务。按照商业活动的运行方式分类，可分为完全电子商务和非完全电子商务。

13．B［解析］根据题目信息"向全国范围内的消费者销售"，可知是在本国范围内进行，即远程国内电子商务，故B项正确，A项错误；服装属于有形产品，且题目告知需通过快递公司，即实体配送方式才可以将产品送达消费者手中，即采用了有形商品的物流配送，并没有完全依靠电子商务方式实现和完成整个交易过程，可知为非完全电子商务，故C项错误；交易双方一方为该服装生产企业，一方为消费者，即属于企业对消费者的电子商务，而不是企业对企业的电子商务，故D项错误。

14．A［解析］电子商务的"四流"中，只有"信息流"具有双向传递的特点，故选A项；B项属于买家付给卖家钱，属于单项流；C、D两项均属于卖家给买家的服务，属于单项传递。

15．A［解析］电子商务的交易活动的达成必然需要商流、资金流、物流、信息流。

16．A［解析］商流是指物品在流通中发生形态变化的过程，即由货币形态转化为商品形态，以及由商品形态转化为货币形态，随着买卖关系的发生，商品所有权发生转移的过程，故选A项；物流不是商品所有权的转移，只是商品的转移，故B项错误；资金流是货币的转移，故C项错误；信息流是电子商务各个主体之间的信息传递与交流，故D项错误。

17．D［解析］商流、资金流、物流、信息流是一个相互联系、互为伴随、共同支撑电子商务活动的整体。其中，商流是动机和目的，资金流是条件，物流是终结和归宿，信息流是手段。商流是物流、资金流和信息流的起点和前提，没有商流一般不可能发生物流、资金流和信息流。反过来，没有物流、资金流和信息流的匹配和支撑，商流也不可能达到目的。

18．D［解析］在电子商务模式下，企业的经营活动打破了时间和空间的限制，把现有资源组合成为一种超越时空、利用电子手段传输信息的经营实体，出现了一种类似于无边界的新型企业——虚拟企业。

19．B［解析］电子商务对管理模式的影响中，企业管理由集权制向分权制转换，故B项错误。

20．ABC［解析］电子商务对企业经营管理产生深远的影响，包括企业的组织结构、管理模

第十章 电子商务

式、生产经营、竞争方式、人力资源管理、管理思想等领域。

Day 52

1. ABCE [解析] 网络层是指网络基础设施，即所谓的"信息高速公路"，是实现电子商务的最底层的硬件基础设施包括远程通信网、有线电视网、无线通信网、互联网。

2. A [解析] 网络层指网络基础设施，即"信息高速公路"，是实现电子商务的最底层的硬件基础设施，它包括远程通信网、有线电视网、无线通信网和互联网。

3. CDE [解析] 电子商务的一般框架包括三个层次和两个支柱。其中，三个层次包括网络层、信息发布与传输层、一般业务服务层。

4. AB [解析] 电子商务的两个支柱，即公共政策和法律法规、技术标准和网络协议。

5. C [解析] 认证中心是一种在虚拟互联网空间进行的商务模式，为了保证相关主体身份的真实性和交易的安全性，故选 C 项；A 项企业是电子商务中的重要主体，是推动电子商务发展的根本力量；B 项物流配送机构负责运送货物，并不了解交易的具体信息；D 项银行在电子商务中起着不可替代的货币流通中介作用。

6. C [解析] 电子商务系统是由消费者、企业、网络支付体系、物流配送体系和认证中心等组成。

7. B [解析] 企业是推动电子商务发展的根本力量。

8. B [解析] C2C 是指消费者与消费者之间的电子商务。C2C 为买卖双方提供一个在线交易平台，使卖方可以主动提供商品上网拍卖，而买方可以自行选择商品进行竞价，张先生工作之余通过网约车平台提供网约车服务属于 C2C 电子商务。

9. B [解析] B2C 电子商务是企业与消费者之间的电子商务。根据题目信息分析，可知参与交易的双方，一方是企业（B），一方是消费者（C），可知电子商务模式是 B2C，故选 B 项。

10. A [解析] "新零售"是指企业以互联网为依托，通过运用大数据、人工智能等先进技术手段，对商品的生产、流通与销售过程进行升级改造，进而重塑业态结构与生态圈，并对线上服务、线下体验以及现代物流进行深度融合的零售新模式。

11. C [解析] 网站设计可分为整体设计、功能与结构设计、艺术设计等方面，故 D 项错误；功能和结构设计主要是绘制网站结构功能图，进行网站的主要信息内容与导航的策划，故 A、B 两错误；网站艺术设计主要内容包括导航栏、排版、标志等，具体而言就是需要确定网站的结构、栏目的设置、网站的风格、颜色搭配、版面布局以及文字图片的应用等，故选 C 项。

12. D [解析] 电子商务运作过程包括：①明确愿景；②制定战略；③选择策略；④系统设计与开发；⑤电子商务组织实施。根据题目信息"电子商务网站推广"应该是在电子商务网站开发之后进行的，所以应属于电子商务组织实施阶段。在电子商务实施阶段企业开始实施电子商务活动，具体包括电子商务网站推广、试运行、评估反馈、完善、全面实施等，故选 D 项。

13. ABDE [解析] 电子商务企业系统设计与开发包括功能设计、流程设计、网站设计、数据库设计、系统开发。

14. BCDE [解析] 与传统的支付方式相比，电子支付的特点之一是具有方便、快捷、高效、经济的优势。不管是传统支付方式还是电子支付方式都无法做到无风险，故 A 项错误。

15. D [解析] 电子支付对软、硬件设施的要求很高，一般要求有联网的计算机、相关的软

171

件及其他一些配套设施，而传统支付则没有这么高的要求，故 D 项错误。

16. B [解析] 移动支付所使用的移动终端可以是手机、掌上电脑、移动个人计算机等，故选 B 项。

17. BDE [解析] 网上银行的优势包括：①全面实现无纸化交易；②服务方便、快捷、高效、可靠；③经营成本低廉；④简单易用。

Day 53

1. B [解析] 第三方支付是具备一定实力和信誉保障的独立机构。第三方支付可以很好地解决先付款和先发货的矛盾。

2. C [解析] 第三方支付是指商家和消费者在交易过程中的一个中介平台，是消费者间接给商家支付的过程，保证商家看不到客户的信用卡信息，同时又避免了信用卡信息在网络上多次公开传输而导致信息被窃的情况，故选 C 项。A、B、D 三项属于消费者直接支付给商家，商家可以看到消费者的信息。

3. D [解析] 第三方支付是指一些和产品所在国家以及国内外各大银行签约、并具备一定实力和信誉保障的第三方独立机构提供的交易支持平台（A 项正确）。在通过第三方支付平台的交易中，买方选购商品后，使用第三方平台提供的账户进行货款支付（B 项正确），由第三方通知卖家货款到达，进行发货，买方检验物品后，就可以通知付款给卖家，第三方再将款项转至卖家账户（C 项正确）。在第三方交易过程中，商家看不到客户的信用卡信息（D 项错误）。

4. ABCE [解析] 网络营销的特点包括跨时域性、交互式、个性化、经济性、多维性、超前性、整合性、高效性、技术性。

5. B [解析] 交互式：通过互联网展示商品图像、提供商品信息查询，实现供需互动与双向沟通。

6. B [解析] 整合性：一方面，商品信息与收款、售后服务做了很好的集成；另一方面以统一的传播方式向消费者传递信息，避免不同传播中的不一致性。

7. D [解析] 跨时域性：互联网能够超越时间约束和空间限制进行信息交换，使得营销脱离时空限制进行交易变成可能，企业有了更多时间和更大空间进行营销。

> ●考点再现
>
> Q_{4-7} 网络营销的特点包括：①多维性。将文字、图像和声音有机地组合在一起，传递多感官的信息，从而增强网络营销的实效。②经济性。减少印刷费用与邮递成本，免租金、水电等费用，其次还可以减少损耗。③整合性。商品信息与收款、售后服务做了很好的集成；以统一的传播方式向消费者传递信息，避免不同传播中的不一致性。④个性化。促销是一对一、理性的，是一种低成本与人性化的促销。⑤超前性。互联网所具备的一对一营销能力，符合定制营销与直复营销的未来发展趋势。⑥跨时域性。互联网能够超越时间约束和空间限制进行信息交换，使得营销脱离时空限制进行交易变成可能，企业有了更多时间和更大空间进行营销。⑦交互式。通过互联网展示商品图像、提供商品信息查询，实现供需互动与双向沟通。⑧高效性。互联网传达的信息数量与精确度远超其他媒体，企业通过及时更新产品或调整价格，能够达到及时有效了解并满足顾客的需求的目的。⑨技术性。网络营销是建立在以高速发展的 IT 技术为支撑的互联网基础上的，企业实施网络营销必须有一定的技术投入和技术支持。

8. D [解析] A、B、C是直接调研的方法。D项,利用网上数据库查找资料属于间接调研。

9. BCD [解析] 网络市场直接调研的方法包括网上观察法、专题讨论法、在线问卷法、网上实验法。

10. D [解析] 对于提供有形产品的企业,要把产品及时送达顾客手中,就需要通过快递公司的送货网络来实现,故选D项。

11. D [解析] 由于顾客的特点和网上体验的局限性,适合做网上销售的产品有以下特点:产品标准化、廉价性、时尚性、重购性,故选D项。

12. ACE [解析] 网络营销中产品和服务的定价要考虑的因素包括国际化、趋低化、弹性化、价格解释体系。

13. B [解析] 博客营销是指通过博客网站或博客论坛接触博客作者和浏览者,利用博客作者个人的知识、兴趣和生活体验等传播商品信息的营销活动。博客营销的本质在于通过原创专业化内容进行知识分享,争夺话语权,建立起个人品牌,获得"意见领袖"的身份,进而影响浏览者的思维和购买行为。

14. B [解析] 病毒式营销是指利用客户口碑传播的原理开展营销活动的方式。在互联网上,利用"口碑传播"的营销内容可以像病毒一样迅速蔓延,因此,病毒式营销是一种高效的信息传播方式。

15. C [解析] 博客营销通过博客传播商品信息和知识,A项错误。网络视频营销指的是通过网络视频来宣传企业品牌、产品及服务,B项错误。网络事件营销是通过网络传播平台策划事件以改善客户关系,D项错误。

16. B [解析] 网络事件营销是通过策划让用户参与的事件吸引注意力,A项错误。网络视频营销是利用视频进行营销,C项错误。网络软文营销是通过文章形式进行传播,D项错误。

17. C [解析] 网络社群营销具有以下特点:①精准定位,即通过社交媒体平台的数据分析,精准地定位客户,实现广告的个性化投放;②互动性强,即社交媒体平台具有较强的互动性,社群运营人员可以与客户进行实时互动,了解他们的需求和反馈;③内容创新,即网络社群营销注重内容创新,旨在通过有趣、有价值的内容吸引客户的关注。C项属于电商直播营销的特征。

本章学习检查表

知识点或模块名称	初次学习		第一次复习		第二次复习	
	做对题目数/总题目数	学习日期	做对题目数/总题目数	复习日期	做对题目数/总题目数	复习日期
电子商务产生背景及概念						
电子商务的功能和特点						
电子商务的分类						
电子商务中的商流、资金流、物流、信息流						
电子商务对企业经营管理的影响						
电子商务的一般框架						
电子商务运作系统的组成要素						
电子商务的交易模式及一般流程						
企业实施电子商务的运作步骤						
电子支付的概念和特点						
电子支付的分类						
第三方支付						
网络营销的概念和特点						
网络市场调研的概念、方法						
网络营销策略						
网络营销方式						

填写建议：

"做对题目数/总题目数"记录针对该知识点自己做题的情况，比如该知识点总题目数为10题，做对了其中7题，记录为7/10。

"学习日期"记录自己学习该知识点时的日期，建议把下一次复习的日期也写上。

本章强化测试

扫码做题

备忘录：

第十一章 国际商务运营

学习指导

本章近几年都有比较大的变动,其中国际贸易相关内容比较难理解,需要投入更多精力学习。本章共3节,考查分值约为10分。本章知识点主要出自国际商务运营方面的知识,包括国际商务概述、国际直接投资业务、国际贸易等方面的内容。从其出题特点来看,以考查单项选择题和多项选择题为主,整体难度不大,大多是基本概念。建议大家在学习过程中要特别注意对知识点的理解记忆,抓住重点,会做变形题目,有针对性地练习。

时间	考点或模块
Day 54	➢ 国际商务与跨国公司 ➢ 国际直接投资业务 ➢ 交易磋商及国际贸易术语 ➢ 国际商品进出口实务

Day 54

➢ **考点**:国际商务与跨国公司

1. [单项选择题] 跨国公司的法律组织形式中,不具有独立的法人地位,但可以在东道国开展业务的是( )。
   A. 分公司　　　　　　　　　　B. 联络办事处
   C. 母公司　　　　　　　　　　D. 子公司

2. [多项选择题] 下列关于设立子公司优点的说法,正确的有( )。
   A. 有利于开展业务　　　　　　B. 融资比较便利
   C. 行政管理费用比较低　　　　D. 手续比较简单
   E. 有利于收回投资

3. [多项选择题] 相对于子公司,分公司的特点有( )。
   A. 没有自己独立的公司名称和章程
   B. 是一个独立的法律实体的企业机构
   C. 自负盈亏
   D. 以自己的名义开展业务
   E. 没有自己独立的财产权

4. [单项选择题] 能够集中加强对国际业务的管理,但容易造成国内、国外两部门的对立,不利于资源优化配置的跨国公司的管理组织形式是( )。
   A. 国际业务部门　　　　　　　B. 全球产品结构
   C. 全球职能结构　　　　　　　D. 矩阵式组织结构

5. [单项选择题] 某跨国公司对公司国际业务实行交叉管理和控制,将职能主线和产品主线结合起来，这种跨国公司的管理组织形式是（　　）。
A. 全球产品结构　　　　　　　　B. 矩阵式组织结构
C. 全球职能结构　　　　　　　　D. 全球性地区结构

6. [单项选择题] 某跨国公司分别在世界三个地区设立了A、B、C三个产品部，每个产品部全权负责其产品的全球性计划、管理和控制，该公司采用的跨国公司的管理组织形式属于（　　）。
A. 全球性地区结构　　　　　　　B. 国际业务部
C. 全球产品结构　　　　　　　　D. 全球混合结构

7. [多项选择题] 关于跨国公司国外市场进入方式的优缺点，下列说法正确的有（　　）。
A. 出口可以帮助跨国公司实现经验曲线效应和区位经济
B. 技术授权许可方不必承担开发一个国外市场所需的开发费用和风险
C. 特许经营对产品质量控制能力较强
D. 合资企业往往是政治考虑下的唯一可行模式
E. 交钥匙工程可能树立一个长期的合作伙伴

8. [多项选择题] 关于全资子公司的优点，下列说法正确的有（　　）。
A. 保护技术，防止技术泄露　　　B. 快速进入市场
C. 控制成本较弱　　　　　　　　D. 有助于全球战略协调
E. 享有全部利润

9. [单项选择题] 在特定时间内，跨国公司（许可方）把无形资产授予另一个实体（接受方），许可方可以从接受方处收取一定的许可使用费，这种跨国公司的国外市场进入方式为（　　）。
A. 交钥匙工程　　B. 技术授权　　C. 特许经营　　D. 出口

10. [多项选择题] 跨国公司使用的控制系统主要有（　　）。
A. 个人控制　　B. 行政组织控制　　C. 产出控制　　D. 文化控制
E. 渠道控制

11. [单项选择题] 跨国公司在采用全球标准化战略时，其组织结构通常具有（　　）特征。
A. 高度分散的决策权　　　　　　B. 单一的地域结构
C. 产品分部与区域分部均有影响力　　D. 全球范围的产品分部结构

12. [多项选择题] 可能会导致跨国公司的绩效模糊程度提高的因素有（　　）。
A. 子单位之间相互依赖程度较低　　B. 涉及广泛使用正式和非正式的整合机制
C. 经济活动分散在全球，需要协调价值链　　D. 绩效评价依赖于客观和可量化的指标
E. 跨部门间需要强力整合以实现战略目标

▶ 考点：国际直接投资业务

13. [多项选择题] 根据邓宁的国际生产折中理论，如果企业同时拥有（　　），则出口贸易是参与国际经济活动的一种较好形式。
A. 所有权优势　　B. 使用权优势　　C. 内部化优势　　D. 整体性优势
E. 区位优势

14. [单项选择题] 常见的进行国际直接投资的动机中，"不要把所有鸡蛋放在一个篮子里"

指的是（　　）动机。
A. 市场导向型
B. 降低成本导向型
C. 优惠政策导向型
D. 分散投资风险导向型

15. [单项选择题] 根据雷蒙德·弗农的产品生命周期理论，产品成熟阶段的特征是（　　）。
A. 技术创新国家的企业利用其垄断的技术诀窍开发新产品
B. 国外仿制品开始出现，竞争主要集中在成本上
C. 企业会选择在生产成本较低的发展中国家进行直接投资
D. 技术的垄断优势已经消失

16. [多项选择题] 国际直接投资的动机的类型主要包括（　　）。
A. 市场导向型动机
B. 降低成本导向型动机
C. 需求导向型动机
D. 优惠政策导向型动机
E. 分散投资风险导向型动机

17. [单项选择题] A 企业为了利用国外便宜的劳动力和土地等生产要素，在 B 国与当地公司合资建立一家企业，A 企业进行国际直接投资的动机属于（　　）。
A. 技术与管理导向型动机
B. 降低成本导向型动机
C. 市场导向型动机
D. 优惠政策导向型动机

18. [多项选择题] 下列关于并购东道国企业方式缺点的说法，错误的有（　　）。
A. 有时候难以准确评估被并购企业的真实情况
B. 可能受到当地舆论的抵制
C. 开业较慢
D. 增加竞争对手
E. 可能存在法律和政策上的限制

19. [单项选择题] 在国际直接投资中，影响生产选址决策的因素不包括（　　）。
A. 国家政治经济文化
B. 固定成本水平
C. 公司内部沟通效率
D. 产品的价值重量比

20. [多项选择题] 分散生产最具合理性的情形包括（　　）。
A. 各国之间的政治、经济、文化差异对生产成本影响很大
B. 贸易壁垒高
C. 预期重要汇率变动频繁
D. 固定成本高而最小效率规模大
E. 产品不能满足共同需要

21. [多项选择题] 下列国际直接投资的收益中，属于东道国收益的有（　　）。
A. 资源转移效应
B. 就业效应
C. 国际收支效应
D. 对竞争和经济增长的影响
E. 增加母国收益

▶ 考点：交易磋商及国际贸易术语

22. [单项选择题] 根据《联合国国际货物销售合同公约》的规定，发盘在（　　）时生效。
A. 发盘人发出
B. 到达受盘人

C. 签订合同 D. 达成交易意向

23. [多项选择题] 下列属于发盘失效的情形的有（　　）。
    A. 受盘人还盘 B. 发盘中规定的有效期届满
    C. 政府禁令或限制措施 D. 缺少主要交易条件
    E. 在发盘被接受前，当事人丧失行为能力、死亡或法人破产等

24. [单项选择题] 根据《2020年国际贸易术语解释通则》，在合同履行中卖方责任最大，运输、保险、出口报关和进口报关都需要卖方办理且承担相关费用的贸易术语是（　　）。
    A. CCP B. EXW C. FOB D. DDP

25. [多项选择题] 根据《2020年国际贸易术语解释通则》，下列贸易术语中，运输方式规定为"海运或内河水运"的有（　　）。
    A. CFR B. DDP C. FOB D. FCA
    E. DAP

▶ 考点：国际商品进出口实务

26. [单项选择题] 在玉米进出口贸易中，规定杂质、含水量等属于（　　）表示商品质量的方式。
    A. 凭规格买卖 B. 凭等级买卖
    C. 凭标准买卖 D. 凭标致或商标买卖

27. [单项选择题] 下列关于定期租船的说法，正确的是（　　）。
    A. 租船期间船舶的经营管理由出租人管理 B. 不规定船舶航线和装卸港口
    C. 不规定船舶航行区域 D. 规定装卸期限和装卸率

28. [多项选择题] 下列属于我国海运保险特殊附加险的有（　　）。
    A. 偷窃险 B. 海运战争险 C. 水渍险 D. 罢工险
    E. 平安险

29. [单项选择题] 信用证议付行收到出口企业的出口单据后，经审查无误，将单据寄交国外付款行索取货款的结汇做法是（　　）。
    A. 收妥结汇 B. 押汇 C. 定期结汇 D. 换汇

30. [单项选择题] 根据我国海关法的规定，超过（　　）天的期限未向海关申报的，由海关按日征收进口货物CIF价格的（　　）的滞报金。
    A. 14；0.05% B. 14；0.1%
    C. 7；0.05% D. 7；1%

31. [单项选择题]《联合国国际货物销售合同公约》规定，在合同未明确索赔期限的情况下，索赔期限最长不超过（　　）年。
    A. 5 B. 4 C. 3 D. 2

📝 学习笔记

第十一章 国际商务运营

参考答案及解析

Day54

1. A [解析] 分公司是母公司的一个分支机构或附属机构，在法律上和经济上没有独立性，不是法人。

2. ABE [解析] 设立子公司的优点包括：①有利于开展业务；②融资比较便利；③有利于进行创造性的经营管理；④有利于收回投资，可以采用与其他公司合并或出售股份的形式收回投资；⑤有利于母公司开展合理合法的避税活动。不利之处包括：①手续比较繁杂；②行政管理费用比较高；③经营管理方面存在一定的困难。

3. AE [解析] 分公司是母公司的一个分支机构或附属机构，在法律上和经济上没有独立性，不是法人。分公司没有自己独立的公司名称和章程，其全部资产都属于母公司，没有自己独立的财产权，母公司对其债务负无限责任，分公司的业务活动由母公司主宰，它只是以母公司名义并根据它的委托开展业务活动。

4. A [解析] 跨国公司的管理组织形式有国际业务部、全球产品结构、全球性地区结构、全球职能结构、全球混合结构及矩阵式组织结构。其中，跨国公司在企业内部设立国际业务部，该国际业务部拥有全面的专营权，负责公司在母国以外的一切业务。该组织形式的优点是：集中加强对国际业务的管理；树立体现全球战略意图的国际市场意识，提高职员的国际业务水平。该组织形式的缺点是：人为地将国内、国外业务割裂开来，容易造成两个部门的对立，不利于资源优化配置；发展到一定阶段，其他部门难以与之匹配，反而影响经营效率。

5. B [解析] A项，全球产品结构是跨国公司在全球范围设立各种产品部，每个产品部全权负责其产品的全球性计划、管理和控制。B项，矩阵式组织结构是一些大的跨国公司在明确债权关系的前提下，对公司业务实行交叉管理和控制，即将职能主线和产品/地区主线结合起来，纵横交错，形成矩阵组织。C项，全球职能结构是跨国公司的一切业务都围绕公司的生产、销售、研发、财务等主要职能展开，设立职能部门，各个部门都负责该项职能的全球性业务，分管职能部门的副总裁向总裁负责。D项，全球性地区结构是跨国公司以地区为单位，设立地区分部从事经营，每个地区分部都对公司总裁负责，这种结构又可以分为地区—职能式和地区—产品式。

6. C [解析] 根据题目信息，在世界三个地区设立了A、B、C三个产品部，每个产品部全权负责其产品的全球性计划、管理和控制，可知是全球产品结构。

7. ABD [解析] 特许经营往往对产品质量的控制能力较弱，因为操作主要由被特许方执行，C项错误。国外企业往往缺乏对交钥匙工程承包商长期合作的意向。在生产的产品在国外市场具有巨大的市场潜力时，这一缺点尤为明显。E项错误。

8. ADE [解析] 全资子公司的建立通常需要较长时间，并非快速进入市场之选，B项错误。控制成本较弱是全资子公司的潜在缺点，C项错误。

9. B [解析] 技术授权也可称技术授权协议，是指在协议中规定，在特定时间内，跨国公司（许可方）把无形资产授予另一个实体（接受方），许可方可以从接受方处收取一定的许可使用费。无形资产包括专利、版权和商标等。

10. ABCD [解析] 跨国公司使用的控制系统主要有四种：个人控制、行政组织控制、产出控制和文化控制。大多数跨国公司同时使用这四种控制，但侧重点随公司的战略不同而不同。

11. D [解析] 全球标准化战略需要高度集中的决策权以保证全球统一性，A项错误。该战略倾向于产品分部结构，而不是单一的地域结构，B项错误。矩阵结构是跨国战略的特征，不是全球标准化战略的特征，采用矩阵结构，其中产品分部和区域分部都有着重大影响力，C项错误。全球标准化战略下跨国公司会采用全球范围的产品分部结构以实现规模经济和经验曲线效应，D项正确。

12. BCE [解析] 子单位间的低相互依赖程度通常会降低绩效模糊程度，A项错误。使用正式和非正式的整合机制往往暗示了子单位之间有较高的依赖性，这会提高绩效模糊程度，B项正确。全球分散的经济活动和价值链的协调性要求使得责任划分变得模糊，C项正确。客观和可量化的评价指标有助于减少绩效模糊，提高评价的明确性，D项错误。跨部门的强力整合需求意味着较大的绩效模糊问题，因为责任和贡献难以准确界定，E项正确。

13. AC [解析] 根据邓宁的国际生产折中理论，如果企业同时拥有所有权优势和内部化优势，则出口贸易是参与国际经济活动的一种较好形式。

14. D [解析] 国际直接投资动机有以下几种：①市场导向型动机——主要是以巩固、扩大和开辟市场为目的；②降低成本导向型动机；③技术与管理导向型动机——主要是获取和利用国外先进的技术、生产工艺、新产品设计和先进的管理知识等；④分散投资风险导向型动机——主要是分散和减少企业所面临的各种风险，也就是说，"不要把所有鸡蛋放在一个篮子里"；⑤优惠政策导向型动机——主要是利用东道国政府的优惠政策以及母国政府的鼓励性政策。

15. B [解析] 产品成熟阶段的特征是：①新技术日趋成熟，技术垄断优势逐渐减弱，国外仿制品开始出现，竞争主要集中在成本上；②企业开始对外直接投资并在国外建立子公司进行出口替代，对外直接投资的对象主要是与本国环境相似但生产成本低的其他发达国家和地区。

16. ABDE [解析] 国际直接投资的动机的主要类型有：市场导向型动机、降低成本导向型动机、技术与管理导向型动机、分散投资风险导向型动机、优惠政策导向型动机。

17. B [解析] 降低成本导向型动机的情形包括：①出于获取自然资源和原材料方面的考虑；②出于利用国外便宜的劳动力和土地等生产要素方面的考虑；③出于规避汇率风险方面的考虑；④出于利用各国关税税率的高低来降低生产成本的考虑；⑤出于利用闲置的设备、工业产权与专有技术等技术资源方面的考虑。

18. CD [解析] 并购东道国企业方式的缺点有：①有时候难以准确评估被并购企业的真实情况，导致并购目标企业的实际投资金额提高；②东道国反托拉斯法的存在以及对外来资本股权和被并购企业行业的限制，是并购行为在法律和政策上的限制因素；③当对一国的并购数量和并购金额较大时，常会受到当地舆论的抵制；④被并购企业原有契约或传统关系的存在，会成为对其进行改造的障碍。

19. C [解析] 国际直接投资中影响生产选址的因素包括国家因素、技术因素、生产因素。

国家因素包括政治、经济、文化和相对要素成本等。技术因素包括固定成本水平、最小效率规模及柔性制造技术。生产因素包括产品的价值重量比、产品能否满足共同需要。

20. BCE [解析] 各国之间的政治、经济、文化差异对生产成本影响很大，是集中生产战略的一个合理条件，A项错误。固定成本高和最小效率规模大适应集中生产，D项错误。

21. ABCD [解析] 对东道国来说，外来直接投资的主要收益是资源转移效应、就业效应、国际收支效应及对竞争和经济增长的影响。

22. B [解析] 发盘必须在到达受盘人时才生效。我国《民法典》也表明，以非对话方式作出的意思表示，到达相对人时生效。

23. ABCE [解析] 发盘失效的情形包括：①受盘人还盘；②发盘人依法撤销发盘；③发盘中规定的有效期届满；④不可抗力造成发盘的失效，如政府禁令或限制措施；⑤在发盘被接受前，当事人丧失行为能力、死亡或法人破产等。D项属于虚盘的特点。

24. D [解析] A项，贸易术语中不包括CCP。B项，EXW是卖方责任最小的贸易术语。C项，FOB只出口报关责任及费用承担方为卖方。

25. AC [解析] 运输方式规定为"海运或内河水运"的贸易术语有FOB、CIF、CFR、FAS。B、D、E三项适合任何运输方式。

26. A [解析] 商品的质量也可以用说明的方式来表示，主要包括：①凭规格买卖，例如规定成交大豆的杂质、含水量等；②凭等级买卖；③凭标准买卖；④凭说明书和图样买卖；⑤凭商标或牌号买卖；⑥凭产地名称买卖。

27. B [解析] 定期租船简称期租船，是指由船舶出租人将船舶租给租船人使用一定期限，并在规定的期限内由租船人自行调度和经营管理。期租船有以下特点：①租赁期间，船舶的经营管理由租船人负责；②不规定船舶航线和装卸港口，只规定船舶航行区域；③可以装运各种合法货物；④不规定装卸期限或装卸率，不计算滞期费、速遣费；⑤租金按租期每月每吨若干金额计算。

28. BD [解析] 我国海洋运输货物保险条款规定的险别包括基本险和附加险两类。基本险包括平安险、水渍险和一切险。附加险通常包括一般附加险和特殊附加险。常见的一般附加险有偷窃险等11种，特殊附加险主要是海运战争险和罢工险，附加险不能单独投保。

29. A [解析] 收妥结汇又称收妥付款，是指信用证议付行收到出口企业的出口单据后，经审查无误，将单据寄交国外付款行索取货款的结汇做法。

30. A [解析] 根据我国海关法的规定，向海关申报的时限为自运输工具申报进境之日起14天内。超过14天的期限未向海关申报的，由海关按日征收进口货物CIF价格的0.05%的滞报金；超过3个月未向海关申报的，由海关提交变卖。

31. D [解析]《联合国国际货物销售合同公约》规定，在合同未明确索赔期限的情况下，索赔期限最长不超过2年。

本章学习检查表

知识点或模块名称	初次学习		第一次复习		第二次复习	
	做对题目数/总题目数	学习日期	做对题目数/总题目数	复习日期	做对题目数/总题目数	复习日期
国际商务与跨国公司						
国际直接投资业务						
交易磋商及国际贸易术语						
国际商品进出口实务						

填写建议：

"做对题目数/总题目数"记录针对该知识点自己做题的情况，比如该知识点总题目数为10题，做对了其中7题，记录为7/10。

"学习日期"记录自己学习该知识点时的日期，建议把下一次复习的日期也写上。

本章强化测试

扫码做题

备忘录：

思维导图

Day 55

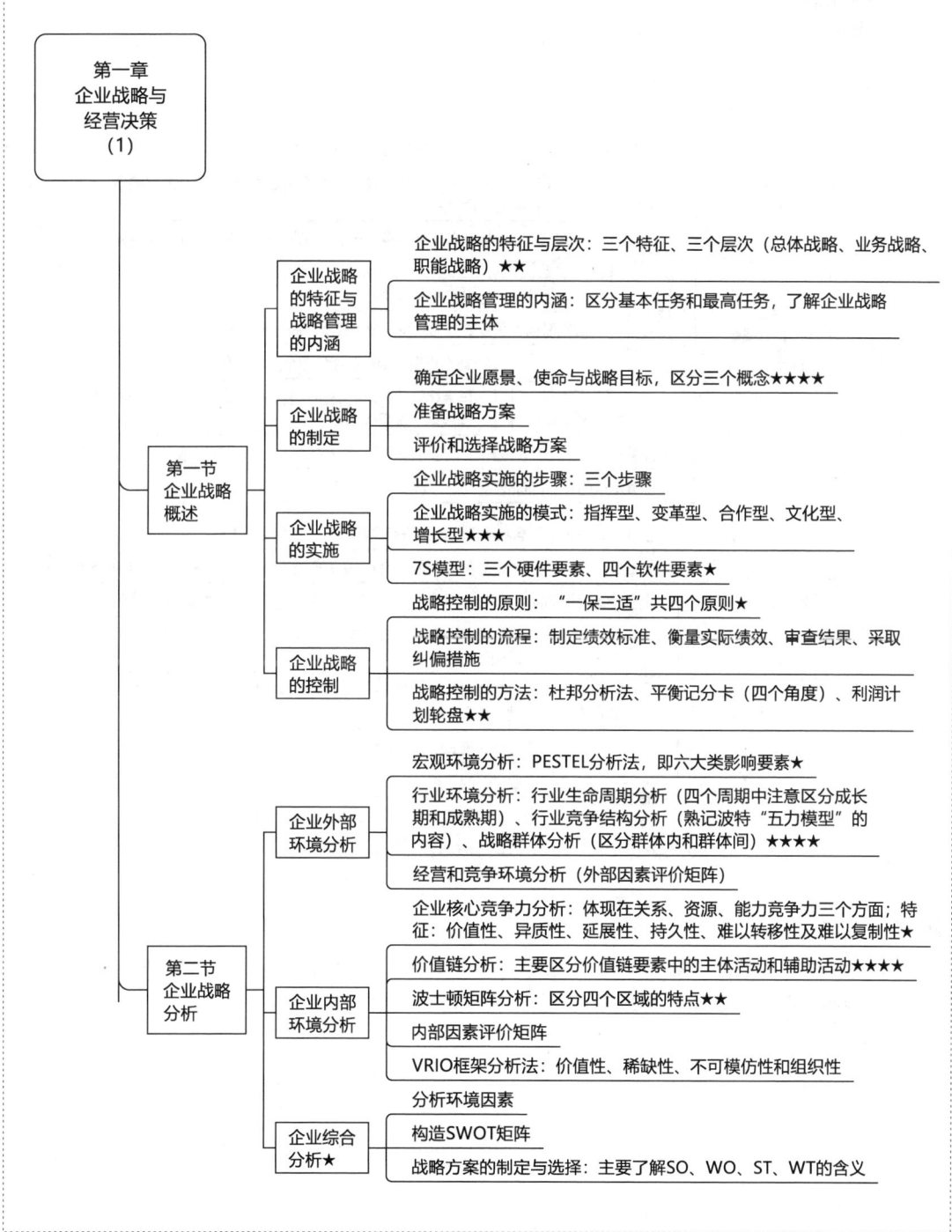

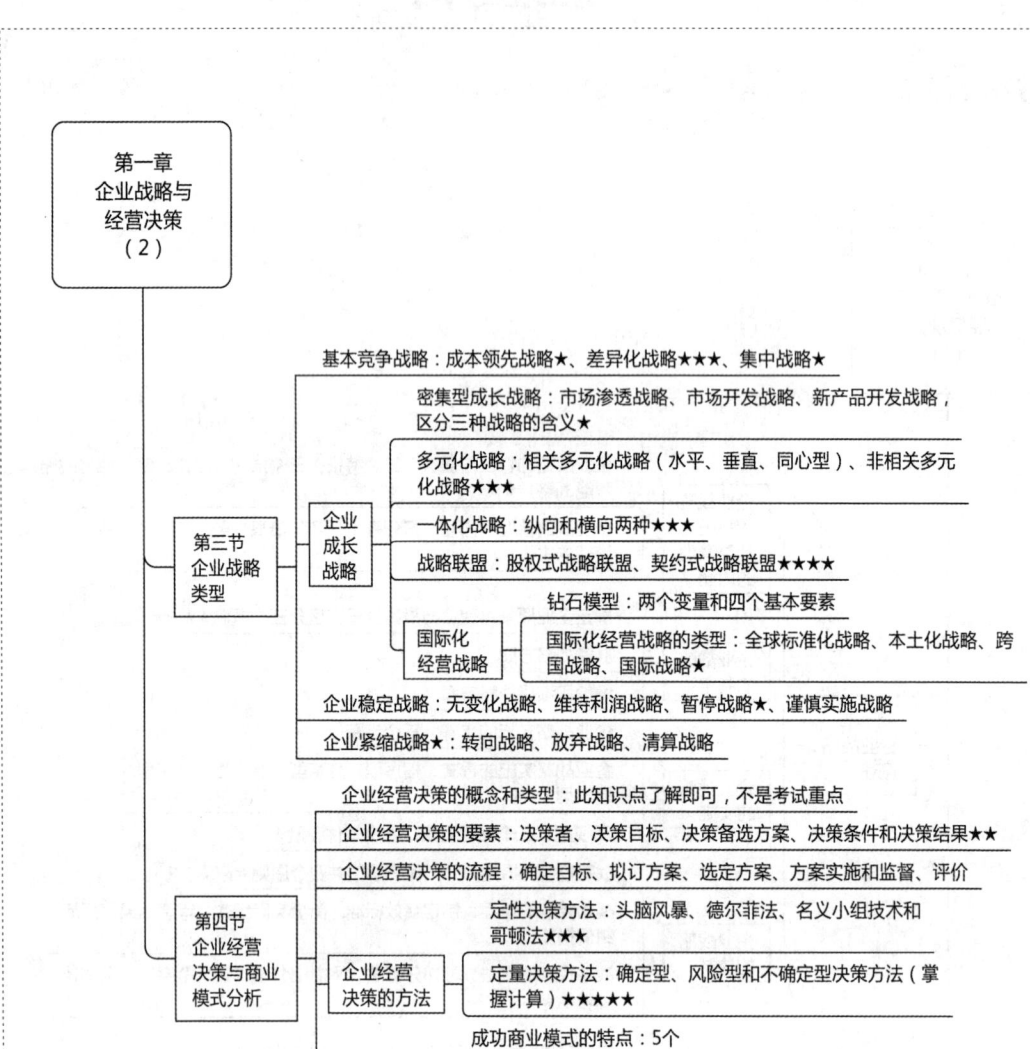

> 温馨贴士

第四节的重点是企业经营决策的方法,此知识点涉及计算题,是案例分析题的必考点,必须要掌握每种方法的计算并能熟悉运用。

思维导图

```
第二章
公司法人
治理结构
(1)
├── 第一节 公司所有者与经营者
│   ├── 公司所有者
│   │   ├── 公司的原始所有权：终极所有权，其表现为股权★
│   │   ├── 公司的法人财产权：应特别注意的问题
│   │   └── 公司财产权能的两次分离：原始所有权与法人产权的分离；法人产权与经营权的分离★
│   ├── 公司经营者
│   │   ├── 公司经营者的含义
│   │   ├── 经营者对现代企业的作用（四个作用）
│   │   ├── 经营者的素质要求（三个素质）
│   │   ├── 经营者的选择方式：内部提拔、市场招聘
│   │   └── 经营者激励与约束机制：报酬、声誉、市场竞争
│   └── 所有者与经营者的关系：委托代理及相互制衡的关系
└── 第二节 股东会
    ├── 股东概述
    │   ├── 股东的含义：持有公司资本的一定份额并享有法定权利的人
    │   ├── 股东的分类和构成：区分发起人股东与一般股东、自然人股东与法人股东、控股股东与非控股股东★★★
    │   ├── 股东的权利：《公司法》规定的十大权利★★
    │   └── 股东的责任和义务★★★★★
    ├── 有限责任公司的股东会会议
    │   ├── 股东会的性质及职权：股东会是权力机构，包括九项权力
    │   ├── 股东会的种类及召集：首次、定期和临时会议，熟悉每种的会议召集方式和议事内容★★
    │   └── 股东会决议：普通决议（1/2）、特别决议（2/3）
    └── 股份有限公司的股东会会议
        ├── 股东会的种类与召集：成立大会、股东年会、临时股东会★★★
        └── 股东会决议：①普通决议，必须经出席会议的股东所持表决权过半数通过；②特别决议，重大事项必须经过出席会议的股东所持表决权的2/3以上通过；③累积投票制（指股东大会选举董事或者监事时）
```

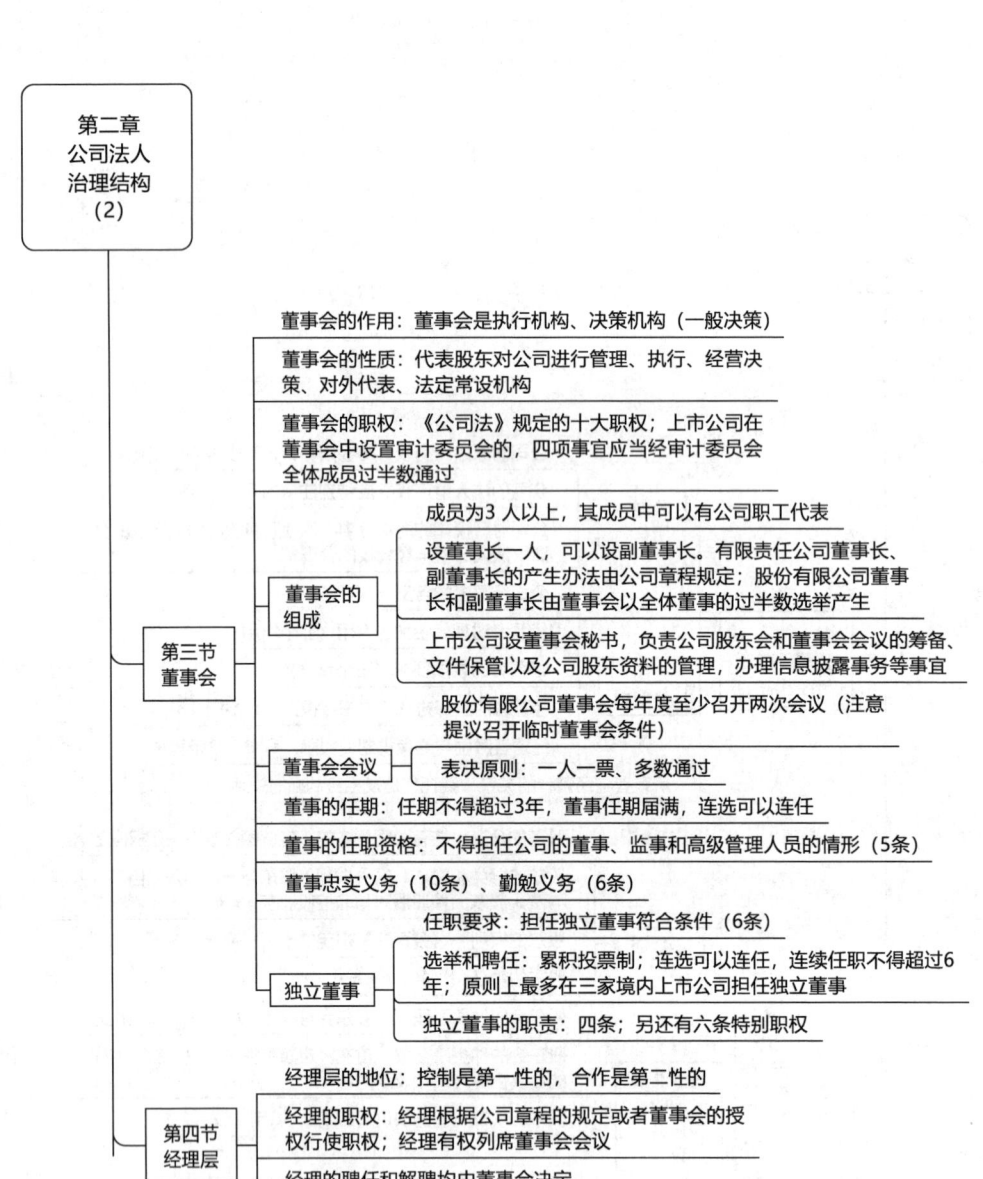

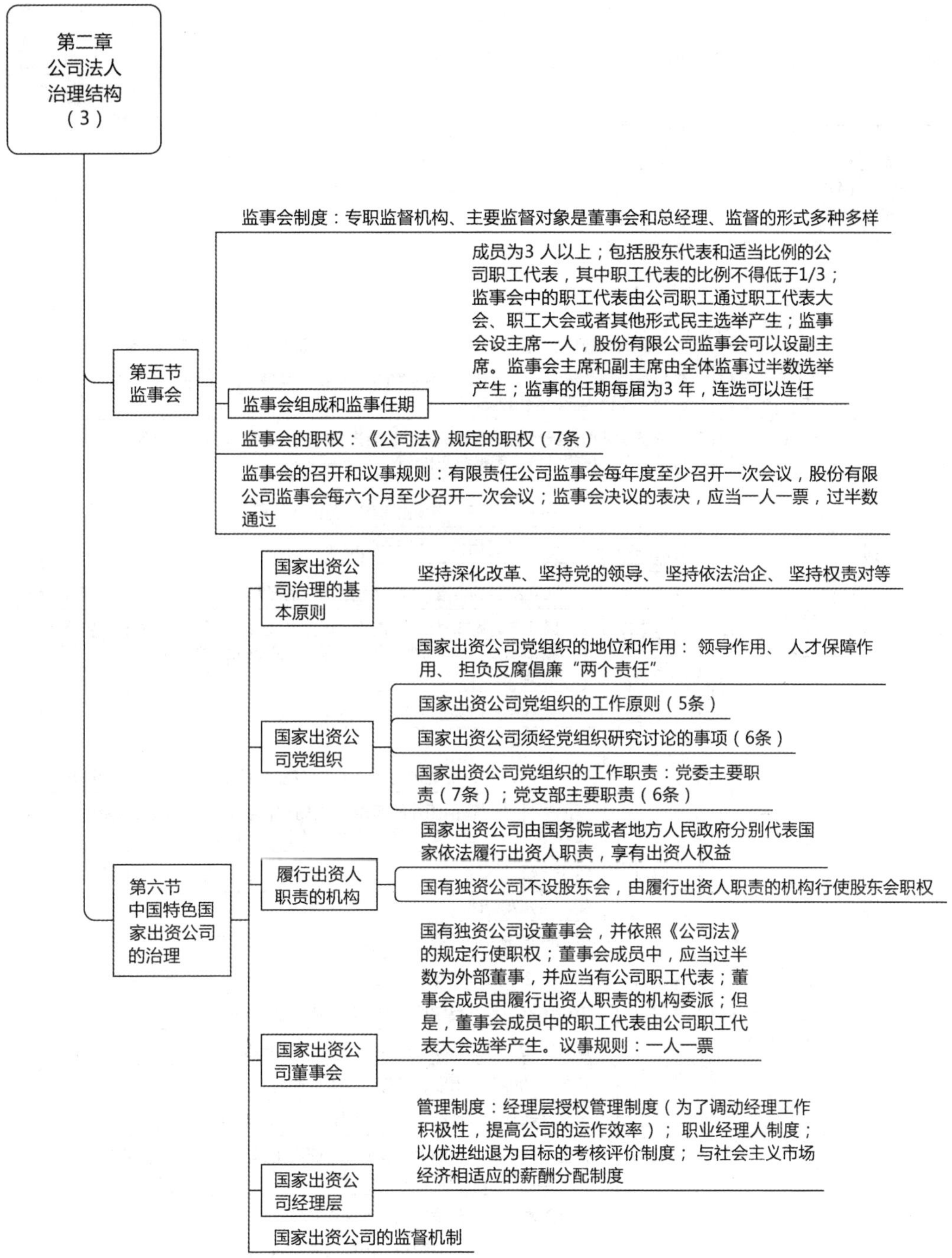

思维导图

```
第二章
公司法人
治理结构
(3)
├── 第五节 监事会
│   ├── 监事会制度：专职监督机构、主要监督对象是董事会和总经理、监督的形式多种多样
│   ├── 监事会组成和监事任期：成员为3人以上；包括股东代表和适当比例的公司职工代表，其中职工代表的比例不得低于1/3；监事会中的职工代表由公司职工通过职工代表大会、职工大会或者其他形式民主选举产生；监事会设主席一人，股份有限公司监事会可以设副主席。监事会主席和副主席由全体监事过半数选举产生；监事的任期每届为3年，连选可以连任
│   ├── 监事会的职权：《公司法》规定的职权（7条）
│   └── 监事会的召开和议事规则：有限责任公司监事会每年度至少召开一次会议，股份有限公司监事会每六个月至少召开一次会议；监事会决议的表决，应当一人一票，过半数通过
└── 第六节 中国特色国家出资公司的治理
    ├── 国家出资公司治理的基本原则：坚持深化改革、坚持党的领导、坚持依法治企、坚持权责对等
    ├── 国家出资公司党组织
    │   ├── 国家出资公司党组织的地位和作用：领导作用、人才保障作用、担负反腐倡廉"两个责任"
    │   ├── 国家出资公司党组织的工作原则（5条）
    │   ├── 国家出资公司须经党组织研究讨论的事项（6条）
    │   └── 国家出资公司党组织的工作职责：党委主要职责（7条）；党支部主要职责（6条）
    ├── 履行出资人职责的机构
    │   ├── 国家出资公司由国务院或者地方人民政府分别代表国家依法履行出资人职责，享有出资人权益
    │   └── 国有独资公司不设股东会，由履行出资人职责的机构行使股东会职权
    ├── 国家出资公司董事会：国有独资公司设董事会，并依照《公司法》的规定行使职权；董事会成员中，应当过半数为外部董事，并应当有公司职工代表；董事会成员由履行出资人职责的机构委派；但是，董事会成员中的职工代表由公司职工代表大会选举产生。议事规则：一人一票
    ├── 国家出资公司经理层：管理制度：经理层授权管理制度（为了调动经理工作积极性，提高公司的运作效率）；职业经理人制度；以优进绌退为目标的考核评价制度；与社会主义市场经济相适应的薪酬分配制度
    └── 国家出资公司的监督机制
```

> **温馨贴士**

本章内容较细，为《公司法》的相关内容，主要考查记忆能力。股东会、董事会、经理层、监事会的职权和议事规则易混淆，国家出资公司的治理结构需重点熟悉，建议大家进行理解性记忆。

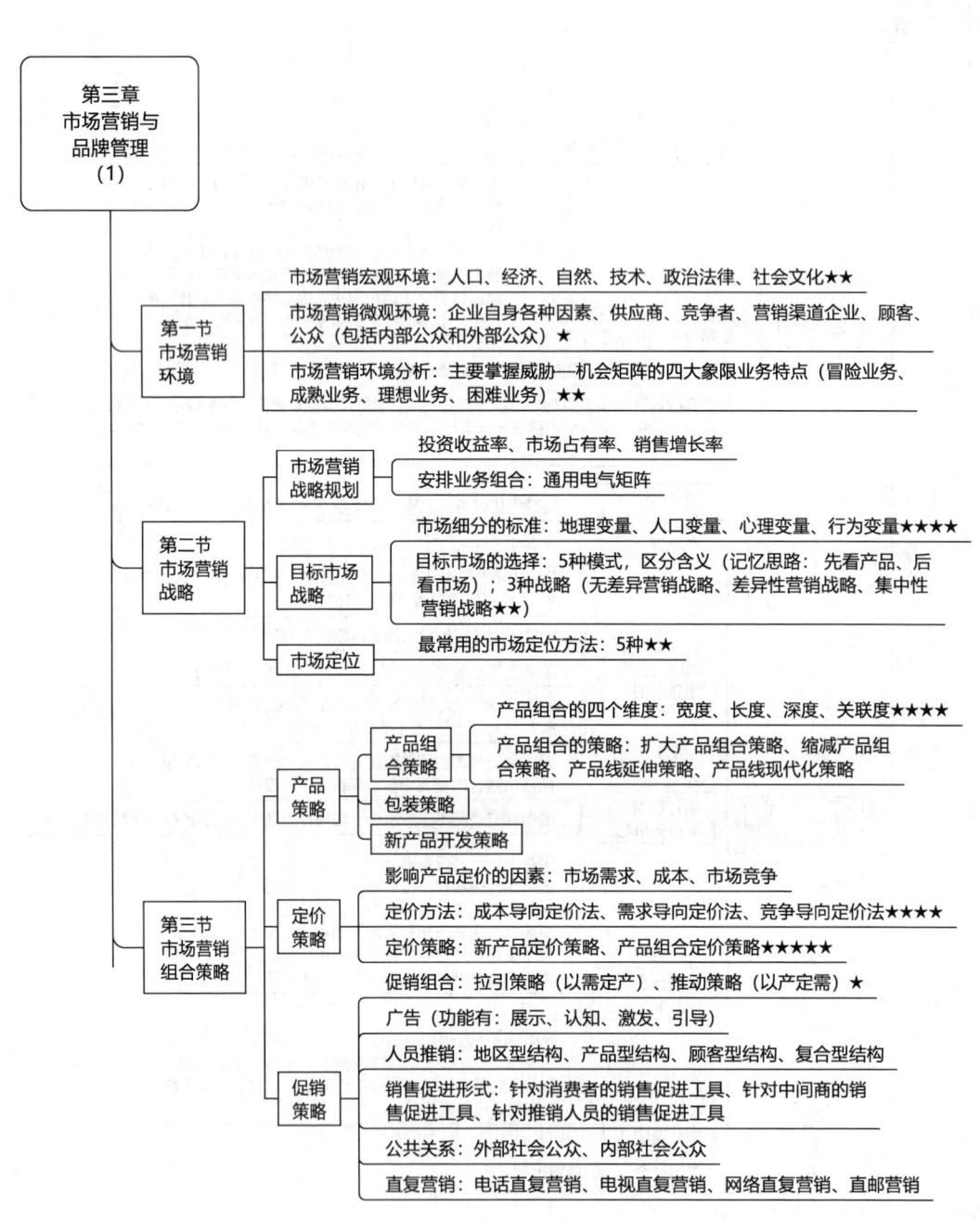

思维导图

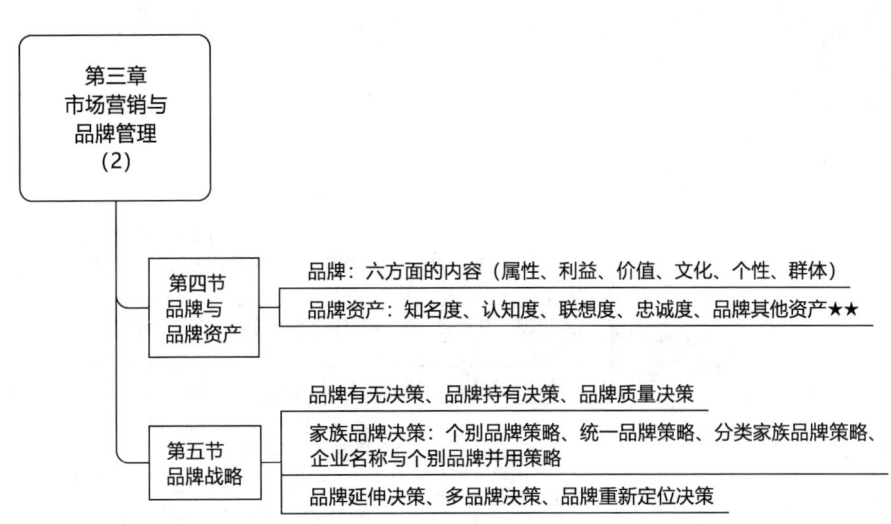

> **温馨贴士**

第三节中成本导向定价法的定价方法涉及计算题，是考试的重点，需要理解公式，多做练习题目；定价策略知识点包括多种定价策略，每种定价策略又包含很多小的定价策略，需要抓住关键字，熟悉每种定价策略的内涵并进行区分。

第四章 分销渠道管理（1）

第一节 渠道运营管理

渠道管理相关内容
- 市场营销渠道：供应商、生产者、各类中间商（批发商、零售商、代理商）、辅助商、最终消费者
- 分销渠道：生产者、中间商（批发商、零售商、代理商）、最终消费者
- 分销渠道管理目标：市场占有率、利润额、销售增长额

不同类型商品分销渠道的构建

消费品分销渠道的构建 ★★★★★
- 消费品及分类：便利品、选购品、特殊品、非渴求品
- 常见的消费品分销渠道模式：厂家直供、多家代理、独家经销、平台式销售

工业品分销渠道的构建
- 工业品市场的特点：需求的派生性、需求弹性小、专业采购、一次购买量大、顾客集中稳定

服务产品分销渠道的构建 ★★★★★
- 服务产品特征：无形性、不可分离性、差异性、不可储存性、所有权的不可转让性
- 服务产品的分类：针对"人"的服务、针对"物"的服务

渠道成员管理
- 渠道成员的激励：沟通激励、业务激励、扶持激励

渠道权力管理

渠道权力的来源 ★★★★★
- 渠道权力来源的类型：奖励权、强迫权、法定权、认同权、专长权、信息权
- 渠道权力来源的区分：强制性权力和非强制性权力；中介性权力和非中介性权力

渠道权力的运用
- 战略类型：许诺战略、威胁战略、法律战略、请求战略、信息交换战略、建议战略

渠道冲突管理

渠道冲突分类 ★★★★★
- 按"渠道成员的层级关系"划分，分为水平冲突、垂直冲突、多渠道冲突
- 按"利益冲突与对抗性行为的关系"划分，分为冲突、潜伏性冲突、虚假冲突、不冲突
- 按照"渠道冲突程度"划分，分为低度冲突区、中度冲突区和高度冲突区
- 按照"渠道冲突对企业发展的影响方向"划分，分为功能性冲突和破坏性冲突

- 渠道冲突产生的原因：角色错位、目标差异、观点差异、沟通困难、决策权分歧、期望差异、资源稀缺

思维导图

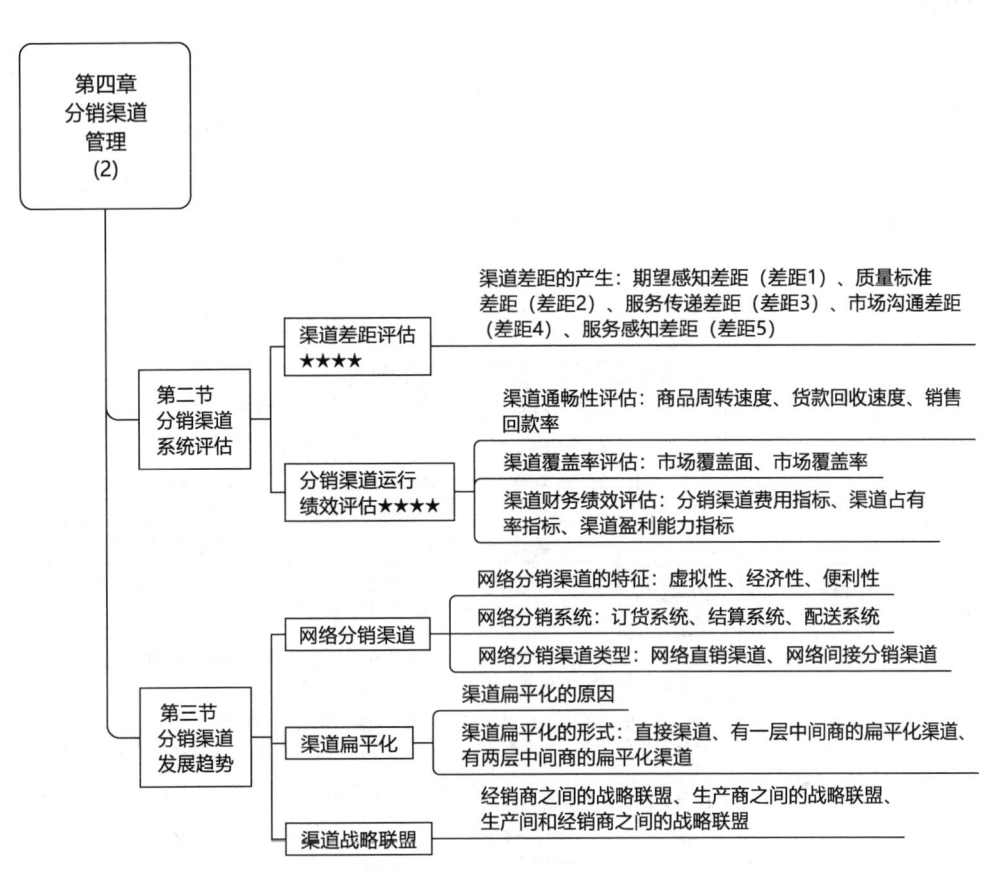

> **温馨贴士**

本章知识点内容较为烦琐，文字性内容比较多，学习起来容易烦躁，要沉下心来学习，注意区分。

▶▶▶ *Day 56*

```
┌─────────────────────────────────────────────────────────────────────────────┐
│                                                                             │
│  ┌──────────┐                                                               │
│  │ 第五章   │                                                               │
│  │ 生产管理 │                                                               │
│  │  (1)     │                                                               │
│  └──────────┘                                                               │
│         │                                                                   │
│         │          ┌────────┐   生产能力的概念：区分广义和狭义              │
│         │          │ 生产   │   生产能力的种类：设计、查定、计划★★★★      │
│         │          │ 能力   │   影响企业生产能力的因素：固定资产的数量、    │
│         │          │        │     工作时间、生产效率★★                     │
│         │          │        │   生产能力的核算：设备组、作业场地、          │
│         │          └────────┘     流水线★★★★                              │
│         │                                                                   │
│         │          ┌────────┐   生产计划的含义：长期（3~5年）；中期（2~3年）；│
│    ┌────┤          │生产计划│     年度生产计划（1年）；生产作业计划         │
│    │第一│          │的含义与│     （细化为各月、各周甚至每天每班）★        │
│    │节  │──────────│ 指标   │                                              │
│    │生产│          │        │   生产计划指标：产品品种、质量、产量、产值    │
│    │计划│          └────────┘   （工业总产值、工业商品产值和工业增加值）    │
│    └────┘                         指标★★★★★                              │
│         │                                                                   │
│         │   生产计划的编制：①调查研究；②统筹安排，初步提出生产计划指标；    │
│         │     ③综合平衡，编制计划草案；④生产计划大纲定稿与报批             │
│         │                                                                   │
│         │   产品出产进度的安排：主要了解大量大批生产企业生产进度安排的方法   │
│         │     （各期产量年均分配法、各期产量均匀增长分配法、各期产量        │
│         │     抛物线型增长分配法）                                          │
│                                                                             │
│         │   生产作业计划的概念、内容、特点及编制要求                         │
│         │                                                                   │
│         │          ┌────────┐   大批大量生产企业的期量标准：节拍、节奏、    │
│         │          │        │     流水线的标准工作指示图表、在制品定额     │
│    ┌────┤          │期量标准│   成批轮番生产企业的期量标准：批量、生产周期、│
│    │第二│──────────│        │     生产间隔期、生产提前期★★★              │
│    │节  │          │        │   单件小批生产企业的期量标准：生产周期、      │
│    │生产│          └────────┘     生产提前期                                │
│    │作业│                                                                   │
│    │计划│          ┌────────┐   在制品定额法：适用大批大量生产企业，工艺   │
│    └────┘          │生产作业│     反顺序，掌握两个计算公式★★★★★        │
│         │          │计划的  │   提前期法（累计编号法）：适用成批生产企业， │
│         │          │ 编制   │     掌握本车间出产累计号数及本车间投入累计   │
│         │          │        │     号数的计算公式★★★★★                  │
│         │          └────────┘   生产周期法：适合单件小批生产类型企业★     │
│                                                                             │
│         │   生产控制的概念：可简单记忆为"为了保证生产计划目标的实现，       │
│         │     企业采取的一系列的活动"                                       │
│         │                                                                   │
│         │          ┌────────┐   制定控制的标准：一般有类比法、分解法、     │
│    ┌────┤          │生产控制│     定额法和标准化法★★                     │
│    │第三│──────────│的基本  │   测量比较                                   │
│    │节  │          │ 程序   │   控制决策                                   │
│    │生产│          └────────┘   实施执行                                   │
│    │控制│                                                                   │
│    └────┘   生产控制的方式：事前控制、事中控制、事后控制★★                │
│                                                                             │
└─────────────────────────────────────────────────────────────────────────────┘
```

思维导图

```
第五章
生产管理
(2)
├── 第四节 生产作业控制
│   ├── 生产进度控制
│   │   ├── 生产进度控制概述：目标是"准时生产"
│   │   ├── 生产进度控制的目的：保证产品能准时装配出厂★
│   │   └── 生产进度控制的内容：投入进度控制、工序进度控制、出产进度控制
│   ├── 在制品控制
│   │   ├── 在制品的概念：在制品分为毛坯、半成品、入库前成品和车间在制品★
│   │   ├── 在制品控制的原则
│   │   ├── 在制品控制的工作内容
│   │   └── 在制品定额
│   ├── 库存控制
│   │   ├── 库存控制的概念：重点掌握库存控制的四个作用
│   │   └── 库存的合理控制：掌握库存过大或过小产生的问题；库存管理成本（仓储成本、订货成本和机会成本）；库存控制的基本方法（定量库存控制法、定期库存控制法、ABC库存分类法）★★★★
│   └── 生产调度
│       ├── 生产调度的概念：以生产进度计划为依据★
│       ├── 生产调度工作的主要内容与基本要求
│       ├── 生产调度系统的组织：大型企业设置厂部、车间、工段；中小型企业设置厂部、车间
│       └── 调度制度（五种）
└── 第五节 现代生产管理方式
    ├── MRP、MRPⅡ和ERP
    │   ├── 物料需求计划：主生产计划、物料清单、库存处理信息★★★
    │   ├── 制造资源计划：前期工程、决策、实施
    │   └── 企业资源计划：生产控制（核心模块）、物流管理、财务管理、人力资源管理★
    └── 精益生产管理和丰田精益生产方式
        ├── 精益思想的核心是不断消除浪费
        ├── 精益生产的具体目标在于效率、质量、成本、交货期、安全、士气等
        └── 丰田精益生产方式
            ├── 基本理念：从顾客的需求出发，杜绝浪费
            ├── 基本目标：彻底降低成本
            └── 6个具体思想和手段（看板管理的功能：①显示生产以及运送的工作指令；②防止过量生产和过量运送；③进行目视管理的工具；④改善的工具）
```

> **温馨贴士**

　　第一节前两个知识点是重点考查内容，经常在案例分析题中出现，生产能力的计算涉及计算题，但并不难。第二节中在制品定额法和提前期法是历年考试的常考知识点，常在案例分析题及单项选择题中出现，涉及的公式也较难理解，必须多加思考，并多做练习题目。

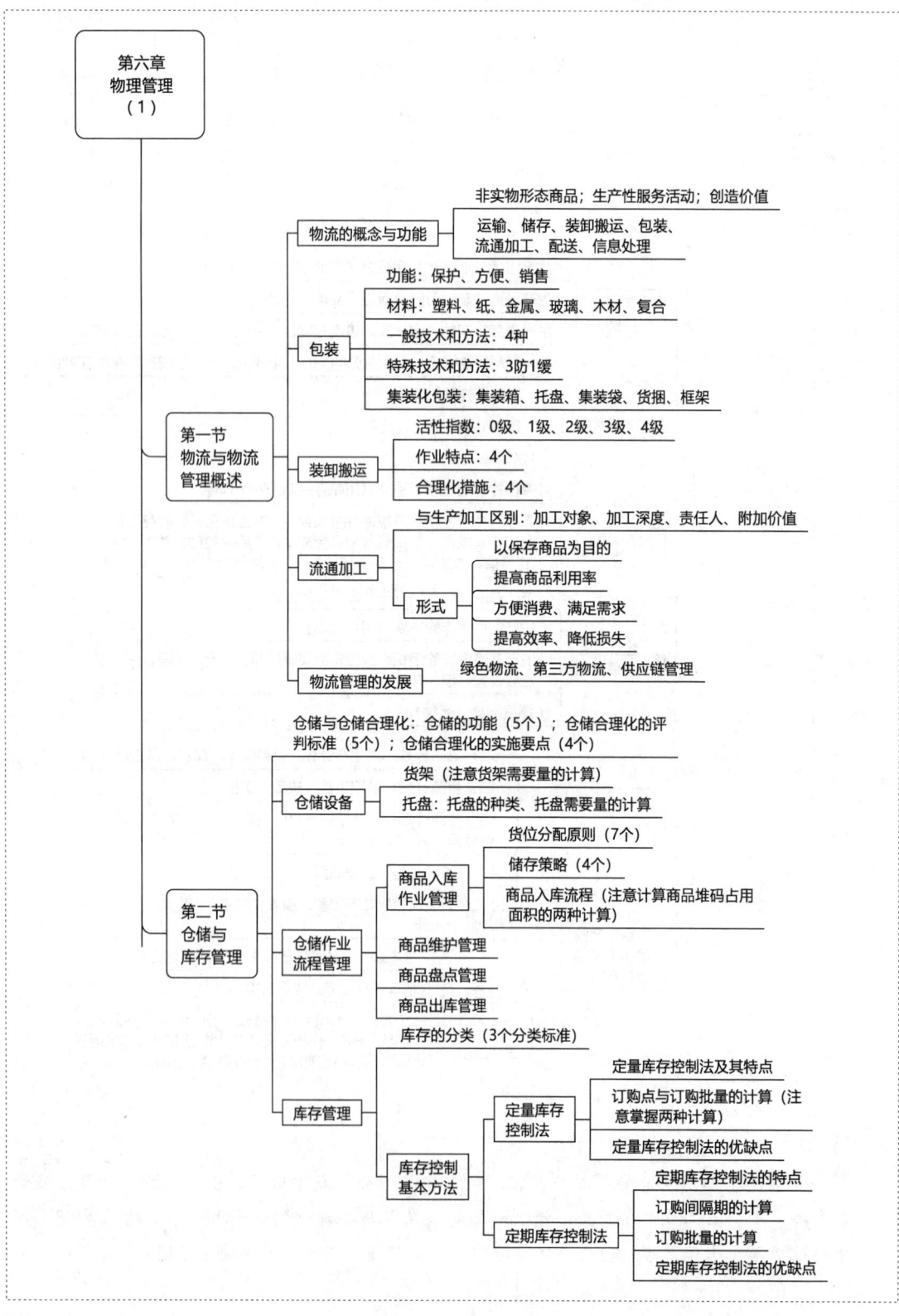

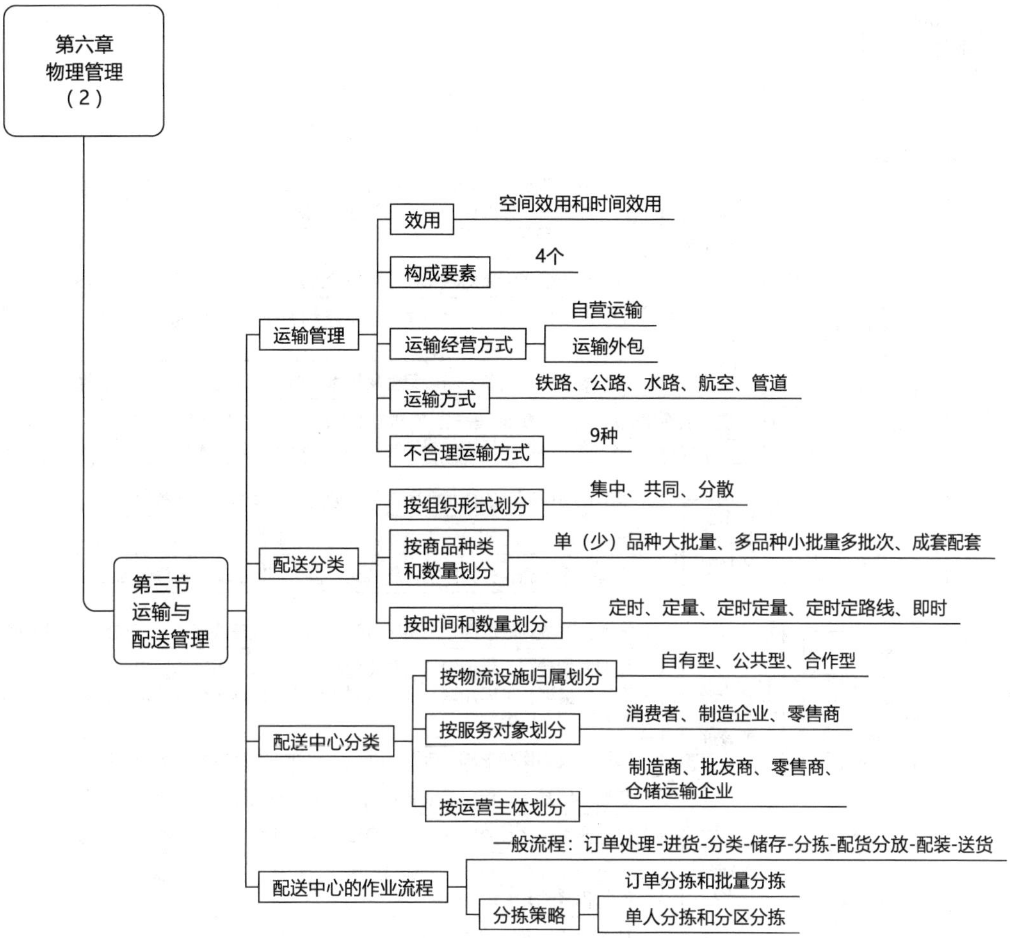

思维导图

```
第六章
物理管理
（2）
└─ 第三节 运输与配送管理
    ├─ 运输管理
    │   ├─ 效用 ── 空间效用和时间效用
    │   ├─ 构成要素 ── 4个
    │   ├─ 运输经营方式 ── 自营运输 / 运输外包
    │   ├─ 运输方式 ── 铁路、公路、水路、航空、管道
    │   └─ 不合理运输方式 ── 9种
    ├─ 配送分类
    │   ├─ 按组织形式划分 ── 集中、共同、分散
    │   ├─ 按商品种类和数量划分 ── 单（少）品种大批量、多品种小批量多批次、成套配套
    │   └─ 按时间和数量划分 ── 定时、定量、定时定量、定时定路线、即时
    ├─ 配送中心分类
    │   ├─ 按物流设施归属划分 ── 自有型、公共型、合作型
    │   ├─ 按服务对象划分 ── 消费者、制造企业、零售商
    │   └─ 按运营主体划分 ── 制造商、批发商、零售商、仓储运输企业
    └─ 配送中心的作业流程
        ├─ 一般流程：订单处理-进货-分类-储存-分拣-配货分放-配装-送货
        └─ 分拣策略 ── 订单分拣和批量分拣 / 单人分拣和分区分拣
```

➤ 温馨贴士

本章内容在2023年发生了重大变化，可以说是全新的篇章，出现案例分析题的可能性较大。本章涵盖了绿色物流、供应链管理、包装、流通加工、仓储与库存管理以及运输与配送管理等多个领域的知识。需要特别注意的是，仓储与库存管理部分增加了大量的计算题考查点，并且有可能出现案例分析题。建议大家特别关注，多做练习，深入理解和掌握。

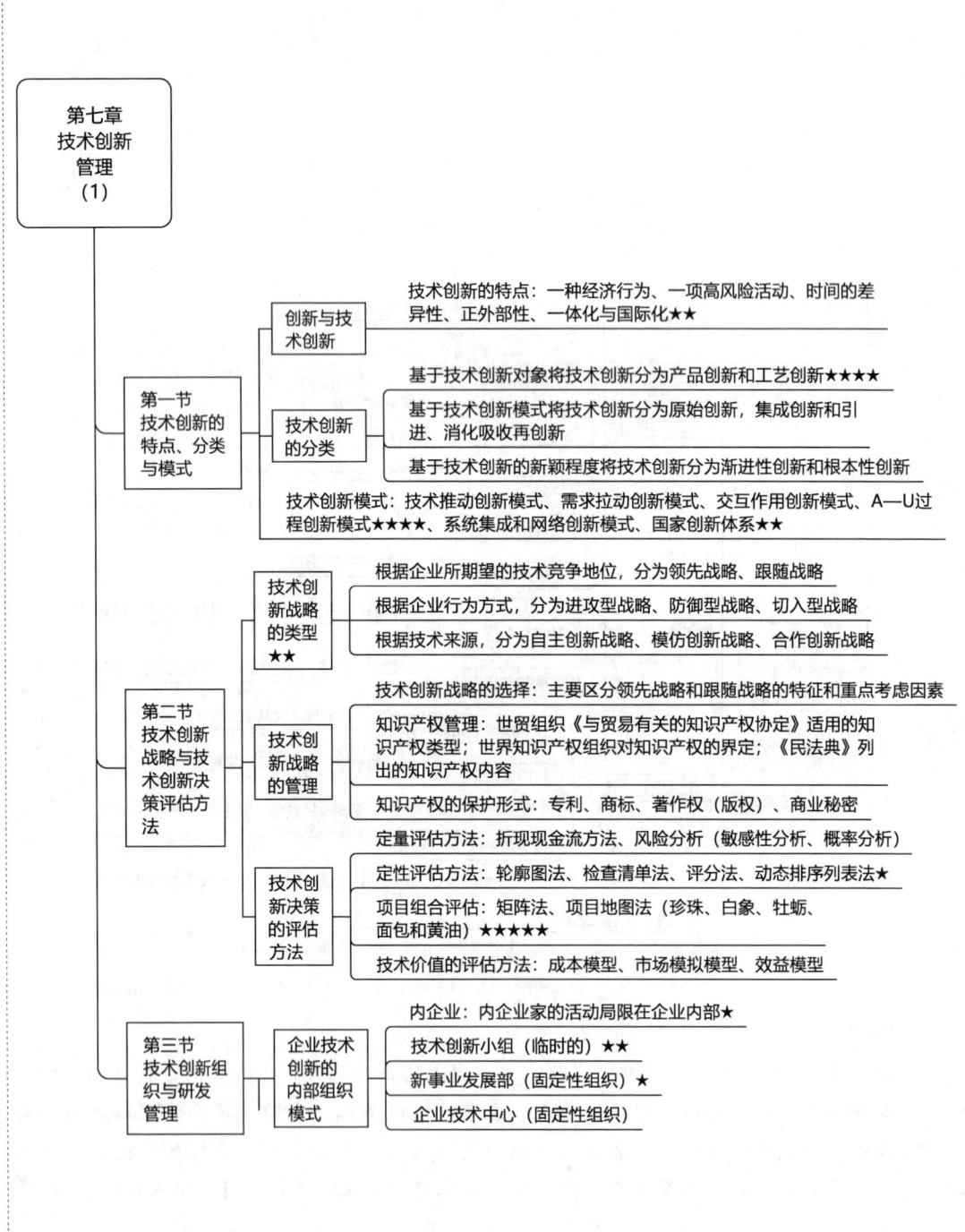

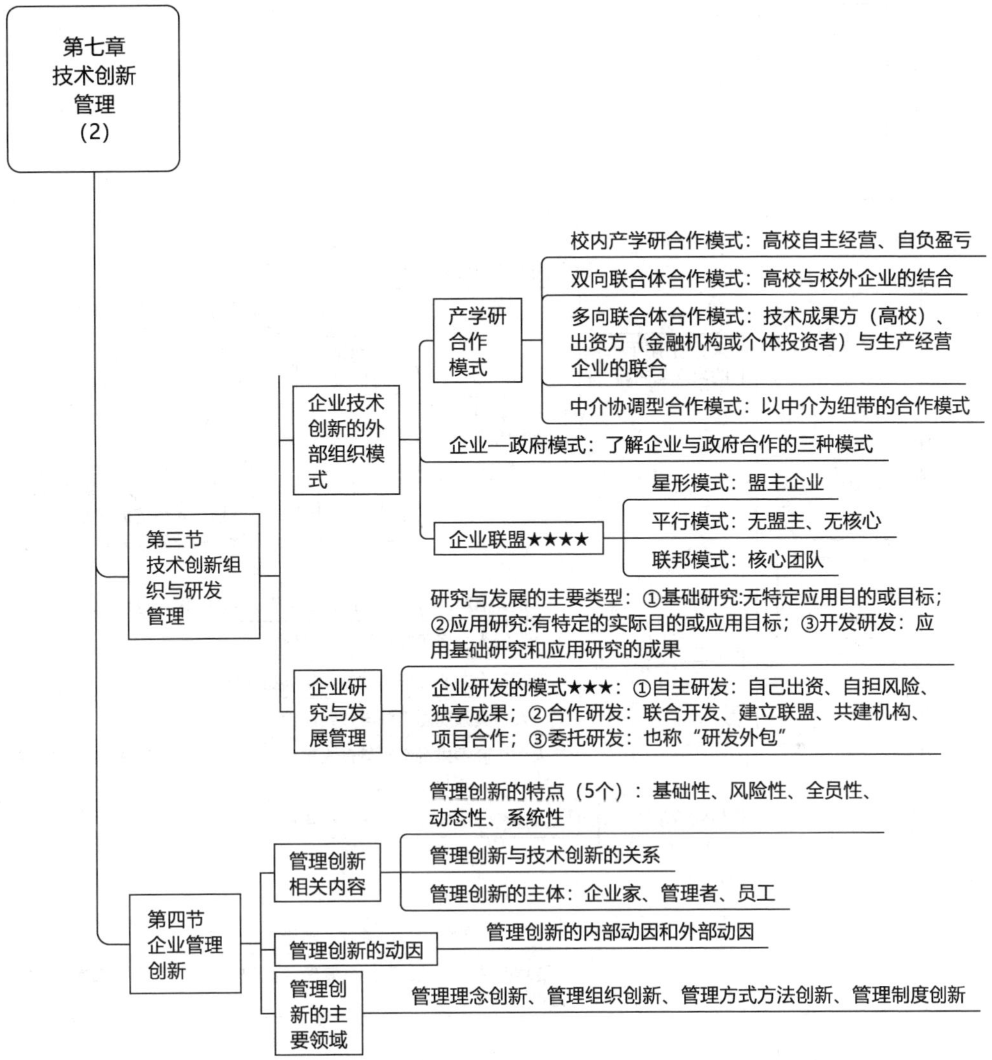

思维导图

- 第七章 技术创新管理（2）
  - 第三节 技术创新组织与研发管理
    - 企业技术创新的外部组织模式
      - 产学研合作模式
        - 校内产学研合作模式：高校自主经营、自负盈亏
        - 双向联合体合作模式：高校与校外企业的结合
        - 多向联合体合作模式：技术成果方（高校）、出资方（金融机构或个体投资者）与生产经营企业的联合
        - 中介协调型合作模式：以中介为纽带的合作模式
      - 企业—政府模式：了解企业与政府合作的三种模式
      - 企业联盟★★★★
        - 星形模式：盟主企业
        - 平行模式：无盟主、无核心
        - 联邦模式：核心团队
    - 企业研究与发展管理
      - 研究与发展的主要类型：①基础研究：无特定应用目的或目标；②应用研究：有特定的实际目的或应用目标；③开发研发：应用基础研究和应用研究的成果
      - 企业研发的模式★★★：①自主研发：自己出资、自担风险、独享成果；②合作研发：联合开发、建立联盟、共建机构、项目合作；③委托研发：也称"研发外包"
  - 第四节 企业管理创新
    - 管理创新相关内容
      - 管理创新的特点（5个）：基础性、风险性、全员性、动态性、系统性
      - 管理创新与技术创新的关系
      - 管理创新的主体：企业家、管理者、员工
    - 管理创新的动因：管理创新的内部动因和外部动因
    - 管理创新的主要领域：管理理念创新、管理组织创新、管理方式方法创新、管理制度创新

> **温馨贴士**

第一节中技术创新的分类常以单项选择题和多项选择题出现，单项选择题主要考查分析性概念题，要理解每个技术创新类型的含义；多项选择题主要考查分类标准。技术创新模式，通常会考查技术推动、需求拉动及交互作用模式的对比，根据实质了解不同；A—U过程创新模式主要考查不稳定阶段、过渡阶段、稳定阶段的特征，结合实际理解会轻松很多。

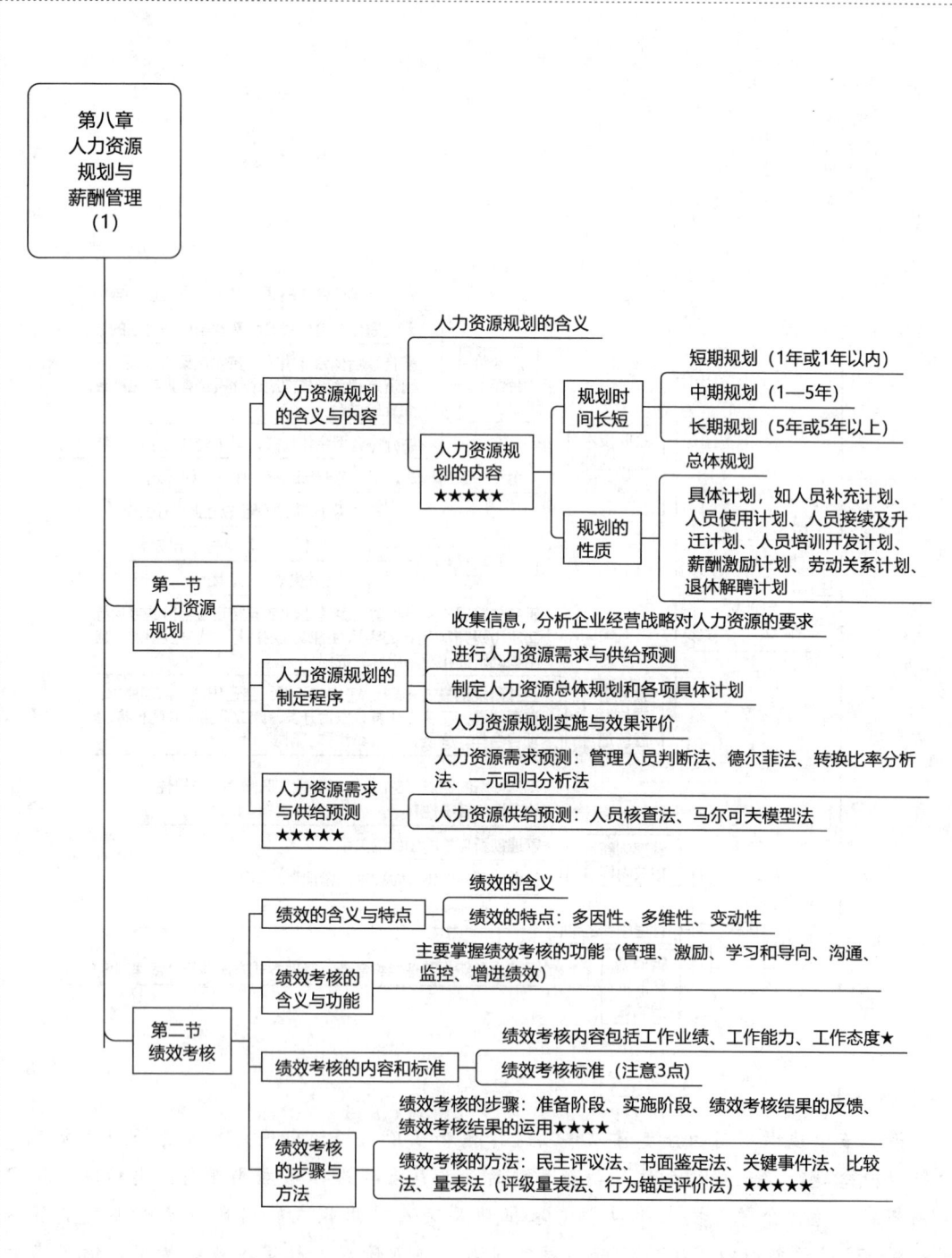

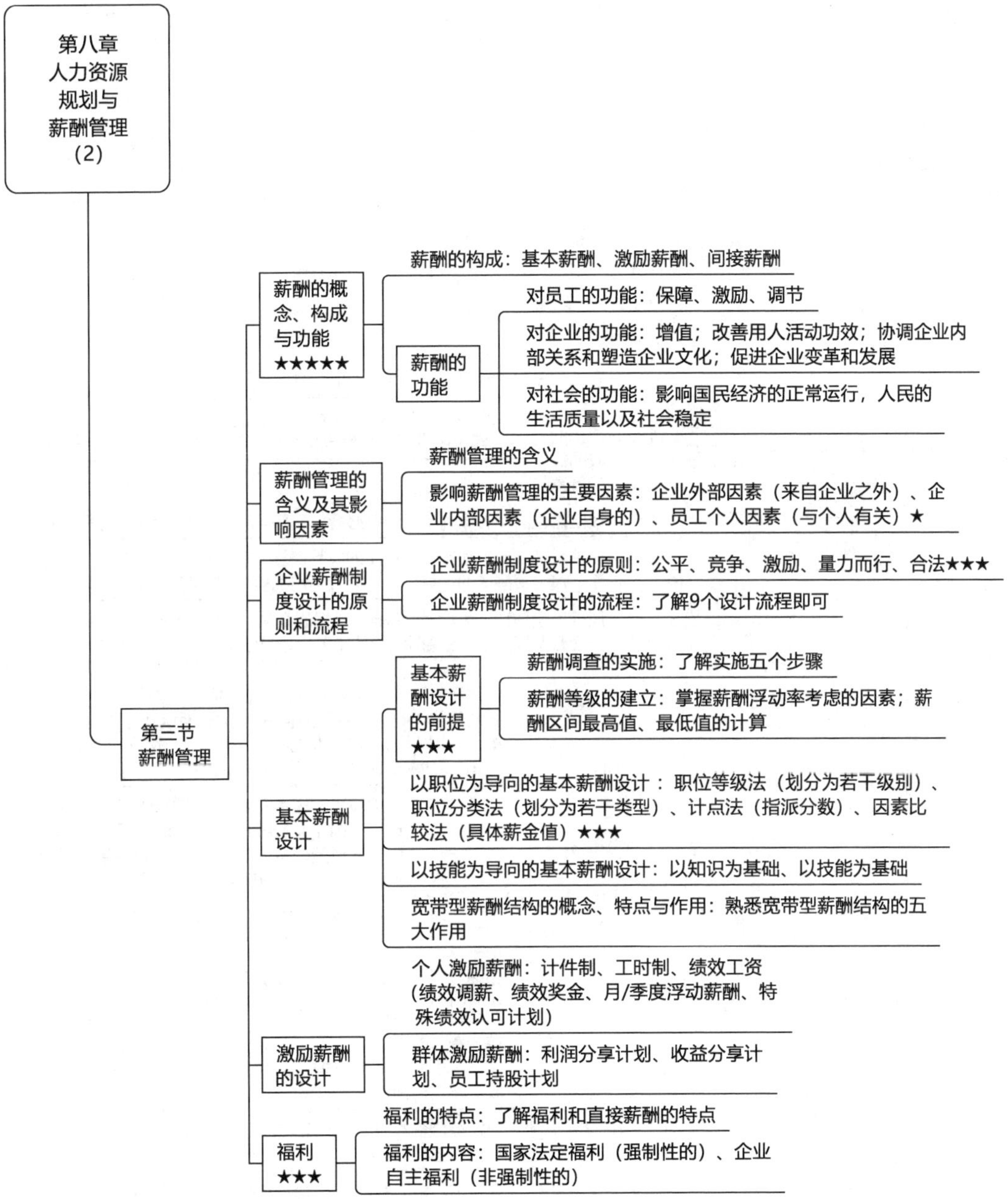

思维导图

```
第八章
人力资源
规划与
薪酬管理
(2)
└─ 第三节
   薪酬管理
   ├─ 薪酬的概念、构成与功能 ★★★★★
   │   ├─ 薪酬的构成：基本薪酬、激励薪酬、间接薪酬
   │   └─ 薪酬的功能
   │       ├─ 对员工的功能：保障、激励、调节
   │       ├─ 对企业的功能：增值；改善用人活动功效；协调企业内部关系和塑造企业文化；促进企业变革和发展
   │       └─ 对社会的功能：影响国民经济的正常运行，人民的生活质量以及社会稳定
   ├─ 薪酬管理的含义及其影响因素
   │   ├─ 薪酬管理的含义
   │   └─ 影响薪酬管理的主要因素：企业外部因素（来自企业之外）、企业内部因素（企业自身的）、员工个人因素（与个人有关）★
   ├─ 企业薪酬制度设计的原则和流程
   │   ├─ 企业薪酬制度设计的原则：公平、竞争、激励、量力而行、合法 ★★★
   │   └─ 企业薪酬制度设计的流程：了解9个设计流程即可
   ├─ 基本薪酬设计
   │   ├─ 基本薪酬设计的前提 ★★★
   │   │   ├─ 薪酬调查的实施：了解实施五个步骤
   │   │   └─ 薪酬等级的建立：掌握薪酬浮动率考虑的因素；薪酬区间最高值、最低值的计算
   │   ├─ 以职位为导向的基本薪酬设计：职位等级法（划分为若干级别）、职位分类法（划分为若干类型）、计点法（指派分数）、因素比较法（具体薪金值）★★★
   │   ├─ 以技能为导向的基本薪酬设计：以知识为基础、以技能为基础
   │   └─ 宽带型薪酬结构的概念、特点与作用：熟悉宽带型薪酬结构的五大作用
   ├─ 激励薪酬的设计
   │   ├─ 个人激励薪酬：计件制、工时制、绩效工资（绩效调薪、绩效奖金、月/季度浮动薪酬、特殊绩效认可计划）
   │   └─ 群体激励薪酬：利润分享计划、收益分享计划、员工持股计划
   └─ 福利 ★★★
       ├─ 福利的特点：了解福利和直接薪酬的特点
       └─ 福利的内容：国家法定福利（强制性的）、企业自主福利（非强制性的）
```

> **温馨贴士**
> 第一节人力资源需求与供给预测的主要内容是4种人力资源需求预测方法和2种人力资源供给预测方法，每种方法都是考试的重点，涉及所有的题型。

Day 57

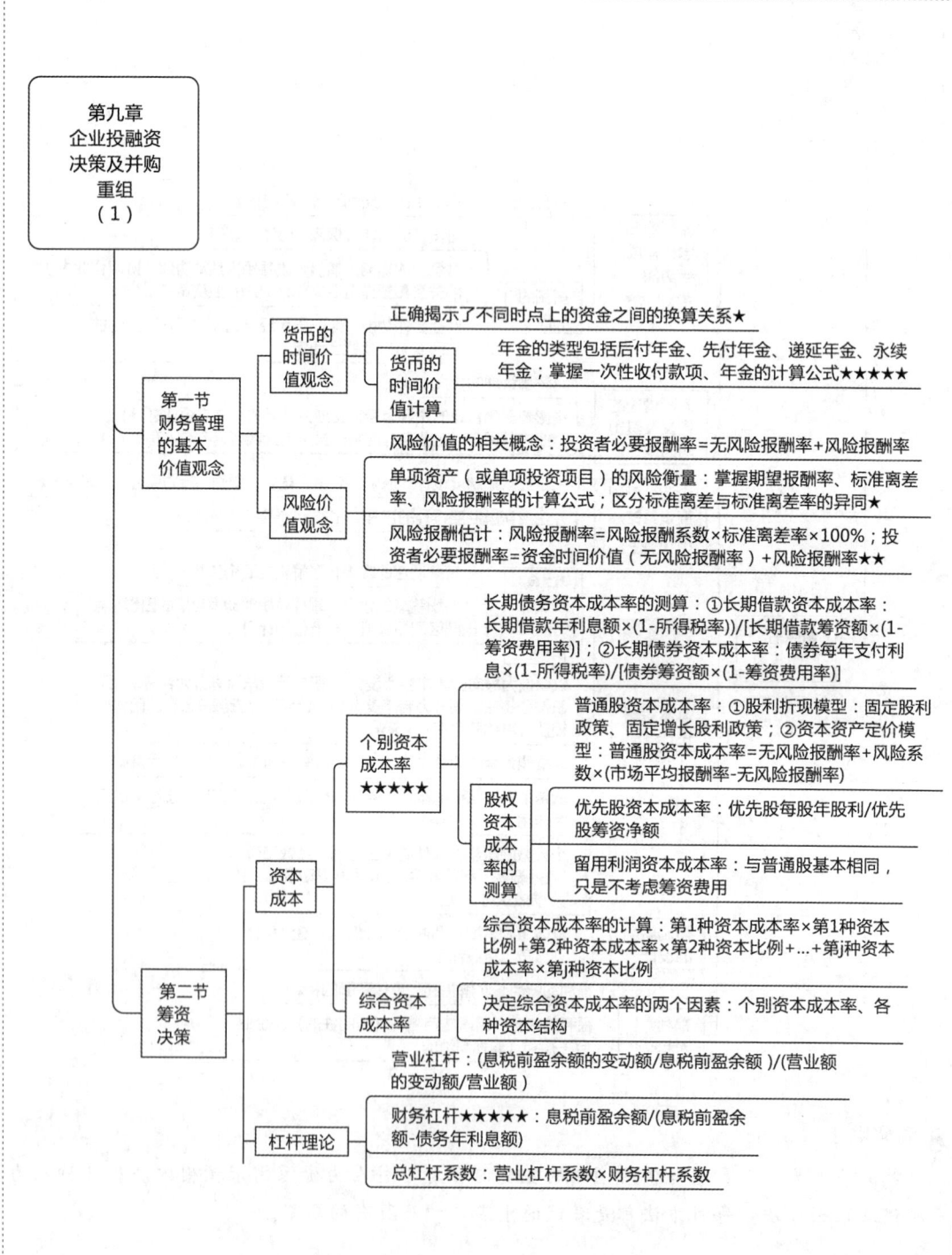

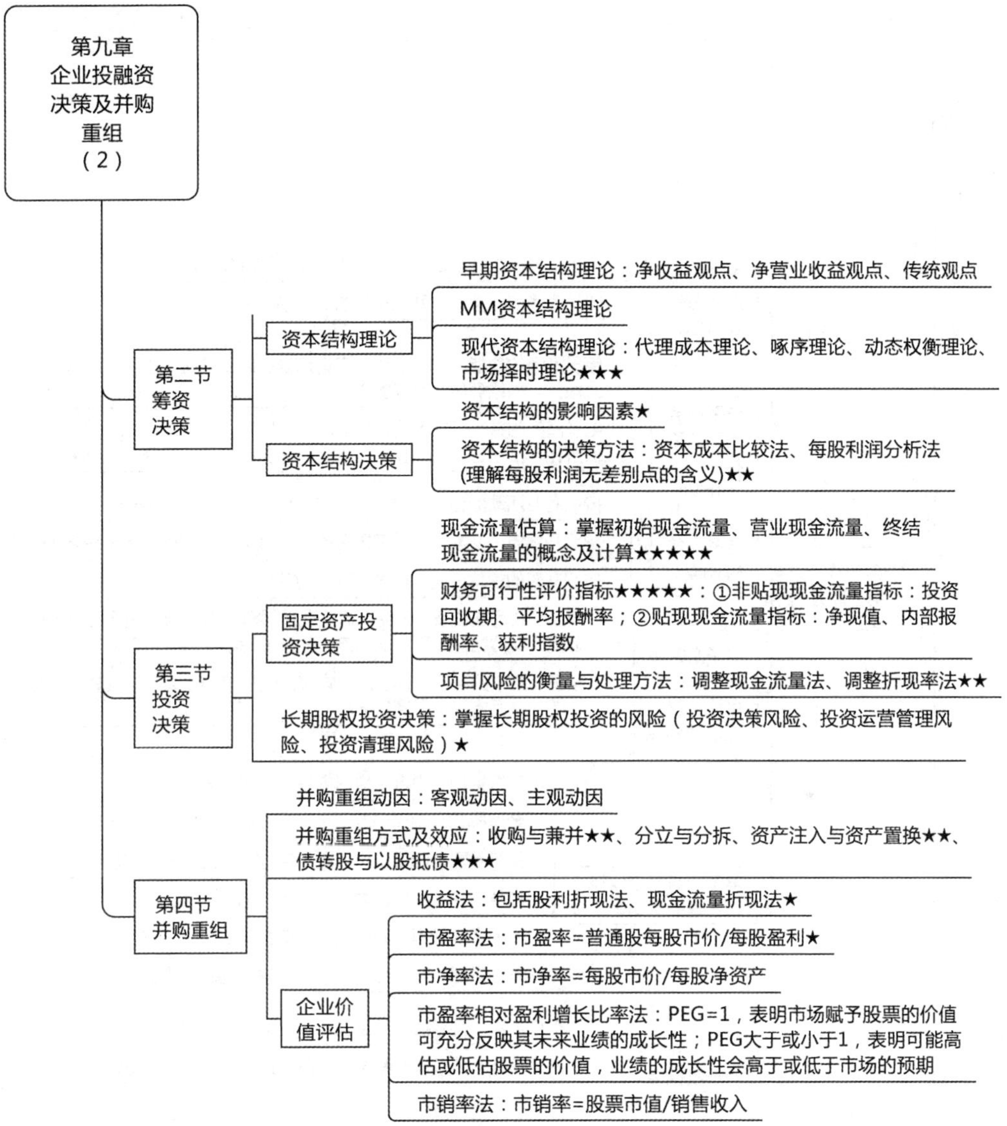

思维导图

第九章 企业投融资决策及并购重组（2）

第二节 筹资决策

- **资本结构理论**
  - 早期资本结构理论：净收益观点、净营业收益观点、传统观点
  - MM资本结构理论
  - 现代资本结构理论：代理成本理论、啄序理论、动态权衡理论、市场择时理论★★★
- **资本结构决策**
  - 资本结构的影响因素★
  - 资本结构的决策方法：资本成本比较法、每股利润分析法（理解每股利润无差别点的含义）★★

第三节 投资决策

- **固定资产投资决策**
  - 现金流量估算：掌握初始现金流量、营业现金流量、终结现金流量的概念及计算★★★★★
  - 财务可行性评价指标★★★★★ ①非贴现现金流量指标：投资回收期、平均报酬率；②贴现现金流量指标：净现值、内部报酬率、获利指数
  - 项目风险的衡量与处理方法：调整现金流量法、调整折现率法★★
- **长期股权投资决策**：掌握长期股权投资的风险（投资决策风险、投资运营管理风险、投资清理风险）★

第四节 并购重组

- 并购重组动因：客观动因、主观动因
- 并购重组方式及效应：收购与兼并★★、分立与分拆、资产注入与资产置换★★、债转股与以股抵债★★★
- **企业价值评估**
  - 收益法：包括股利折现法、现金流量折现法★
  - 市盈率法：市盈率=普通股每股市价/每股盈利★
  - 市净率法：市净率=每股市价/每股净资产
  - 市盈率相对盈利增长比率法：PEG=1，表明市场赋予股票的价值可充分反映其未来业绩的成长性；PEG大于或小于1，表明可能高估或低估股票的价值，业绩的成长性会高于或低于市场的预期
  - 市销率法：市销率=股票市值/销售收入

➤ 温馨贴士

第一节货币的时间价值观念是本章的基础知识点，学好相关概念及公式才能更好地学习后面的知识，考试主要涉及计算单项选择题，公式较难理解，要多做练习题。注意区分一次性收付款项和年金，并要区分终值与现值。可以熟记简化公式或者理解推导公式，并将公式汇总。第二节中资本成本主要涉及计算单项选择题，此考点涉及的公式比较多，但是原理都相同，只要理解原理，无论是长期债务、长期债券还是股权的资本成本率，都按照基本原理去创造公式，可以更便于学习。

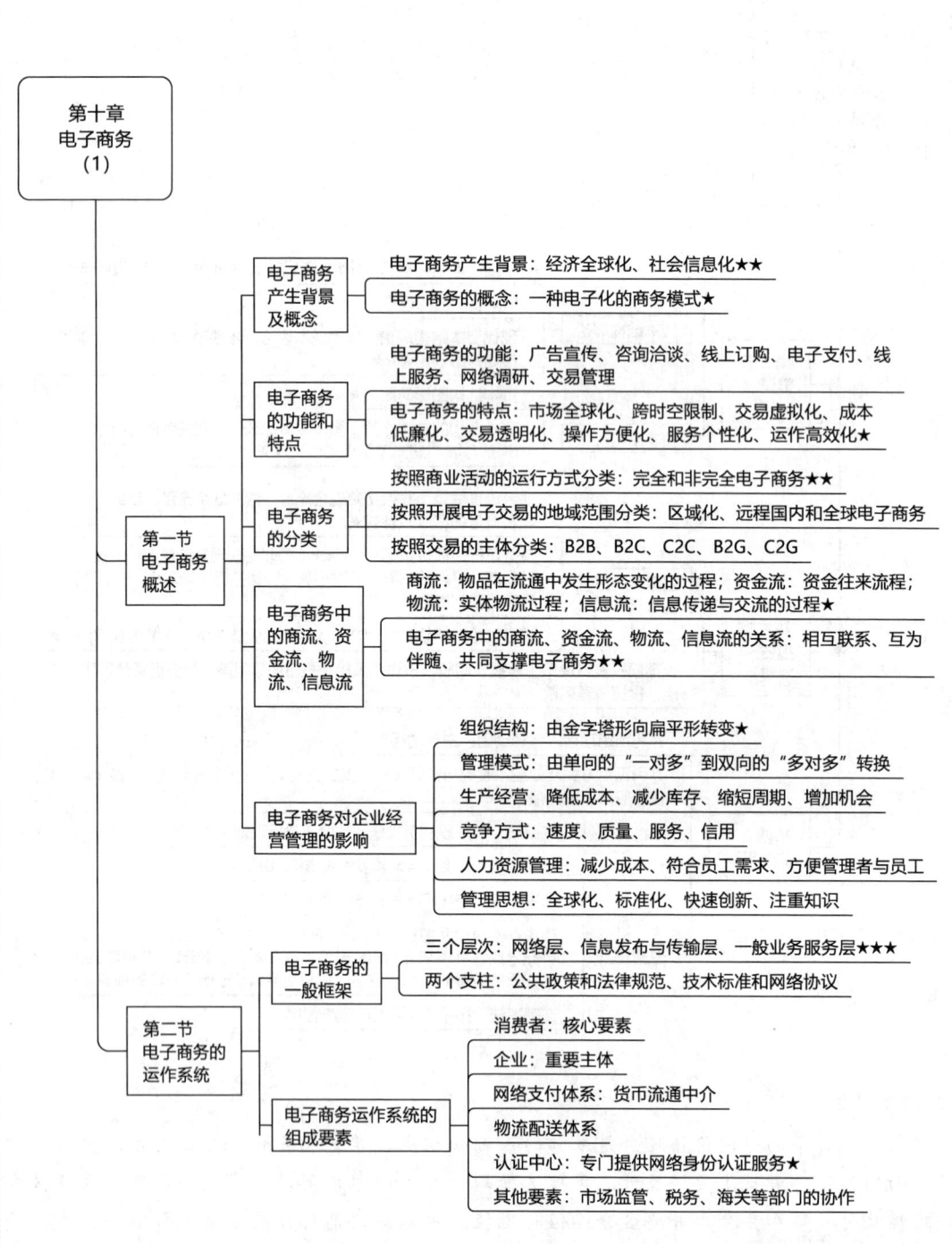

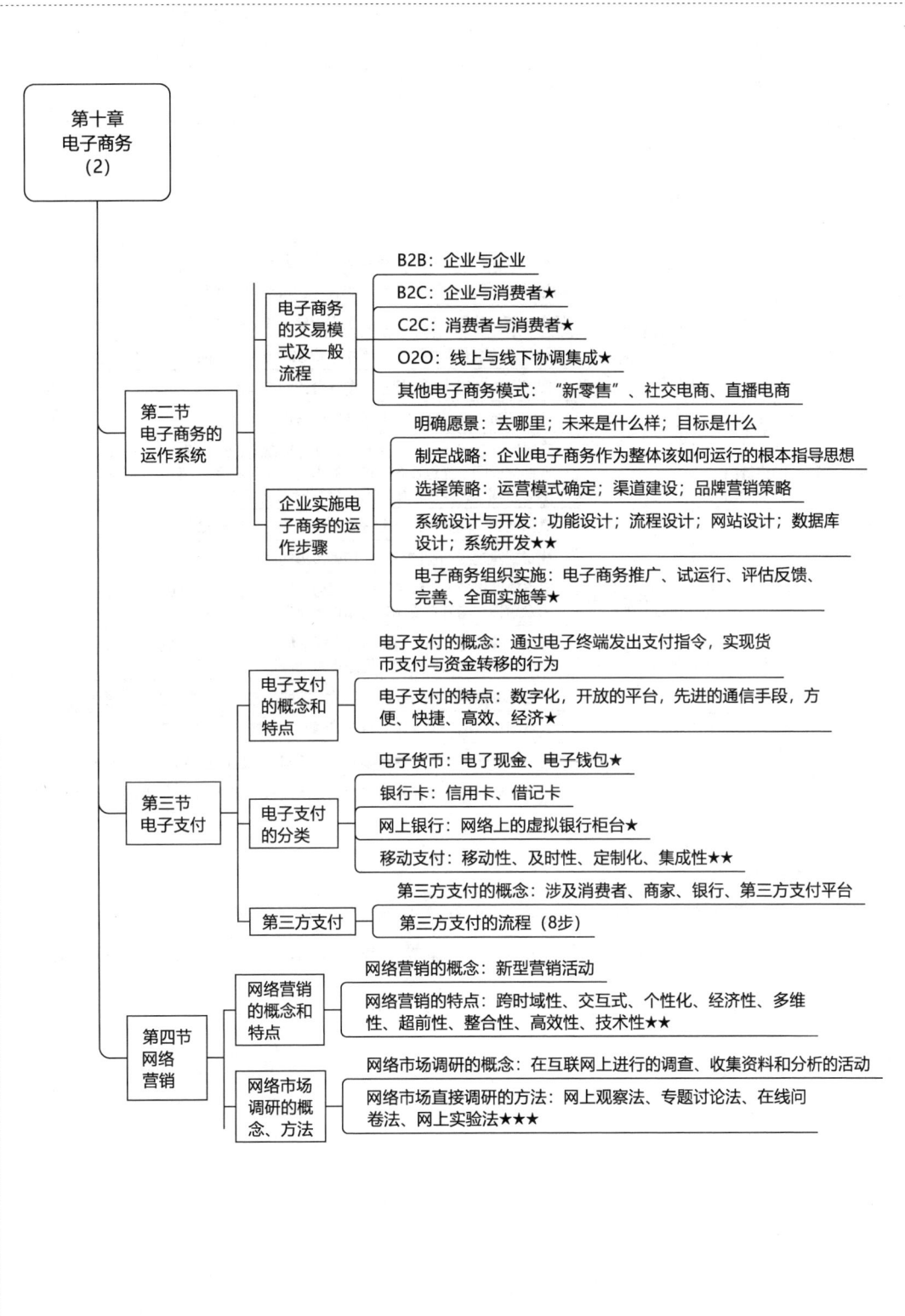

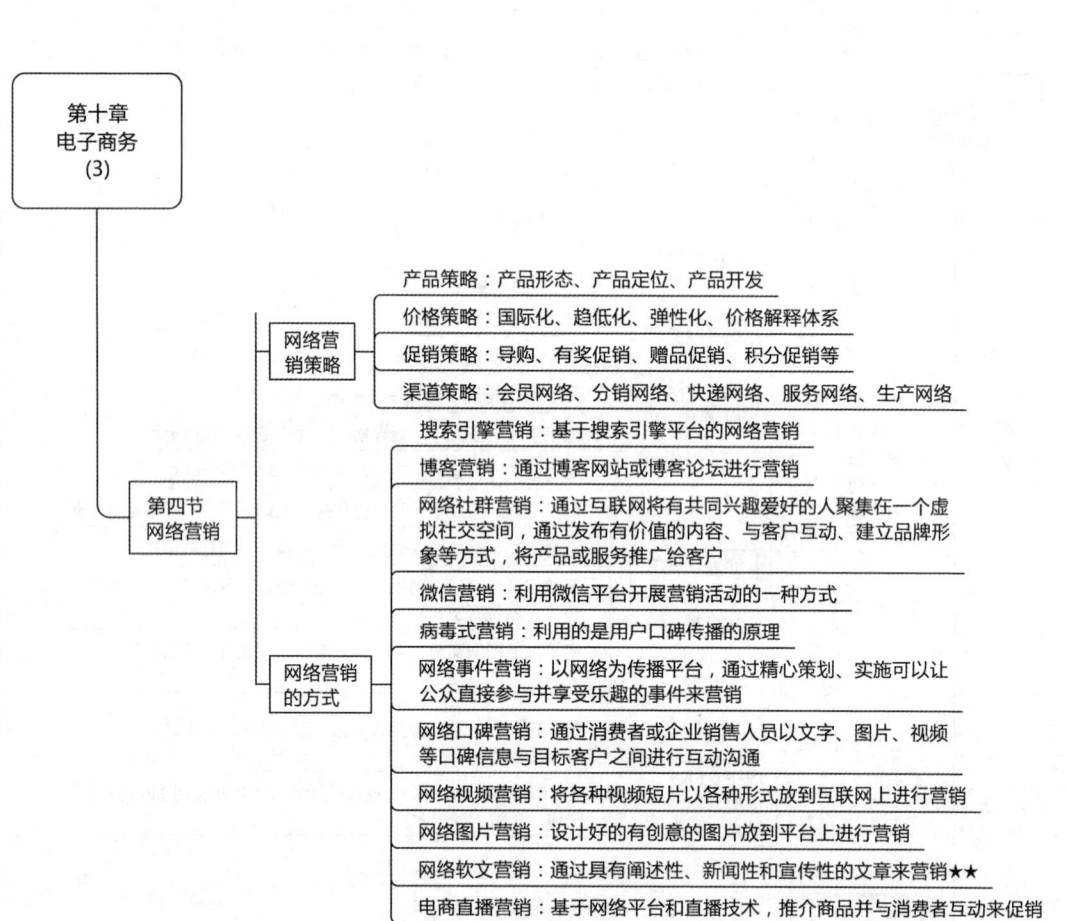

> **温馨贴士**

　　第二节内容相对简单，但考频较高，建议多做题目以提高熟练度。从历年真题来看，对第四节知识点，多考查单项选择题和多项选择题，考频不高，知识点多且琐碎，建议大家可以理解性记忆。

思维导图

第十一章 国际商务运营（1）

第一节 国际商务与跨国公司

- 国际商务活动三大类：国际贸易、国际直接投资、其他国际经济活动

- **跨国公司的概念及组织形式**
  - 跨国公司的法律组织形式：母公司、分公司、子公司、办事处★★★★★
  - 跨国公司的管理组织形式：共有6种结构★★★

- **跨国公司的国外市场进入方式**
  - 出口：优点和缺点
  - 交钥匙工程：公司（承包商）按规定为东道国客户（国外企业）包干建造某项工程项目，合同期满，承包商将工程的所有权和管理权移交国外企业（掌握其优缺点）
  - 技术授权：在协议中规定，在特定时间内，跨国公司（许可方）把无形资产授予另一个实体（接受方），许可方可以从接受方处收取一定的许可使用费（掌握其优缺点）
  - 其他：特许经营、合资企业、全资子公司（掌握其优缺点）

- 跨国公司的战略选择组织形式和控制系统：全球标准化战略、本土化战略、跨国战略、国际战略

第二节 国际直接投资业务

- **国际直接投资的动机与理论**
  - 国际直接投资的动机：市场导向型动机、降低成本导向型动机、技术与管理导向型动机、分散投资风险导向型动机、优惠政策导向型动机
  - 国际直接投资的理论：产品生命周期理论、国际生产折中理论

- 国际直接投资企业的建立方式：在东道国建立新企业、并购东道国企业

- **国际直接投资中的生产选址**
  - 生产选址的影响因素：国家因素、技术因素、生产因素
  - 生产选址的基本战略：集中生产战略、分散生产战略

- **国际直接投资的收益、成本和政策工具**
  - 东道国的收益、成本和政策工具
  - 母国的收益、成本和政策工具

· 205 ·

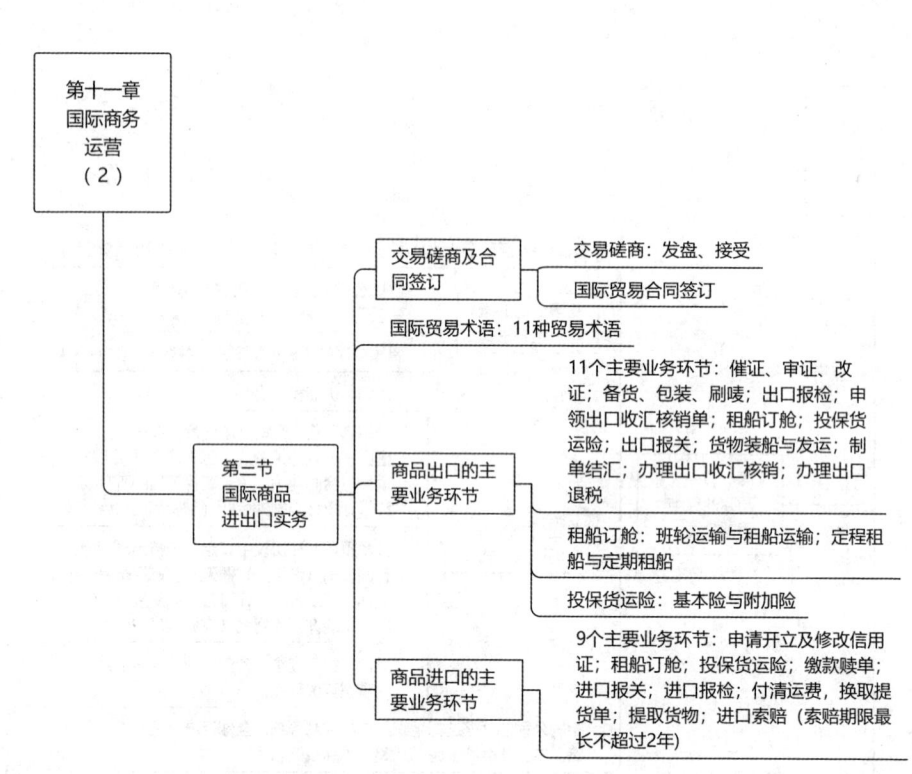

▶ 温馨贴士

本章知识点内容较为烦琐,文字性内容比较多,学习起来容易烦躁,要沉下心来学习,注意区分。

全真机考模拟

Day 58 至 Day 60

由于经济师考试形式为机考,为了真实模拟考场环境,现提供三套试卷,考生需要通过电脑在线做题。

【领取及做题步骤】

- 请扫右侧二维码领取模考卷
- 登录环球网校官网(www.hqwx.com)
- 点击《中级经济师同步章节必刷题》全真机考模拟卷
- 进入界面之后即可开始做题

扫码领取试卷

模考说明

【答题时长要求】3 小时 40 分钟,两门考试中间有 40 分钟休息时间

【时间安排】9:00—10:30,11:10—12:40

亲爱的读者：

如果您对本书有任何 感受、建议、纠错，都可以告诉我们。

我们会精益求精，为您提供更好的产品和服务。

祝您顺利通过考试！

扫码参与问卷调查

环球网校经济师考试研究院